SENHORES DE LUZ

SENHORES DE LUZ

Concepção original de
Deepak Chopra
&
Martin Greenberg

Tradução de
ALYDA CHRISTINA SAUER

Rocco
Rio de Janeiro – 2000

Título original
LORDS OF LIGHT

Copyright © 1999 by Boldergate, Ltd.

"Obra publicada com a permissão
da Harmony Books, uma divisão da
Crown Publishers, Inc."

Direitos mundiais para a língua portuguesa
reservados com exclusividade à
EDITORA ROCCO LTDA.
Rua Rodrigo Silva, 26 – 5º andar
20011-040 – Rio de Janeiro – RJ
Tel.: 507-2000 – Fax: 507-2244
e-mail: rocco@rocco.com.br
www.rocco.com.br

Printed in Brazil/Impresso no Brasil

preparação de originais
MÔNICA MARTINS FIGUEIREDO

CIP-Brasil. Catalogação-na-fonte
Sindicato Nacional dos Editores de Livros, RJ

C476s Chopra, Deepak
Senhores de luz /concepção original de Deepak Chopra &
Martin Greenberg; tradução de Alyda Christina Sauer. – Rio de
Janeiro: Rocco, 2000

Tradução de: Lords of light
ISBN 85-325-1162-7

1. Ficção norte-americana. I. Greenberg, Martin Harry.
II. Sauer, Alyda Christina. III. Título.

00-0725

CDD – 813
CDU – 8210(73)-3

O autor deseja reconhecer e agradecer a ajuda e assistência de Rosemary Edghill, essencial na preparação deste manuscrito para publicação.

SUMÁRIO

Prólogo – Noite de Qadr – 7 de junho de 1967 9

Um – Na estrada para Damasco 17

Dois – O bom samaritano 58

Três – As línguas dos anjos e dos homens 84

Quatro – A cidade de ouro 98

Cinco – Rumo a regiões desconhecidas 126

Seis – Fumaça e espelhos 149

Sete – Pedra da fé 174

Oito – O poço das almas 202

Nove – Yetzer Ha-ra 217

Dez – Notícias no ar 247

Onze – Ascensão 269

PRÓLOGO

Noite de Qadr — 7 de junho de 1967

— *Náhga, Náhga?*

O pastor parou de gritar. Era inútil lutar contra o vazio do deserto com uma voz solitária. Ele semicerrou os olhos e virou para o céu. O sol pairava taciturno, já brilhante demais, logo acima do horizonte recortado, onde começava a erguer-se uma nuvem escura de areia rodopiante. Abandonados à mercê de uma tempestade, a ovelha perdida e o carneirinho em seu ventre certamente morreriam. O pastor, que se chamava Samir, apoiou o rifle no ombro. Já havia posto o resto de seu pequeno rebanho no caminhão. Os animais estavam inquietos e gemiam. Um cheiro quente de lanolina e de estrume emanava da lã.

O rosto de Samir brilhava com o suor da ansiedade. Perder a ovelha que faltava no rebanho seria um revés muito sério. Tinha acampado sob a sombra de um vulcão extinto que brotava do chão do deserto. Talvez a ovelha tivesse subido a encosta à procura de pastagem. Preparou-se para subir atrás dela.

O Grande Deserto Sírio é terra árida vulcânica, tão diabólico e estéril que parece um inimigo declarado que jurou destruir a vida humana. No entanto, a estrada que vai de Bagdá para Damasco era lendária como rota de comércio havia mais de vinte séculos. As areias ficavam perfumadas com especiarias e cobertas de seda desde o início da história. Mas não era mais assim. Ali, na parte mais árida do deserto, existia agora uma estranha paz, porque não restara nada para alguém querer roubar.

Na noite anterior, o céu era um derramamento de estrelas, como diamantes sobre veludo. Suave como o andar do lobo do deserto, o vento que corria à frente da aurora não soprava. O lamento agudo e cheio de estática da rádio Damasco, que salpicava canções pop americanas pirateadas no meio da mistura saborosa de propaganda do governo e fervor religioso, varou o silêncio. Aquela manhã proclamava o fim do mundo — a queda de Jerusalém nas mãos dos israelenses.

No vazio total do deserto a guerra em Israel parecia muito distante. Ninguém ouvia o eco da histeria e da devastação por ali. Um velho pastor beduíno podia dormir ao lado do rebanho, completamente imóvel, como se fosse uma rocha, com o *kaffiyah* cobrindo-lhe o rosto para protegê-lo do frio.

Não havia guerra alguma quando Samir partiu com seu rebanho uma semana antes. Agora os lugares mais sagrados de Jerusalém estavam sendo tomados. Samir tinha de cuidar de seu negócio naquela manhã. Graças ao hábito nascido do medo e da cautela, ele esfregou os olhos e desligou o rádio para não se distrair na contagem do rebanho.

Um, dois... seis, sete...

As ovelhas no caminhão eram tudo o que Samir tinha no mundo, e ele cuidava delas com ternura. O pastoreio entre os beduínos normalmente ficava a cargo das crianças, das mulheres e dos velhos, mas o pai de Samir tinha morrido no ano anterior, numa explosão de mina terrestre, e sua mulher o acompanhou logo a seguir, morrendo de parto três meses depois.

— Náhga?

Não conseguia evitar de chamá-la, apesar de sua voz cair no silêncio. O vento começou a soprar constante do sul como uma lufada de um forno aberto.

Então ele ouviu os uivos.

Samir ficou completamente imóvel, escutando, com os ouvidos alertas para o perigo. Sabia que estava acordado, mas os uivos podiam ser de um sonho, parecia muito uma alma angustiada. Um lobo? Um cão de ladrões? Preparou-se para dar meia-volta e retornar ao caminhão. Então, a sensatez assumiu o controle. Samir orou baixinho.

— Deus me proteja. Não há outro deus além de Deus — murmurou para ele mesmo.

Andando automaticamente, um pé depois do outro, ele continuou em seu caminho, ainda preocupado. Sabia que os *jinns* —

os seres sobrenaturais criados por Deus quando Ele fez o homem e a mulher — viviam na escuridão invisível. Não eram amigos dos seres humanos, e sim paródias deles, distorcidos e malignos.

Um homem mortal não conseguia ver os *jinns*, mas sabia que nada era mais tentador do que o poder que eles ofereciam, e nada mais pecaminoso do que aceitá-lo. Ele esperava que sua fé o protegesse deles.

O que um *jinn* poderia querer com um pobre pastor?

Enquanto esses estranhos temores dominavam a mente de Samir, ele assobiava e chamava, esperando que o animal perdido respondesse. Começou a sentir cãibra nas pernas por subir no meio do entulho que cobria a encosta. Já ia voltar, os pulmões não agüentavam mais o cansaço, quando finalmente ouviu o balido angustiado da ovelha. Avistou-a logo adiante, mais acima na encosta, de frente para um monte de pedras com (Alá seja louvado) dois carneirinhos ao lado. Um era totalmente branco, como só um carneiro recém-nascido pode ser, e o outro tão negro quanto as tendas de seus ancestrais. O coração de Samir estufou de gratidão: os gêmeos eram um bom sinal.

Alcançou a ovelha antes de perceber que aquilo que tinha confundido com um monte de pedras era na verdade uma aresta vertical de rocha. Havia uma fissura que ele nunca tinha visto, bastante grande para um homem passar. Ao olhar espantado para o negrume lá dentro, Samir avistou o brilho do fogo brincando nas paredes de pedra.

— Alô? — chamou ele. — Tem alguém aí?

Ouviu um som fraquinho dentro da caverna. Samir olhou para seus animais. Eram os únicos seres vivos na paisagem, mas nem assim se tranqüilizou. O vento estava levantando a areia e formando pequenos demônios de pó, e Samir fez o sinal de mau-olhado contra o *shaitan* que rondava pelos espaços desolados. Seria muito azar deixar qualquer homem sozinho para morrer num lugar como aquele, se é que havia algum viajante abandonado dentro da caverna.

— Tem alguém aí? — gritou ele de novo e deu um passo mais para perto.

Então ele viu uma coisa assombrosa, dois ovos de pombo a seus pés e, bem diante dos olhos, uma teia de aranha. Seu coração foi parar na boca. Todos os fiéis sabiam o que aquilo queria dizer. Quando o Profeta estava fugindo de Meca, em sua viagem para a cidade sagrada de Medina, seus inimigos tentaram segui-lo e foram a seu encalço. Maomé refugiou-se numa caverna, não na mesma em que Gabriel tinha ido visitá-lo dez anos antes, mas numa outra, tão milagrosa quanto aquela. Ele deitou no chão, exausto, para passar a noite. Se amanhecesse morto, essa seria a vontade divina. Seus inimigos corriam de um lado para outro na encosta da montanha, mas para proteger seu eleito, Deus colocou dois ovos de pombo e uma teia de aranha na entrada da caverna, fazendo parecer que não havia ninguém lá dentro. Com esse milagre, o futuro do Islã foi salvo.

Trêmulo de excitação, Samir entrou. Sentiu o cheiro de fumaça e viu a luz de uma fogueira. A caverna se alargava num espaço pouco maior do que a tenda de Samir. No centro ardia uma fogueira, e as brasas de carvão emitiam um brilho alaranjado. Um rapaz de pele clara, cor de oliva, estava sentado de pernas cruzadas ao lado do fogo, de costas para Samir e para a entrada da caverna. Completamente nu. O cabelo preto e comprido caía sobre seus ombros, brilhante e liso.

— *As salaam aleeikom* — Samir saudou o estranho, tremendo.

O jovem não respondeu. Ele estendeu a mão para o fogo, despreocupado, como se tocasse num cesto de tâmaras. Os dedos afilados do rapaz escolheram uma brasa e a retiraram da fogueira. O pastor ficou paralisado — espantado demais até para pegar seu rifle — quando o estranho começou a esfregar a brasa ardente nos braços, como se estivesse se limpando com fogo vivo.

Samir recuou, apavorado. Ao som dos pés arrastando no chão o estranho virou e viu Samir.

Olhos negros como poços numa noite sem estrelas, e tão frios...

— Venha aqui — chamou o estranho. — Você deve ter sido enviado.

A voz dele era baixa e musical. O rosto tinha a beleza clássica que enfeitava os afrescos dos templos no Levante, milhares de anos atrás. Quando ficou de pé, o fogo subiu de uma forma impossível e ficou da altura de um homem. O belo rapaz caminhou para ele sem hesitar e ficou parado no meio das chamas. O jovem angélico continuava chamando.

— Aqui — disse ele, sorrindo, estendendo a mão para fora do fogo. — Não tenha medo. Segure a minha mão.

Tremendo, o beduíno fez o que o outro pedia. Ouviu o jovem dizer as palavras de Deus que sonhava ouvir, a realização do seu desejo de estar com sua amada esposa. *Qadr*— o poder da verdade de Deus — percorreu seus braços e suas pernas. A unção das palavras desceu sobre ele: "Um mensageiro gracioso e poderoso vem a vós, em honra do Senhor do Trono." Com a doce proteção dessas palavras Samir sabia que o fogo não iria machucá-lo.

No mesmo instante, a cinco mil quilômetros dali, nuvens negras avançaram do vale Ohio como árabes furiosos em correria pelo céu. Carregavam trovões e relâmpagos em ondas ruidosas, mas o bebê nem piscou.

— Olha, Ted, como ele é corajoso — disse a mãe sorrindo.

Ela pegou o bebê de um ano, que tinha conseguido subir no parapeito da janela para espiar a tempestade.

— Ei, Mikey — o pai deu um tapinha na cabeça do filho distraído. — Ele é um alpinista. Acho que é melhor tirar aquela cadeira de perto do fogão.

Então eles estão me chamando de Michael desta vez. As palavras se formaram distintamente na cabeça do bebê, e ele olhou por cima do ombro da mãe para ver a chuva. Lembrava que tinha sido Michael muitas vezes. E conhecia cavalos árabes, porque um Michael tinha cavalgado com os francos na Primeira Cruzada.

— Ga — balbuciou o bebê, apontando para o céu quando soou uma trovoada.

Parecia estranho poder pensar mas não falar. Imagens surgiam como clarões na cabeça de Michael. Ele se viu montando um belo garanhão negro, compacto mas incrivelmente forte, que havia roubado em Aleppo quando invadiram a fortaleza do lugar. Era o milésimo ano santo, e ele se ajoelhou com lágrimas nos olhos no rio Jordão, junto com seus irmãos cavaleiros. Mas algum feitiço maligno amaldiçoou aquele momento. Foi a primeira vez que matar por

Deus pareceu errado — e suas lágrimas lhe causaram vergonha e fraqueza. Ele sentiu terrível remorso pelas crianças assadas em espetos na frente da mesquita em Aleppo. Tentou não ouvir os gritos dos infiéis jogados em fossas com fogo, e sabia que os outros cavaleiros choravam de alegria, sem fazer a menor idéia do que ele sentia.

Naquela vida ele havia morrido no ataque a Jerusalém, escaldado sob um caldeirão de piche fervente, jogado dos velhos baluartes. Ficou contente de escapar. Seu único medo era voltar como soldado outra vez — e o medo é um ímã da alma. Morreu inúmeras vezes como soldado, até que finalmente se desesperou achando que a Terra era apenas uma sepultura, um campo da morte. Jurou jamais lutar outra vez e, apesar das nuvens escuras que pairavam no céu como bigornas negras, sentiu a paz da terra e da família à sua volta. Dessa vez seria diferente.

— Ga — disse o bebê mais uma vez.

— O que foi, docinho? — perguntou a mãe.

Ela o embalou um pouco. Parecia que ia começar a chorar.

Michael olhou para os grandes olhos castanhos da mãe. Era incrível como a amava, aquela mãe. Mas outra parte dele não a reconhecia, não sentia nada além da calma normal de uma alma em sua jornada. Sabia muito bem que não devia se considerar uma alma. Era uma criança numa fazenda ao sul de Illinois. O acordo de sua alma o colocou ali com gente boa. Eles iam amá-lo. Seriam testados com um aborto natural, quebra da safra, a depressão do pai depois do fechamento de um banco em meados dos anos 80. Por mais que tropeçassem, não cairiam nunca.

A visão de Michael desapareceu, o futuro sumiu. A mãe o colocou sentado no cadeirão. Ela foi até a sala de estar, onde o pai estava de pé diante da televisão.

— Querido — disse ela. — O que é?

O pai não se virou.

— Grande coisa — resmungou ele. — Deixe-os lutarem quanto quiserem, eu não vou para lá.

As imagens dos comandos israelenses correndo pelas montanhas do Golan piscavam na televisão enquanto o temporal com raios e trovões passava lá fora.

— Ninguém está pedindo, está? — disse a mãe. — Agora venha comer antes que esfrie.

Uma bomba explodiu na tela da televisão, destruindo um campo de refugiados palestinos em pânico. Uma massa de tanques entrou em Gaza, atirando num alvo invisível perto do horizonte. O pai desligou o aparelho e entrou na cozinha. Puxou uma cadeira, enquanto a mulher punha seu prato na mesa. Ele ia começar a rezar quando as luzes se apagaram. Uma trovoada fez a louça tremer nos armários. O bebê ouviu ruídos desordenados quando o pai foi consertar a caixa de fusíveis no portão da casa. A mãe acariciou seu braço com dedos tranqüilos.

— Não se preocupe — disse ela. — Não vamos ficar no escuro por muito tempo.

Escuro? Michael não entendeu o que ela disse. Então ela não via? Era tão óbvio... Em volta da cozinha, formando um círculo brilhante, havia uma dúzia de seres de luz. Eles ondulavam com a radiação, um branco levemente azulado, e seus corpos, embora transparentes, não eram fantasmas, e sim uma presença protetora. Michael conhecia todos eles. Olhou para cada um e seus olhos luminosos lhe devolveram o olhar. Seria uma vida segura desta vez. Os guardiões estavam com ele. Nunca tinham descido daquela forma antes, mas dessa vez o acompanhavam. Michael relaxou, só um pouco confuso porque a mãe não conseguia vê-los.

Finalmente, depois de penar na longa jornada de sua alma, ele estava seguro.

Gritos ressoaram nas pedras do deserto, assustando a velha ovelha que olhava placidamente satisfeita para sua cria. Ela levantou a cabeça e desceu a encosta escorregando, mas não aconteceu mais nada assustador, e ela parou.

O tempo foi passando. Samir não voltava. O sol subiu mais no céu de bronze.

Um movimento na entrada da caverna. O jovem estranho apareceu, com um *kaffiyah* cobrindo o rosto. Ele usava um manto comum e gasto de pastor beduíno. Não carregava arma alguma, como se não precisasse. Desceu a encosta correndo com passos leves, parou ao lado da ovelha e pegou um dos carneirinhos.

— Fique quieto — ele sussurrou. — Seja bonzinho. O silêncio em volta, perturbado daquela forma sutil, mergulhou novamente em seu repouso sem som. O vulcão morto não despertou; a abóbada celeste não rachou, nem despencou. Nesse aspecto, pelo menos, as profecias estavam erradas. A velha ovelha acalmou-se e começou a balir pedindo comida.

— Daqui a pouco — disse o jovem.

Ele puxou o *kaffiyah* para o lado. De pé, no deserto, com o carneirinho preto nos braços, virou o rosto para a luz, parecendo ainda mais belo, e sorriu, posando para uma platéia embevecida que ainda ia se formar.

CAPÍTULO UM

Na Estrada para Damasco

Oriente Médio, primavera de 1999

Segunda semana de abril e o tempo já estava intolerável, apesar de o *Guia Planeta Solitário* informar, com autoridade jovial, que a temperatura ali no Deserto Central da Síria era amena na primavera. Amena, refletiu Michael Aulden de mau humor, deve significar algo entre 32 graus e o inferno. E ainda não estava tão quente como ficaria. Ele sabia disso por experiência própria. Acendeu um cigarro e encostou-se na parede bamba da tenda. Duas enfermeiras passaram por ele, tagarelando em árabe. Com todo aquele caos e barulheira, ele não escutou o que diziam, apenas viu seus lábios se movendo.

— Quem vai tomar vacina não deve ser mandado para cá... encaminhe para a tenda C — gritou ele, vendo um bando de mulheres com véus pretos e bebês no colo.

As enfermeiras começaram a enxotar as mulheres. Mais corpos preencheram o espaço que elas liberaram. Michael olhou em volta, sem conseguir dominar o mau humor. Ouvia bebês chorando e gemidos surdos e vagos, a música do elevador de Hades. O posto de socorro tinha sido montado perto do que fora um dia a cidade romana de Palmira. A equipe era formada por médicos estrangeiros enviados pela Organização Mundial da Saúde que tentavam oferecer algo parecido com cuidados médicos para os milhares de refugiados que passavam todos os anos por seus portões.

O verão anterior, todos diziam que tinha sido o pior, e Michael lembrava que o calor era tanto, que derretia um cantil de plástico, caso ficasse no capô de um jipe mais de dez minutos. Supondo, é claro, que ninguém o roubasse antes. E supondo também que houvesse água limpa para pôr dentro dele, e que bandidos, ou terroristas, ou o exército invasor de alguém não interditasse a estrada de Damasco para Aleppo, a linha vital para o que era considerado refúgio e ordem naquela região.

Michael tinha ido para o Oriente Médio em 1996, como cirurgião promissor, recém-saído da residência nos Estados Unidos, mas não havia necessidade de cirurgiões promissores quando chegou. Cirurgia, mesmo do tipo não promissora, era um luxo. As pessoas cobertas com panos que ele via todos os dias precisavam desesperadamente de comida, água e antibióticos, não de transplantes de coração. Ele fazia o que podia por eles, não o que fora treinado para fazer. Só os piores traumas mereciam o privilégio de entrar no centro cirúrgico. Já estava lá havia três anos. Tinha trinta e três anos de idade e às vezes achava que tinha o dobro.

A OMS era subsidiária da ONU, com o objetivo expresso de aprimorar os padrões da saúde no mundo inteiro. Isso era política. A realidade era levar um fiapo de piedade para uma "emergência" que já durava cinqüenta anos e parecia que ia durar outros cinqüenta. Havia rebeldes curdos lutando na Turquia. Havia muçulmanos xiitas brigando com muçulmanos sunni por toda parte (suas discussões deviam estar tentando bater algum recorde do Guinness, pois duram mais de mil anos). Havia Deus sabe lá que maldade assassina no Iraque. E todos — Michael reclamou consigo mesmo —, cada conflito desses, como todos os caminhos para Roma, derramavam refugiados na Síria, hordas expulsas indo para o oeste e para o sul, para algum refúgio imaginado. Eram devolvidos aos milhares em cada fronteira, mas mesmo assim chegavam — uma onda imensa e sofredora que toda a caridade do mundo não conseguia estancar. Mas ali a caridade estava — personificada pela ONU — distribuindo xícaras de chá na Riviera do inferno.

Michael apagou o cigarro e retomou seu trabalho.

— Preciso de outro *kit* de sutura — gritou ele. — Verifiquem se o soro está acabando, e vocês, paramédicos, prestem atenção... dêem prioridade às vítimas de guerra, se tivermos alguma.

Essa última recomendação era uma piada triste. Três "motoristas de ônibus" apareceram a pé, quase despedaçados. Alguém, aparentemente por motivos políticos que explodiram com ele, tinha explodido um ônibus. Os passageiros eram iraquianos, legalmente na Síria. O Exército simplesmente enterrou os corpos no lugar, depois reuniu os sobreviventes e levou-os de volta pela fronteira. Os que não estavam nem mortos nem vivos acabaram no posto de socorro. Uma tensão extra para a capacidade da missão. Michael enrolou uma bandagem na cabeça do menos ferido. O rapaz, que não podia ter mais de dezesseis anos, choramingava.

— Só um segundo — disse Michael, tentando facilitar as coisas.

Ele supôs que aquele "motorista de ônibus" era provavelmente um dos terroristas. Isso não o fez sentir raiva nem representou ofensa alguma. As pessoas adquiriam uma espécie de aceitação insensível.

Dentro da tenda de triagem, a luz era forte até através da lona, mas o que brilhava pela abertura era intenso demais para ser chamado de luz do sol. Era uma radiação tão ridícula que ele até esperou que fizesse algum ruído — que rugisse, talvez, como um motor superpotente, ou um dos leões do deserto, há muito extintos. Parecia impossível que aquela luz pudesse ter tal força.

Faça passar os comboios de suprimentos, Michael rezou, quase distraído. *Que haja água suficiente este ano.*

A oração era inútil. Ele já sabia que não teriam nada que bastasse. Não para a equipe médica da OMS, e não para a louca cidade caindo aos pedaços, de cabanas de papelão e abrigos feitos de lixo, espalhados em volta das tendas do hospital. Sem o sol escorchante do deserto, o fedor de excremento, lixo e corpos sem banho seria insuportável. Como estava, o ar cheirava a desespero.

Ele terminou de fazer o curativo na cabeça do jovem terrorista, e o rapaz levantou-se de um pulo, pondo a mão no bolso do uniforme. Sem querer Michael recuou, pronto para proteger o rosto. Mas o que saiu do bolso não foi uma granada.

— Obrigado — balbuciou Michael, aceitando a laranja suja que o rapaz ofereceu, sorrindo timidamente. Não era tão boa para ser fruta de Israel, o que deixou Michael vagamente agradecido. Não queria pensar que a laranja tinha sido arrancada de um corpo depois de um ataque relâmpago na fronteira do Golan.

Lembre-se, você quis vir para cá. A lembrança automática tinha se transformado numa espécie de mantra. Michael consolou-se como pôde com a familiaridade da frase.

Ele engoliu e sentiu um gosto seco de areia.

— O próximo! — gritou ele para se fazer ouvir no meio da balbúrdia.

Yousef, o jovem árabe que se aproximou de Michael logo que ele chegou e que rapidamente se tornou indispensável (mesmo depois de todo aquele tempo, Michael não tinha conseguido dominar nenhum dos vários dialetos árabes falados por ali), levou o próximo paciente para dentro da tenda.

— Diga para ela subir na mesa — disse Michael.

Yousef traduziu, mas nada aconteceu. O ajudante sacudiu os ombros.

Era uma mulher de uma tribo nômade, coberta com o *chador*, o que as forças norte-americanas na guerra do Golfo chamavam de ONM — Objetos Negros que se Movem. As únicas partes do seu corpo que Michael conseguia ver eram os olhos e a mão, que segurava uma dobra do manto sobre a parte de baixo do rosto na presença de um desconhecido. Ele percebeu, no entanto, pelo modo como ela andava, que se tratava de uma gravidez bem adiantada.

— Não vou machucá-la — disse Michael.

Ele levou-a até a mesa de exame, e ela subiu, tímida e muito relutante.

— Tudo bem — disse ele, e ela virou para o outro lado, sem querer olhar nos olhos de Michael.

A família da mulher, ele achou que devia ser, tumultuou a tenda entrando atrás dela: uma massa de gente poeirenta, alegre e inquisitiva, para quem o conceito de espaço pessoal era abençoadamente desconhecido. Atrás deles, a horda que ainda aguardava para ser atendida tentou avançar.

Michael lutou para esconder o cansaço que aparecia na sua voz.

— Yousef! Diga que eles têm de fazer fila do lado de fora da tenda.

Ele ouviu Yousef começar a chamar a atenção das pessoas, falando o árabe rápido e agudo. A multidão resmungou e se agitou um pouco, mas não saiu do lugar.

— Parteira aqui! — exclamou Michael.

Uma jovem sueca de uniforme apareceu correndo, vinda de outra tenda, com o cabelo manchado de sol, preso com um *kaffiyah*, que ninguém sabia se era por uma concessão aos costumes locais, ou devido à dificuldade de conseguir água suficiente para lavá-lo. Seu nome era Ingrid, mas não era bonita.

— Ajude-me a apalpá-la, depois diga para o Sergei que posso precisar de raios X em poucos minutos.

Ingrid arregalou os olhos. O equipamento de raios X era quase tão sabidamente instável quanto o operador, mas ela fez que sim com a cabeça e foi até o armário dos médicos pegar luvas e uma seringa. Michael atrapalhou-se um pouco com as dobras do *chador* até encontrar a mão da paciente. Estava quente e úmida, e o pulso acelerado como o de um passarinho. Michael deu seu sorriso profissional, mas estava com medo do que encontraria, que horrores a subnutrição e a guerra podiam ter provocado no bebê. Sua atenção mal registrou o aumento repentino do barulho na tenda.

O súbito estampido de um tiro varou o ar. Na porta que separava a tenda de exame dos suprimentos, Ingrid berrou feito uma estrela de filme de quinta categoria.

— Abaixem-se! — gritou Michael, dando meia-volta.

Um rapaz árabe abriu caminho na multidão de parentes. Seus olhos estavam escondidos atrás de óculos escuros, e sua roupa poeirenta chegava ao ponto de torná-lo anônimo, mas o fuzil que acabava de disparar pelo teto da tenda brilhava, e era muito bem cuidado. Era um AK-47, o acessório de moda mais popular no Oriente Médio. O homem abaixou a arma e apontou para Michael, berrando em árabe e agitando o cano para enfatizar suas afirmações.

Achei que era suficiente desarmar os pacientes, pensou Michael resignado. Ele não estava com medo. Estava cansado demais para isso.

— *Bhutuhl — ah, Bhutuhl da!* — disse ele, tentando lembrar o pouco de árabe que sabia. — Pare com isso!

Yousef entrou correndo.

— O médico disse para você parar! — ele gritou inutilmente em inglês.

Parece que só percebeu isso na mesma hora que Michael. A multidão atrás do homem armado, que tinha recuado com o primeiro tiro, avançou de novo, talvez para dar sugestões úteis para os dois lados da disputa.

Segurando um vidro de Valium e uma das poucas e preciosas seringas esterilizadas do posto, Ingrid deu um passo hesitante para a frente. O árabe balançou, dividido entre aquela nova intromissão e a necessidade de proteger a que provavelmente era sua mulher. Aproveitando a chance, Yousef agarrou o cano do rifle e apontou para cima. Então Michael arrancou-o das mãos do atacante.

— Você é o marido? Armas são proibidas aqui! *Mamnoo-a!* — gritou Michael com toda a firmeza que pôde.

Entregou a arma para Yousef, que se esgueirou para trás, fora de alcance.

O atacante furioso não queria ouvir nada. Ele avançou para a esposa e puxou-a da mesa. Ela resistiu um pouco, depois cedeu. Ele virou para Yousef, obviamente exigindo seu rifle de volta.

— Diga que ele o terá de volta quando chegar ao portão — ordenou Michael. — Relaxe, Ingrid, a crise acabou.

O marido cuspiu uma praga.

— Ele disse que tem uma bomba — Yousef traduziu muito triste. — Ele disse que você é um demônio e que a mulher dele nunca mais será a mesma. Acho que quer barganhar um preço com você.

— Então diga para ele...

— Doutor! — era um dos enfermeiros da tenda cirúrgica, com a roupa verde manchada de sangue fresco. — Doutor! Precisamos do senhor! Agora!

O homem saiu correndo, sem esperar a resposta.

Michael voou atrás dele, tirando o jaleco branco na corrida. Não tinha ouvido a ambulância chegar. Nunca descobriu o que aconteceu com a pobre jovem mãe carente.

As luzes da tenda cirúrgica davam um brilho verde à mesa e piscavam toda vez que alguém ligava uma torradeira na cidade. Michael inclinou-se sobre a paciente, vendo apenas o espaço descoberto entre os lençóis de campo cirúrgico. O corpo parecia minúsculo na mesa, como uma boneca magricela. Michael não tinha olhado para o relógio para ver a hora. A operação foi tão difícil que nem sentiu o calor, que só piorava com os ventiladores barulhentos a seus pés.

— Quer segurar esse retrator para mim?

Uma das enfermeiras árabes cristãs estendeu a mão e segurou o instrumento. Todo tipo de estilhaço tinha varado o corpo da paciente, uma pequena menina curda que caminhava para a escola.

Ao lado, o patrão de Michael, um cirurgião russo chamado Nikolai, estava operando a irmã dela, que caiu por cima da pequena, de sete anos, quando ouviu a explosão. Podia-se aprender muita coisa nas escolas da Síria.

A cavidade abdominal estava cheia de esponjas, mas logo que se enfiava uma, ela se enchia de sangue.

— A pressão dela está se mantendo? — perguntou Michael.

Ele olhou para o anestesista egípcio, Umar, que balançou a cabeça. Estavam chegando ao limite da transfusão.

— Então injeta mais duas unidades, está bem?

— Eu não ouvi isso — gritou Nikolai do outro lado da tenda de cirurgia.

— Bom — disse Michael carrancudo.

As regras eram muito rígidas quanto à quantidade de sangue que podiam usar. Nikolai era um ótimo cirurgião de tórax e podia ficar de olho na operação de Michael enquanto cuidava da sua. As duas eram desesperadas. Michael olhou aflito para a última esponja ensangüentada.

— Tenho de ir mais fundo — ele resmungou. — Tem uma hemorragia em algum lugar que ainda não encontramos.

— Esse fígado está um horror — Umar observou sem emoção.

Michael ignorou-o e enfiou a mão mais embaixo, na direção da alça pélvica... e então encontrou.

— Jesus — disse ele.

— O quê? — Nikolai olhou para ele, franzindo a testa. — Conte para mim.

A mão de Michael encostou numa lasca de metal — talvez um prego que estava dentro da bomba, talvez um pedaço do invólucro — e de repente sentiu o sangue pulsando forte entre os dedos.

— A aorta abdominal vai explodir — disse ele.
Umar balançou a cabeça. Nikolai não disse nada.
— Vamos lá — resmungou Michael.
Encontrou o vaso com dois dedos e pinçou-o. O fluxo de sangue parou.
— Ouça Nikolai, seja bonzinho e venha até aqui — disse ele.
O russo não olhou para ele, apenas balançou a cabeça.
— Droga, estou pendurado nessa hemorragia importante — berrou Michael. — O que espera que eu faça?
Pela primeira vez ele olhou para o rosto da menina. Umar tinha tirado a máscara. Ela era bonitinha, um querubim de cabelo preto, dormindo. Michael olhou de lado para as duas enfermeiras, que estavam se afastando da mesa.
— Ei, ainda não acabou — exclamou ele zangado. — Preciso de linha para sutura e uma número quatro...
De repente ele deu um pulo, ao sentir a mão em seu braço. Era Nikolai.
— Que bom, você veio — disse Michael. — Pegue aquela pinça, o.k.?
— Deixe ela ir — disse Nikolai baixinho.
Michael balançou a cabeça.
— De jeito nenhum, ela é o meu bebê.
— Não é mais.
Michael ouvia seu coração latejando no ouvido. Pôs o ar para fora e percebeu que tinha parado de respirar. Lentamente soltou os dedos. Depois de um filete borbulhante de sangue, não saiu mais nada. A mão da menina estava pendurada de um lado da mesa. Parecia branca como gesso. Sibilando, Michael soltou mais ar e se afastou.
— Esperem — disse ele.
As enfermeiras já iam cobrir o rosto da menina. Ele pôs a mãozinha dela na mesa outra vez, prendendo com a ponta do lençol, depois abaixou a cabeça. Era uma coisa natural, mas ele nunca tinha feito antes. Por que agora? Sua mente não fez a pergunta, mas, depois de alguns segundos, ele levantou a cabeça e viu um vulto perto do seu rosto. Era como uma sombra nadando no ar, ou uma miragem de calor numa escaldante estrada no verão,

só que mais fraca e bem fria. Se não estivesse de olhos abertos, pensaria que era uma leve brisa passando.

Meu Deus, é a alma dela. Michael não lembrava depois se realmente pensou essas palavras, ou se simplesmente soube, num átimo de segundo, o que era aquela coisa desconhecida. Tão depressa quanto aquele segundo de reconhecimento, a coisa desapareceu. O vulto-sombra foi ficando mais claro, sumindo.

— Doutor?

As enfermeiras pareciam aflitas, e Nikolai estava de costas. Parece que tudo que viram foi um colega perdido em alguma divagação, e estavam constrangidas, fazendo um esforço para respeitá-lo.

— Tudo bem, pessoal, já passou. Vamos para o próximo.

A equipe voltou para a ação. Michael olhou para trás, mas o vulto tinha sumido.

Michael saiu da tenda de cirurgia cambaleando. Eram duas horas da tarde, e o ar estava tão infernal lá fora quanto dentro, mas de repente ele sentiu que ia sufocar e teve de sair. A adrenalina que mantinha sua concentração aguçada estava acabando. Ele estava exausto. Havia apenas um cômodo para se lavar, do outro lado do campo, ao lado da tenda de obstetrícia. Ele se dirigiu para lá.

A irmã da menininha também tinha morrido. Os outros, menos feridos pela explosão da bomba perto da estrada, foram estabilizados e mandados para as enfermarias. Sem notar, Michael esfregava as mãos como se as lavasse, mas elas estavam limpas, protegidas pelas luvas cirúrgicas — era o resto dele que estava todo sujo de sangue, o sangue que parecia pairar como uma névoa fina e vermelha na atmosfera úmida e abafada da tenda.

— Michael? — Nikolai apareceu do lado dele.

O cirurgião russo tinha tirado a túnica verde e cobria a cabeça com ela para se proteger do sol.

— Sinto muito ter metido você nisso... eles deviam ter mandado as ambulâncias para um hospital decente em Damasco.

— Não foi nada.

Michael continuou andando, sem querer conversar, mas Nikolai o acompanhou.

— Olhe, vi na sua folha de rodízio que perdeu sua última chance de tirar uma licença.

— É. Perdi algumas chances. Não precisa ser diplomático.

— Tudo bem, mas pode me dizer por quê? Isto é, não há razão para tentar ganhar o prêmio Albert Schweitzer aqui. Estamos apenas colocando Band-Aids numa catástrofe, você sabe disso. Aplicamos algumas vacinas e esperamos que os *hakims* ou curandeiros locais não nos amaldiçoem pelas costas. Em dezoito meses a estação inteira vai levantar acampamento, e vamos embora.

Michael tinha virado para a esquerda, caminhando para o seu quarto. Ele percebeu, enquanto Nikolai falava, que estava cansado demais para se lavar. Tinha primeiro de dormir um pouco.

— Olha, Nikolai, estou com a impressão de que você está falando com seu chapéu de administrador na cabeça. Não preciso sair daqui e, quando precisar, eu aviso.

Seu tom de voz saiu mais grosseiro do que ele queria, mas Nikolai nem se importou. Balançou a cabeça concordando e foi para o outro lado, para a sala de higiene.

— Não esqueça que você quis ficar aqui — atrás dele Michael ouviu Nikolai dizer.

O humor negro estava se espalhando.

Mas era também uma forma de o patrão dizer que, da próxima vez que tivessem uma conversa, ele receberia ordem de tirar férias. Michael chegou à sua tenda e foi saudado por uma lufada de ar fresco quando abriu a lona. Uma unidade portátil italiana de ar-condicionado, seu único luxo, mantinha seus aposentos suportáveis. Afundou na cama turca de metal do Exército e começou a cochilar. Uma energia nervosa ainda dominava seu corpo. Percebeu que estava naquele estágio em que a mente leva um longo tempo para desacelerar e poder aproveitar o descanso. O estranho fenômeno que acabava de testemunhar na sala de operações tentou penetrar de volta na sua consciência. Ele afastou a idéia, sem querer ver.

Deu um pulo e foi até a bacia no canto. Jogou água no rosto, passou os dedos pelo cabelo castanho e olhou para o espelho. Reconheceu o rosto que olhava para ele. Não pertencia a um estranho, um gêmeo fantasmagórico, ou a um homem tão desgastado que envelhecia antes do tempo. Mas também não era um rosto que contava histórias. Não era visto nas centenas de noites fazendo um bico num pronto-socorro bem no meio de um gueto da Filadélfia, onde todas as noites estaria inclinado sobre algum ferido à bala de catorze anos — estenografia neutra para esconder a realidade de tantos ferimentos à bala —, com o peito arrebentado por projéteis disparados por outros de catorze anos. Essas histórias eram absorvidas pelos tecidos do cirurgião, deixando-os mais duros e tornando-o mais capaz de enfrentar a realidade. Mas por trás desse rosto havia outras coisas que Michael não podia contar, porque um véu as cobria.

Ele fugiu. Para todos que o conheciam nos Estados Unidos, ele era mais um residente empenhado, egomaníaco, perfeccionista — em outras palavras, uma cópia carbono de todos eles —, que trocaria seus anos de servidão à medicina para subir os degraus, depois disso pegaria o dinheiro, ficaria muito bom na sua profissão e passaria adiante alguma coisa para a próxima geração, na base dos degraus. Então quando a coisa da OMS deu certo — ninguém sabia que ele estava inscrito — e ele recusou ofertas para abrir o próprio consultório, pelo menos algumas pessoas ficaram surpresas. Depois de um mês, elas seguiram em frente. Afinal, se ele queria saltar na estação antes do trem partir, era problema dele.

O estranho era que ele mesmo não conseguia desvendar os próprios motivos. Não tinha razões misteriosas ou profundas para sair correndo para uma parte do mundo em que se gozava do privilégio de ser odiado pela maioria dos países que ajudava e ignorado pelos que deixava para trás. Rompeu o relacionamento com uma namorada firme, pouco antes de partir para o Oriente Médio. Uma interna sino-americana cujos pais tinham emigrado de Shangai. Liu fingiu ficar muito magoada e declarou, aborrecida, que estavam noivos, ou quase noivos, porque Michael sabia desde o começo que a família dela ia fazer muita pressão para ela não casar com alguém de fora, se houvesse alguma conversa séria de casamento entre os dois.

Um relacionamento policiado não era o que o motivava, nem a morte recente da mãe dele, que deixou seu pai perdido (e provavelmente o fez começar a beber) lá no Meio-Oeste. O verdadeiro problema, se examinasse mais a fundo, eram mais problemas, vários níveis de questões não resolvidas, ideais, dilemas — o tipo de sítio arqueológico que todos temos lá dentro, mas que poucos se dispõem a cavar. Podia estar falando de um Michael Aulden composto de imagens há muito esquecidas, instantâneos de sua alma que não pretendia ver de novo. Mas elas gostavam de dar uma espiada nele de vez em quando, surgindo da escuridão do seu passado. Peregrinos do deserto, e principalmente pais do deserto, assombravam seus sonhos. Milagres tão exóticos e estranhos assim como a planície síria vazia e impenetrável. Lázaro protegendo os olhos do sol, saindo maravilhado do túmulo. A Cúpula de Pedra, onde o cavalo alado de Maomé deixou suas pegadas quando voou para o céu com o Profeta nas costas. O jovem rabino Jesus resistindo ao demônio quarenta dias e recebendo a promessa de que dominaria o mundo. (Almas mais fracas teriam se contentado com uma pele de cabra cheia de água fresca depois de quarenta minutos.) Era incrível como as gravuras baratas, coloridas, dos livros da Igreja, continuavam vivas dentro de uma pessoa, mas quando criança Michael ficou profundamente impressionado. Ele via João Batista vestido com peles de animais, sobrevivendo no deserto apenas com gafanhotos e mel. E apesar da criança que lembrou ter ajoelhado à margem do rio Jordão, na Primeira Cruzada, ter sido esquecida havia muito tempo, envolta numa névoa de amnésia, essas outras imagens pareciam estar impulsionando Michael, uma pista de cada vez, para o mistério dele mesmo.

— Em todo pecador existe um santo esperando para nascer — tinha dito sua avó católica —, mas em todo santo há um pecador que espera que Deus não descubra seu segredo. Por isso tenha cuidado.

Era o tipo de ensinamento inflexível que muitas crianças ouviam nas fazendas distantes, onde liam a Bíblia, não só pela redenção, mas como um manual de sobrevivência quando a seca queimava a plantação de soja, ou todas as galinhas morriam atacadas por um vírus.

Michael tivera sua parcela de medo e penitência. Mas embora mal lembrasse disso, tinha uma estranha obsessão pela severidade na fé. Ninguém enfiou Jesus pela goela de Michael. Ele fora sozinho até o sótão e limpara a poeira de livros deixados de lado, dos dias infernais de um antigo fazendeiro Aulden, cuja vida havia se acabado na tentativa de transformar sessenta acres de pedras e árvores em campos de trigo. Naqueles livros ele descobriu a vida dos santos, que eram coisas terríveis de se ler... homens assados, empalados, esfolados, despedaçados por leões, esquartejados e crucificados, e mulheres tratadas do mesmo jeito, se não arrancassem os próprios olhos ou tombassem sobre uma espada primeiro. Seu fascínio com toda essa carnificina sagrada fez dele uma pessoa estranha. Por uns dois anos, enquanto sua mãe estava sobrecarregada por ter mais dois filhos com um intervalo muito curto, Michael passara todos os dias com sua avó católica, e a velhinha, não acostumada com crianças, aceitou aquela estranheza como uma das poucas coisas que compreendia. Então os dois formaram uma pequena seita, rezando muitas horas e cantando hinos, enquanto ela catava feijão na mesa da cozinha. A avó detestava a arrogância de beatos presunçosos. Essa era a sua forma de arrogância. Michael ouvia com atenção. Depois de algum tempo ele saiu da órbita da avó, voltou para a escola e para a família, mas, em seu íntimo, veríamos que a tristeza de toda a sua vida começou ali.

A medicina finalmente canalizou seu zelo suspeito por Deus para uma causa realista — e, então, quase matou seu espírito. A injustiça da morte foi um golpe mais forte do que era considerado saudável. Ele foi atormentado pela insegurança e teve crises de depressão quando ficava horas sentado numa cadeira, com a mente envenenada pela auto-recriminação. O tio dele, um veterano com quarenta anos de prática de medicina no campo, que sobreviveu nos anos de vacas magras fazendo o parto de potros e bezerros, além de bebês, exerceu uma grande influência.

— Existem dois tipos de médicos, Mike. Um tipo trata dez pacientes e salva nove. Quando olha para trás, só lembra dos nove que salvou. O outro tipo também trata de dez pacientes e salva nove. Mas quando olha para trás, só consegue lembrar do que perdeu. Eu sei de que tipo sou. Antes de ir para a faculdade de medicina e desperdiçar o tempo de um monte de cadáveres caros, é melhor olhar para si mesmo.

Michael achou que tinha olhado, e nunca teve a chance de puxar o assunto outra vez. O tio, fumante de três maços de cigarro por dia e orgulhoso disso ("Acredite ou não, quando eu estava na faculdade de medicina, achavam que o tabaco podia curar a tuberculose"), morreu de câncer de pulmão quando Michael ainda estava na universidade. Então Michael se envolveu no casulo do estudo da medicina quase todo o tempo naqueles dez anos, e quando saiu, não havia mais melancolia, nada de santos assombrados, nenhuma criança que sonhava com guardiões de luz em volta da cama. Ele foi para seu primeiro ano na escola de medicina parecendo um candidato a monge; saiu sabendo que os médicos liam os boletins do hospital, não a Bíblia. Como um residente cansado tinha observado, diante de uma xícara de café ruim à meia-noite, a gente só escolhe um sacerdócio de cada vez. Não é vergonha nenhuma escolher o que paga.

Michael franziu a testa para seu reflexo no espelho. Jogou mais água na nuca, depois se atirou na cama e tentou dormir uma segunda vez.

Quatro horas mais tarde ele acordou e descobriu que tinha apagado. O pior do cansaço tinha passado, e ele saiu da tenda para ir se lavar. Havia uma longa e poeirenta passagem entre as tendas dos médicos. Michael foi andando por ela. À distância, avistou uma nuvem de poeira pairando sobre o deserto pedregoso. Instintos aguçados por anos na zona de guerra não declarada o fizeram enumerar rapidamente a lista de possíveis visitantes. Podia ser o comboio de suprimentos, que já estava quatro dias atrasado. Não esperavam mais nada. Via de regra, a clientela chegava a pé. Só os soldados tinham caminhões.

Inconscientemente, Michael endireitou os ombros. Como filho mais velho, era sempre ele que espiava embaixo da cama para espantar os monstros. E, instintivamente, ainda usava esse método para afastar os horrores. Enfrentá-los. Ver o que eles realmente são.

Dessa vez eram amigos. Quando chegou ao portão principal do acampamento, os soldados da ONU estavam erguendo a barricada, e Michael viu o emblema com a grande cruz vermelha nas laterais e nas capotas dos caminhões, por menor que fosse a proteção que ofereciam. Deu meia-volta aliviado, esfregando a nuca, pensando num uniforme limpo, e talvez até uma rara xícara de café turco, agora que os suprimentos finalmente chegaram. Os membros árabes da missão faziam um chá preto forte demais, que Michael achava intragável. Nunca pensou que desejaria um café instantâneo numa lata de ração, mas seu último lote tinha acabado havia um mês e ele não conseguiu mais.

— *Khelee baalak!*

Estava chegando ao centro do acampamento quando a voz de mulher soou atrás dele, exigindo, em árabe grosseiro, que os homens que ajudavam a descarregar tomassem cuidado.

— Não, não, não — disse ela. — Pare! Ponha onde eu disse. *Allez*, isso mesmo. *C'est bon*. Filho da mãe! Anda, você não vai quebrar. Alá esteja convosco.

Reconhecendo aquela estranha mistura de línguas, Michael virou-se. Um dos motoristas — uma mulher — estava de pé na frente do caminhão com o pé apoiado no pára-choque, chamando a atenção dos homens que descarregavam os caminhões com um dialeto de condutor de camelos e berrando acusações para os refugiados ali perto, atentos a uma chance de roubar os preciosos suprimentos. Ela usava um lenço branco amarrado sobre o cabelo louro e óculos escuros de grife. Fora isso, sua roupa era apropriada para uma expedição às minas do rei Salomão, desde as botas de montaria cobertas de pó, até a jaqueta cáqui.

— Susan! — gritou Michael, voltando correndo para o lugar onde os caminhões haviam estacionado.

A mulher acenou, mas praticamente não diminuiu os impropérios.

Susan McCaffrey era, como ele, americana. Também era a administradora-chefe dos acampamentos humanitários em todo o Levante. Seis campos de refugiados em 1.600 quilômetros quadrados de deserto dependiam dela, como coordenadora do quartel-general regional da OMS em Alexandria, para receber suprimentos e permissão para o pouco que podiam fazer. Susan era o que chamavam por lá de Velha Mão Árabe — ela estava lá há mais tempo que Michael e realizava milagres diários de suprimentos por meio do tato, de intrigas e desvios escandalosos.

E devia estar enfiada no seu escritório com ar-condicionado em Damasco.

— O que você está fazendo aqui? — Michael quis saber.

Ela virou e tirou os óculos escuros, olhando furiosa para ele. O olhar fez Michael lembrar por que os árabes faziam o sinal de mau-olhado contra estrangeiros de olhos azuis.

— Será que você preferia que eu tivesse ficado em casa? — retrucou ela. — O que houve? Acha que uma loura não agüenta marcha dura?

Ela tirou o lenço e soltou o cabelo. O quadrado branco de seda estava transparente de suor. Sacudiu os ombros e amarrou o lenço no pescoço — um tapa nos costumes dos anfitriões deles, que indicou para Michael como Susan estava estressada.

— Você devia ter ficado onde estava, ou nos avisado, ou pedido uma escolta armada. Está perigoso demais aqui — disse ele sem tato, e viu a boca de Susan virar uma linha dura e furiosa.

É claro que é perigoso aqui, dizia a expressão dela com desprezo. *Não existe um centímetro quadrado seguro em lugar nenhum, e nunca houve. E daí?*

— Não diga que não quer que eu faça isso — a voz dela era quase um rosnado. — Passei duas semanas suando para conseguir um passe para esse precioso comboio, e não tenho intenção alguma de vê-lo derreter no ar como o último.

— Onde está o seu egípcio, o que dorme com sua Uzi?

Michael notou que ela havia chegado sem ninguém estar armado, nem mesmo os habituais adolescentes com suas semi-automáticas que ficavam na traseira.

— Não pôde vir dessa vez — disse Susan casualmente, espantando alguns meninos itinerantes, que tentavam se esgueirar pela parte de trás do comboio. — Estou vendo vocês, safados. Dêem o fora daqui, já!

Michael estava ficando cada vez mais exasperado.

— Não é você que inventa todas as regras, sabe? Ou toma decisões unilaterais sobre quando deve descumpri-las. Carregar esse equipamento sem uma escolta armada é contra o regulamento, e você sabe disso. Você põe tudo em risco, e Deus sabe que a última coisa que precisamos por aqui...

— Desde quando você está comandando o forte, *mon* coronel?
— ela interrompeu zangada. — Você queria essas coisas, não queria? E não me culpe se o manifesto da carga estiver meio limitado. Tempos difíceis, você sabe.

Ela era boa em manter a discussão, mas ele viu alguma coisa no fundo dos seus olhos, e ela virou para o outro lado.

— Você foi atacada na estrada, não foi? — disse Michael. Por mais que ele tentasse evitar, as palavras saíram como uma acusação.

— Provavelmente mataram seus guardas, se não, os bastardos fugiram e abandonaram você.

Susan ficou impressionada.

— Digamos que meus homens acharam que enfrentavam um conflito de interesses, e se aposentaram prematuramente.

— Cristo! — explodiu Michael. — Você não devia estar se divertindo tanto. Eles armaram para você, e você sabe. Como conseguiu escapar sem comer plástico no café da manhã?

Susan tirou o pé do caminhão e deu um sorriso cansado.

— Não sabia que você se importava tanto.

— Susan!

— Tudo bem, chefe. Até que foi razoavelmente amigável, para uma emboscada. Eles não queriam matar ninguém... imagino que foi apenas um ato renegado menor, de pegar e fugir, nada que quisessem que os peixes grandes descobrissem. Por isso dei um pouco de dinheiro, uma caixa de jalecos de hospital, cem barras Hershey e um bloco de pó branco que parecia vagamente com cocaína... seu cozinheiro pediu um monte de maisena, por acaso? Alguém deve estar dando uma festinha de arromba com ela agora mesmo.

Ele achou que qualquer pessoa que agisse com arrogância naquela situação estava pedindo a última dança, mas tinha de admitir que ela saíra daquela provação bem melhor do que qualquer um fora do comando armado sairia — e muitos de dentro também.

Pode me contar se ficou muito assustada, Michael queria dizer, mas não podia. Não era o código deles. Susan e ele eram parecidos demais, suportavam fardos que não pediram, porque alguém tinha de fazer isso. Mas ela agüentava um peso muito maior do que o dele

— era uma mulher no mundo masculino de ajuda humanitária internacional, e estava enfrentando as barreiras adicionais que o islamismo construía no caminho da mulher do Ocidente desde que foi indicada para aquele posto. Michael já conhecia Susan suficientemente bem para saber que nada que o mundo fizesse faria com que ela recuasse. Mas podia deixá-la zangada, e isso ocorria com freqüência. A raiva de Susan McCaffrey era espada e escudo em suas batalhas diárias, e Michael tinha aprendido a respeitar esse fato.

— Você não devia estar aqui fora. Quer voltar para a tenda refeitório? Posso pôr duas cadeiras no frigorífico — disse ele.

Era uma espécie de pedido de paz, e os dois sabiam. A exasperação de Michael com os métodos de Susan tinha amadurecido havia muito tempo e virado um amor tateante e ressentido. Susan sorriu.

— Parece bom.

Cada pequena ruga no rosto dela estava marcada com a poeira branca do deserto, e ela passou a mão na testa para limpar um pouco.

— Sabe, eu vim preparada. Esse aqui é o único café turco torrado em seiscentos e cinqüenta quilômetros — ela mostrou uma garrafa térmica prateada. — Recém-preparado no Grande Hotel Sírio às quatro da manhã de hoje.

— Eu amo você — disse Michael fervorosamente.

Susan deu uma risada, um som rouco e duro de triunfo espontâneo.

— Então por que não me leva para a sua tenda, para mostrar o que mais eu trouxe?

Michael dividia sua tenda com outros membros da missão que cumpriam rodízios em horários arbitrários, mas todos tinham encontrado lugares melhores para estar àquela hora. Michael automaticamente puxou a corrente da única lâmpada no alto. Uma luz trêmula e amarela encheu a tenda, testemunha do funcionamento contínuo do gerador do Exército da missão. Susan abriu a tampa da garrafa térmica e encheu-a de café. O cheiro deixou Michael com água na boca. Ele tirou o café da mão de Susan e tomou tudo de um gole só, com a facilidade impensada que aprendeu na residência médica, sem sentir a temperatura escaldante, e segurou a tampa pedindo mais. Ela o serviu na mesma hora, depois fechou a garrafa térmica e deixou-a sobre a instável mesa de jogo, no centro da tenda.

— Vamos arriscar uma hipotermia? — disse Susan. Ela ligou o pequeno condicionador de ar no máximo, e ele começou a empurrar mais ar abafado, o melhor que podia.

— Você está precisando de dois dias na cidade grande, sabia? — disse Susan, estudando o rosto dele. — Podia voltar conosco. Vamos partir amanhã de manhã.

Manhã para ela significava uma hora antes do sol nascer, de forma que ele nem poderia se esgueirar por lá na ronda mais cedo.

— Estamos com falta de pessoal — disse Michael. — Fiz meia dúzia de operações hoje. As coisas estão se acumulando.

A cafeína estimulou uma parte que ele não sabia que estava desligada e deu uma ilusória impressão de força. Era incrível que uma molécula minúscula pudesse significar a diferença entre o conforto e o tormento, como se uma xícara de café fosse capaz de dispersar todo o sofrimento da alma.

— Vocês estão sempre com falta de pessoal — disse Susan sem emoção. A voz dela ficou mais suave. — Michael, estou sempre dizendo que não deve ter grandes expectativas. Não estamos salvando ninguém aqui. Haverá sempre mais gente pobre e faminta para partir seu coração, ou suas costas primeiro.

— Jesus, o que é que todo mundo pensa de mim por aqui?

— Não é todo mundo, sou eu — disse ela. Claro que ela sabia que ele estava dando uma resposta evasiva. — Você está tentando fazer desse trabalho mais do que realmente é. O que mais, amor? Não há nada mais. O mundo é o que é, e jogamos as nossas cartas até a cortina fechar — ela pegou a tampa vazia da mão dele e pôs na mesa. — Perdoe a metáfora misturada.

Ela empurrou Michael até ele ficar sentado na cama. Ajoelhada no chão, começou a desabotoar a camisa dele, encardida de suor e sangue. Antes que terminasse, ele caiu deitado e adormeceu.

O sonho teve a força marcante da realidade, como se estivesse acontecendo sem ele, e ele acabasse de entrar. Tinha a terrível familiaridade de um lugar, um ponto geográfico para o qual viajava em suas horas indefesas de inconsciência. Era cheio de fogo, de estrondos de bombas caindo, e de gemidos agudos de gente incrédula e ferida. Eram todas as guerras que ele tinha visto: antigas gravações de noticiários e transmissões de televisão da infância, e fotografias em sépia de livros de história, e visões da CNN às suas costas, em hospitais, quando corria de crise para crise.

Era a última guerra que haveria: Armagedon, Apocalipse, Götterdammerung, o Final dos Tempos. Ele estava vendo a última guerra que a Humanidade travaria.

E durava para sempre.

Michael não tinha contado para ninguém esses sonhos — nem mesmo para Susan, para quem contava quase tudo. Todos ali tinham pesadelos. Havia tanto sofrimento que até os inocentes pareciam absorvê-lo, assombrava o sono como uma promessa não cumprida, e Michael se sentiria ganancioso e egoísta se pedisse compaixão. O pior de tudo era que seus sonhos pareciam uma profecia distorcida, um *trailer* do filme que estava para acontecer. Como um nômade antigo, sofria de visões na solidão transbordante do deserto.

Lentamente, com o passar dos meses, Michael chegou a quase acreditar que suas visões eram mais do que a simples rebeldia de um espírito estressado. Na sua cabeça, elas adquiriram uma espécie de realismo objetivo. O Final dos Tempos era agora, em cada segundo do seu sono. E era nisso que ele menos queria acreditar, pois a voz da visão prometia que ele teria de desempenhar um papel antes do fim sombrio.

O clímax de todos os sonhos era o mesmo.

No centro da devastação, uma espada surgia diante dele pairando no ar, enfiada numa grande pedra negra. Imagens distorcidas de cruzadas fracassadas adejavam em sua mente como folhas de outono apressadas — uma grande cruz de ferro que caía do céu, uma arma forjada no sangue de escravos e mártires, tão poderosa que virou lenda, um paradigma de honra e morte sagrada.

O símbolo transformou-se no que simbolizava, e a lâmina tremeluzente forjada nas chamas do sol tornou-se a própria força da tentação. Ela chamava Michael: *Quem empunhar-Me será Rei, sobre todos os reis doravante...*

Não. Mesmo nos sonhos, em que os que ele tentava ajudar se desfaziam e viravam cinza antes de poder encostar neles, Michael recusava o papel de guerreiro. Não seria a arma de alguma revelação febril. O segredo de continuar vivo era despertar. Agora. Apesar de não querer, Michael estendeu a mão...

Escuridão.

Michael sentou na cama, piscando como coruja e prestando atenção no som que o fez acordar. Estendeu a mão procurando Susan, sabendo que era tarde demais; ela já teria ido. Estranho que ninguém tivesse voltado para a tenda. Suor noturno cobria seu rosto com um brilho gorduroso, e o lençol fino e gasto grudava nele como se tivesse caído na água.

Havia alguém do lado de fora da tenda.

O estranho não usava o uniforme da missão, nem as roupas esfarrapadas dos refugiados que enchiam o acampamento. Suas vestes de beduíno eram brancas, cintilantes e imaculadas, e a barba curta e preta estava bem aparada. Sem ela, ele poderia ser belo demais, mas com ela parecia uma águia do deserto, como se a desumanidade calma da imensidão tivesse encontrado um rosto vivo.

— Quem é você? — perguntou Michael, desconfiado.

O jovem chegou mais perto. A pele morena clara parecia brilhar, e os olhos eram poços sem fundo, como a escuridão por trás das estrelas.

— Eu venho para livrar o mundo do pecado — disse ele no inglês mais puro, sem sotaque.

— O quê? — disse Michael sem entender. — Ouça, se está doente, eu...

— Deus está chamando Seus filhos para a batalha — disse o jovem.

Aquelas palavras proféticas eram semelhantes demais ao sentido das visões de Michael. Ele pôs os pés no chão e agarrou o braço do homem.

— Acho que Deus e você estão na tenda errada — disse ele com tristeza.

O mundo explodiu em luz.

Michael estava deitado de costas, cego pela luz. Procurou um interruptor que não estava lá e, meio tonto, percebeu que alguém estava apontando uma lanterna para seus olhos. Ainda estava dormindo quando sonhou com o jovem profeta.

— O quê? — disse ele com a voz pastosa, com gosto de sono e café rançoso.

A conclusão bizarra do seu pesadelo evaporava da sua mente como uma miragem.

— Venha depressa, doutor — disse Yousef aflito. — *Halan!* Agora.

Michael vestiu a calça cáqui e a camiseta. Enfiou os pés sem meias num par de Air Jordans e pegou seu jaleco branco. Estava procurando o estetoscópio enquanto seguia Yousef a meio trote, na escuridão da madrugada. Que horas eram? Onde estavam os outros?

Yousef levou-o até os portões do complexo. Havia uma multidão aglomerada do lado de fora da cerca, todos olhando para alguma coisa no meio deles. Michael pulou a barreira sob os olhares indiferentes dos guardas e abriu caminho pela multidão.

— Vocês vão ficar aí parados? — ele gritou enquanto empurrava as pessoas.

No centro ele viu um homem — da aldeia próxima? — deitado no chão. Estava descalço e com a cabeça descoberta. Sua túnica e suas calças estavam em frangalhos, do jeito que fica o tecido quando apodrece com calor e radiação muito intensos.

— Yousef! — chamou Michael. — Preciso de uma maca aqui, rápido.

O cheiro de queimado atingiu as narinas de Michael ali mesmo onde estava, e fez seu estômago se apertar num nó de náusea. *Bombas nucleares não. Não aqui. Por favor, meu Deus, se o Senhor existe mesmo...*

—Yousef, espere. Chame a Ingrid ou alguém, agora—berrou Michael. — Peça para ela trazer uma IV de Ringer e um pouco de morfina... e aquela maca.

Sem esperar para ver se Yousef obedeceria, Michael ajoelhou ao lado do homem. O cabelo dele tinha sido preto um dia. Alguns tufos ainda se agarravam ao crânio cheio de bolhas supurando. O resto tinha caído, deixando manchas amareladas e sangrentas de carne viva. A maior parte da pele exposta estava opaca, meio marrom, meio preta, mais escura do que Michael achava que era a cor normal dele. Michael procurou lembrar a frase em árabe para a multidão se afastar e não conseguiu. Onde estava Yousef? Por que demorava tanto?

O estranho estava morrendo. Michael conhecia aquela ausência completa de esperança de adiamento. Mas pelos vivos, Michael precisava saber por quê.

— *Ismak ay?* Como é seu nome?

O homem abriu a boca para responder. A língua estava preta como se tivesse bebido tinta, e Michael teve uma sensação nauseante de alívio. Aquele não era um dos sintomas da exposição à radiação que aprendera a procurar. Alguma outra coisa estava matando o estranho.

Obrigado, Deus.

Michael embalou o homem nos braços. Tinha mantido o instinto de confortar os moribundos quando não podia fazer mais nada. A língua do homem escapou da boca quando ele tentou falar, e os olhos se arregalaram com o esforço que tinha de fazer. Eram esbranquiçados, olhos com catarata, mas Michael estava disposto a apostar que o homem podia ver uma hora antes... senão, como é que ia chegar à estação? O estranho começou a queixar-se em árabe, formando as palavras com um esforço enorme.

— O que ele está dizendo? Alguém aqui fala inglês? — perguntou Michael desesperado.

— Ele diz que foi amaldiçoado — Yousef estava abaixado ao lado dele, pondo um cantil de plástico na mão de Michael. — O povo dele foi todo amaldiçoado pelo espírito da desolação. Só ele restou.

Michael, delicadamente, pingou água naquela boca horrivelmente enegrecida. O homem lambeu a água, sedento, depois caiu para trás, exausto. Michael sentia os esforços agonizantes do paciente para respirar, como se fosse ele.

— Yousef, rápido. Preciso saber exatamente de onde ele veio.

Michael se odiava por estar perturbando os últimos momentos do homem, mas aqueles sintomas não correspondiam a nenhuma doença que Michael pudesse reconhecer. Se alguma epidemia desconhecida estava acontecendo na região, eles tinham de saber onde procurar.

Yousef falou com o homem em árabe, urgente, muito rápido. Teve de repetir a pergunta duas vezes antes de o homem levantar outra vez, e, quando ele respondeu, sua voz não passou de um sussurro. Yousef teve de chegar mais perto para ouvir. E depois ficou sentado com ar de quem não entendeu.

— Uma aldeia em Wadi ar Ratqah — explicou ele, sacudindo os ombros fatalisticamente, como se não precisasse dizer mais nada.

— Além da fronteira — ele acrescentou lentamente, vendo que Michael não estava compreendendo.

Houve uma comoção quando os carregadores da maca chegaram, empurrando as pessoas.

— Pergunte a ele... — Michael ia dizendo, mas era tarde demais.

Sentiu o estranho enrijecer e depois ficar inerte em seus braços, o corpo imperceptivelmente mais leve quando a alma deixou seu abrigo. Michael abaixou o corpo suavemente no chão e ficou de pé, deixando os carregadores da maca passarem por ele.

— É melhor queimar o corpo — disse Michael, em voz baixa. Ele virou para Yousef. — Consiga um jipe para mim. E um mapa. Você vai ter de me mostrar como chegar até essa Wadi Ratpac.

Yousef fez uma mesura, sem se importar em corrigir a pronúncia de Michael. Michael olhou para o leste, e o vento que sopra antes da aurora fez uma leve pressão fresca em sua pele.

Havia alguma coisa lá.

Alguma coisa que queimava.

— Se vai para onde penso que vai, não pode ir — disse Nikolai quando Michael saiu da sua tenda.

Michael segurava uma mochila cheia de suprimentos médicos em uma das mãos e a garrafa térmica vazia na outra. O chefe da estação tinha sido acordado às pressas. Não perdeu tempo fazendo a barba, e os pêlos pretos despontando em seu rosto lhe davam um ar de pirata. Ainda estava de roupão de banho, com botas de combate desamarradas — Nikolai tinha sido um soldado do Exército Vermelho muito antes de se tornar médico.

— Wadi ar Ratqah fica no Iraque. Não temos permissão para operar lá — ele acrescentou.

— Suponho que a peste bubônica ficou esperando permissão? — Michael perguntou, passando por Nikolai, indo para a tenda refeitório.

— Peste? Você quer dizer tifo? — quis saber Nikolai, parecendo preocupado.

Numa região sem saneamento adequado ou água potável, o tifo era uma ameaça constante.

Ele seguiu Michael até o refeitório, onde Michael pegou algumas latas de ração e depois começou a encher sua garrafa térmica.

— Quase desejava que fosse — disse Michael lentamente. — Sabemos o que fazer com o tifo. Mas eu não sei do que aquele homem morreu... e é melhor descobrir.

Ele fechou a garrafa térmica com água quente e pendurou no ombro.

— Você ao menos sabe para onde está indo? Ou o que vai encontrar?

— Gente muito doente — Michael retrucou.

Ele levantou a lona da abertura da tenda e passou por baixo, indo para a garagem.

— Pessoas que provavelmente vão atirar em você — disse Nikolai, seguindo Michael.

— Se estão tão doentes quanto aquele homem lá atrás, provavelmente vão errar.

Michael ouviu o som do comboio esquentando os motores antes de chegar à garagem. As luzes dos caminhões à espera davam ao complexo uma iluminação teatral fantasmagórica, como uma estranha noite de estréia. Susan ainda não devia ter saído. Os motoristas sírios dos comboios sempre gostavam de esquentar os motores, como se fossem partir numa corrida. Era um hábito que ninguém conseguia desfazer.

Michael olhou em volta, mas não a viu. Uma parte dele tinha esperança de que Susan já tivesse partido, mas era impossível ela não ter ouvido falar da aventura dele. Nikolai contaria para ela em seu relatório diário, se ela não soubesse por outra fonte.

O jipe dele estava pronto, e Yousef sentado no banco do motorista. Ele deu um sorriso largo e satisfeito para Michael.

— Jamais encontrará Wadi ar Ratqah sem mim, doutor. E vai precisar de um tradutor inteligente se conseguir.

Michael olhou para Nikolai atrás dele e viu que teria apoio para convencer Yousef a ficar. De qualquer forma, a verdade do que Yousef dizia era inegável. Michael cedeu ao inevitável e subiu no banco do passageiro do jipe, jogando a pesada mochila com suprimentos médicos no banco de trás. Yousef ligou o carro, e o motor do jipe adquiriu vida, rugindo e engasgando. Os faróis cortaram a escuridão que antecede a aurora, pegando Nikolai em seu brilho e formando uma longa sombra preta sobre a tenda atrás dele.

— Michael! — Susan apareceu correndo, ofegante, agarrando a porta do jipe como se pudesse fazê-lo parar, apelando unicamente para sua força de vontade. — Aonde pensa que vai com esse Sancho Pança aí?

Ela estava vestida para a longa viagem de volta para Damasco, com os olhos bem brilhantes e alertas, mesmo àquela hora, com o lenço branco cobrindo o cabelo e os supérfluos óculos escuros encarapitados em cima da cabeça.

— Podemos ter uma nova epidemia. Vou verificar algumas aldeias — disse Michael. Não era toda a verdade, mas verdade.

— No Iraque? — disse Susan desconfiada. — Senão, por que estaria saindo escondido?

Boatos, refletiu Michael, eram a única coisa que se espalhava mais depressa que a guerra. Ele deu de ombros, desafiando Susan em silêncio. O que ele fazia era oficialmente responsabilidade dela, mas os dois sabiam que ele não permitiria que ela influenciasse sua consciência.

— Estou esperando uma resposta — disse Susan. As articulações dos dedos dela ficaram brancas quando ela apertou a porta do jipe. Michael sentiu a tensão crescendo no ar, como a energia acumulada de um relâmpago a ponto de explodir.

— Como já disse antes, não é você que cria as regras — disse Michael com firmeza.

— Nem as resolve, quando elas vão ser desrespeitadas. Você disse isso também — a voz de Susan era baixa e vibrante. — Você voltaria antes de cruzar a fronteira do Iraque, certo? Você conhece a confusão tremenda que uma invasão ilegal causaria. Seríamos chutados para fora daqui.

Sem dar chance para Michael responder, ela deu meia-volta e saiu a passos largos na direção dos caminhões.

— Volte inteiro — Nikolai disse para ele, levantando a mão para se despedir de Michael. — Estamos sem gente para juntar os seus pedaços de novo.

— Vamos — disse Michael.

O sol nasceu, um ponto opaco e quente no céu nublado, enquanto iam para o Leste. Como sempre fazia, Michael maravilhou-se com a imensidão do vazio. Estavam a menos de uma hora da fronteira do Iraque e podiam estar rodando na superfície da lua. Nenhuma planta, nenhum animal, nenhuma estrutura feita pelo homem perturbava o vazio sem trilhas.

"O povo dele foi amaldiçoado pelo *jinn* da desolação..." O rosto do homem morto na estação povoou os pensamentos de Michael, embaralhado com seu sonho. Não a paz, mas uma espada...

Não viram mais ninguém na estrada, apesar de estarem chegando perto de uma das fronteiras mais perigosas — e presumivelmente bem patrulhada — da região. O Iraque tinha respeitado a soberania da Síria até então, mas isso podia mudar a qualquer momento. E se mudasse, o que era apenas uma trilha no deserto se transformaria numa estrada movimentada, cheia de tanques e caminhões carregando tropas. Michael ficou olhando para longe, como se pudesse avistar alguma expressão concreta da fronteira que não fosse real fora das mentes dos políticos e dos cartógrafos.

O terreno era levemente inclinado e eles estavam subindo, uma elevação pequena, mas depois a estrada descia de repente. Do outro lado da colina, Michael viu que a trilha passava por um vale. Havia uma aldeia na base de uma das colinas estéreis.

— Pronto — disse Yousef, parando o jipe no topo de uma colina e apontando, franzindo a testa. — Talvez seja melhor não ir até lá.

Boa tentativa, mas provavelmente atravessamos a fronteira há uns vinte minutos, pensou Michael. Susan tinha razão: com ou sem designações geopolíticas arbitrárias, se fossem pegos do lado errado da fronteira da Síria com o Iraque, era quase certo que Yousef levaria um tiro na mesma hora, e causar uma quebra internacional do protocolo de fronteira seria a menor das preocupações de Michael.

Ele podia dizer que tinham se perdido. Podia funcionar — eles escapariam com algumas chibatadas e uma escolta até a fronteira. Nunca se sabe. Michael observou a aldeia distante, desejando ter um par de binóculos. A primeira coisa que notou foi que o silêncio pesava no ar, como um cobertor grosso e sufocante. A segunda foi um tipo de luz que nunca viu antes.

Por um buraco na cobertura de nuvens cinzentas, um facho brilhante caía na aldeia como um raio de sol — só que partia de um ponto alto demais no céu, uma hora depois do nascer do sol, para ser a sua luz matinal. E que tipo de raio de sol era azulado como aquele, parecendo quente como uma estrela-anã, e ao mesmo tempo frio como o gelo do Ártico? A luz tremulava um pouco, como se batesse no compasso de um coração sobrenatural.

— Imagino que você não saiba o que é isso, sabe? — perguntou Michael.

Yousef estava resmungando algo baixinho. Parou, como se interrompesse uma oração.

— O deserto aqui é o mais traiçoeiro. O povo da região tem um ditado, que lugares como esse devem ser deixados para Deus e o diabo. Eles deviam ter um lugar na Terra onde pudessem lutar. *Gostaria de saber quem está ganhando agora.* Michael olhou de novo para a luz. Não dava para afirmar com absoluta certeza que partia de cima para baixo. Também podia estar saindo de baixo para cima, como se naquela aldeia de barro distante, por mais incrível que pareça, houvesse um elevador para a outra vida.

— Vamos. Quanto mais cedo chegarmos lá embaixo e descobrirmos o que matou aquele homem, mais cedo poderemos voltar — disse Michael impaciente.

Yousef não se mexeu para ligar o jipe.

Michael balançou a cabeça.

— Se não for comigo, eu vou sozinho. Você sabe disso — disse ele.

Yousef fez um gesto de resignação. Respirou fundo.

— *Insh'allah* — resmungou ele e pôs o jipe em movimento.

Ele estava esperando a peste. Mas aquilo...

Aquilo não era natural. Sentia o cheiro da morte em doses maciças — a sombra de um corpo estava impressa na estrada logo adiante, mas não havia corpo. Michael controlou o horror que sentiu quando passaram pela periferia deserta da aldeia. Se deixasse Yousef perceber como estava abalado, o tradutor certamente empacaria.

Wadi significava "rio" em árabe, e Wadi ar Ratqah ficava perto de um dos pequenos riachos sazonais que pontilhavam a região. O riacho secava no verão, mas tinha água suficiente para irrigar a plantação do inverno, e Michael viu áreas bem cuidadas de legumes plantados espalhadas em volta das casas vazias. O silêncio imperava.

O verde por toda parte estava completamente murcho, marrom e caído sobre a terra. O solo em volta cintilava estranhamente, parecendo vidrado.

Gás venenoso? Pensou Michael.

— Doutor! — gritou Yousef, apontando.

Havia um corpo ao lado da estrada. O primeiro que viam.

— Pare! — berrou Michael.
Ele desceu do jipe andando.
O corpo ao lado da estrada estava de barriga para baixo, como se o que o matou tivesse atacado quando ele fugia. Michael virou o corpo com todo cuidado. A carne era mole, como se os músculos por baixo da pele estivessem moídos.
Fora isso, os sintomas eram os mesmos do homem que tinha morrido no acampamento, a boca enegrecida, os olhos cegos. Queimado de dentro para fora.
— Parece que viemos ao lugar certo — resmungou Michael.
Ele voltou ao jipe para pegar sua mochila, desviando para dar uma olhada de perto numa plantação seca. O que achou, a princípio, que se tratava de pedaços de vidro no chão eram as cascas brilhantes de gafanhotos, mortos no meio das plantações que não puderam devorar. Ele percebeu o que mais no cenário parecia estranho: não se via em parte alguma os animais soltos que eram tão comuns em aldeias como aquela. Nada de cabras, nem galinhas. Nem mesmo os famintos cães e gatos selvagens que habitavam a região.
Não havia nada vivo naquele lugar. O Anjo da Morte tinha purgado tudo.
Michael voltou para o jipe.
— Você deve ficar aqui — disse ele para Yousef. — Preciso verificar se há sobreviventes.
Ele queria poupar Yousef do risco de contaminação, mas o tradutor parecia mais abalado com a idéia de ficar para trás do que de se expor a algum vírus novo. Quando Michael se afastou, Yousef foi atrás, com um rifle no ombro.
Wadi ar Ratqah era uma aldeia relativamente grande, segundo os padrões locais, mas o centro ficava a uma caminhada de menos de dez minutos de onde o jipe tinha parado. O desconforto de Michael aumentou enquanto percorriam as ruas. As portas de todas as casas estavam abertas, como se os ocupantes tivessem fugido de repente, abandonando tudo o que tinham. Não deixaram nenhuma pista, nem mesmo seus corpos. Do outro lado da rua, Michael viu Yousef espiando dentro das casas, tão curioso quanto Michael. Como podiam ter simplesmente desaparecido? Michael hesitou

diante de uma porta, e Yousef continuou pela rua. Será que tinha ouvido um som de dentro da casa? *Se isso for a peste*, ele pensou, *alguns devem ter morrido em suas camas.*

Ele entrou. A sala cheirava a alho e tabaco. Havia um aparelho de televisão, com um retrato espalhafatoso em cores de Saddam Hussein em cima, e alguns móveis velhos. Uma escada íngreme levava ao segundo andar. Havia uma cortina na porta de um quarto nos fundos da casa. A porta devia ser da cozinha, que servia de aposento das mulheres, numa casa pobre demais para manter um *purdah* completo. Com muito cuidado, Michael abriu a cortina.

A mesa da cozinha estava posta para o jantar, que ninguém comeu. O cozido e o pão tinham congelado nos pratos, intocados. Não havia nem moscas atraídas pela comida que apodrecia. O que quer que tivesse acontecido ali, ocorrera na noite anterior, digamos entre seis e sete horas — hora do jantar. Isso daria tempo suficiente para o único sobrevivente que conseguira escapar chegar à estação a pé, às quatro da manhã.

Mas do que ele estava fugindo? Anthrax? Gás? A velocidade com que todos foram pegos indicava algum tipo de supertoxina que o governo ocultaria imediatamente, mas Michael achava difícil acreditar que até Saddam seria tão louco a ponto de testar uma arma química tão perto da zona patrulhada pelos aviões espiões dos aliados. Distraído com seus pensamentos, Michael saiu sem antes espiar, e isso deu ao seu atacante o benefício da vantagem.

— Aííí! — gritou o homem, batendo do lado de Michael.

O golpe fez Michael cair e ficar sem ar. Tossindo a poeira, com a garganta contraída, ele tentou ficar de joelhos, mas o atacante pulou nas costas de Michael, segurando a cabeça dele.

Michael virou a cabeça para ver quem era, mas o esforço fez com que perdesse o equilíbrio. Os dois caíram de lado na terra.

— Pare! — Michael tentou gritar o mais alto possível, na esperança de assustar o homem... dava para ver, então, que era um aldeão enlouquecido.

Ele teria gritado "americano!", mas teve a presença de espírito de imaginar que isso poderia deixar o homem ainda mais furioso. Começaram a rolar juntos. Michael sentia dedos ásperos, grossos de anos de lida com a terra, apertando seu rosto, sua boca, nariz e olhos.

De repente, o homem afrouxou uma das mãos. Antes que ele pudesse reagir, Michael percebeu que o homem tinha encontrado a faca do Exército que levava presa ao cinto. Seria uma questão de segundos para a lâmina encostar em seu pescoço ou penetrar em seu peito. Com força frenética, Michael deu uma cotovelada nas costelas do atacante e, na mesma hora, tentou ficar de pé.

Teve sorte. Soltando um "uf" bem sonoro, o homem ficou sem ar e caiu para trás. Michael avançou, mas estava atordoado demais para correr. Virou de frente para o homem, que tinha deixado a faca cair na rua. O aldeão tentou recuperá-la, se arrastando de quatro, e então Michael notou duas coisas. O homem chorava, soluçando muito, e não tinha idéia de onde a faca estava, embora estivesse a um metro de sua mão direita.

Ele estava cego como o viajante que morrera no acampamento.

— Doutor! — Yousef corria para onde os dois estavam, apontando o rifle para o homem.

Michael se pôs na frente e levantou as mãos.

— Não, está tudo bem! Eu estou bem!

Desconfiado, Yousef abaixou a arma. Ao chegar mais perto, ele viu o estado lastimável do aldeão, passada a loucura, deitado bem quieto na terra, contorcendo-se um pouco.

— Você pode fazer alguma coisa? — pediu Yousef baixinho.

Michael balançou a cabeça.

— Vou tentar deixá-lo mais confortável.

Ele voltou para o jipe para pegar a mochila. Agora que a luta tinha terminado, as queimaduras graves no corpo do homem ficaram visíveis e, com certeza, eram fatais. Quando Michael retornou cinco minutos depois, Yousef já havia arrastado o novo cadáver para dentro de uma das casas. O rosto dele estava pálido e marcado por emoções reprimidas.

— Há outros, doutor. Venha.

Nenhum dos dois disse nada, enquanto Yousef indicava o caminho pela praça da aldeia, ladeada pelo bazar numa ponta e uma mesquita na outra. Uma fonte em ruínas continuava a jorrar no que era o centro da aldeia. Michael parou e jogou água no rosto.

Quando levantou a cabeça, Yousef já estava desaparecendo nas sombras do lado de fora da mesquita. Estranhamente, era a única construção que parecia ter sido bombardeada. No entanto, por milagre, apesar das paredes destruídas, a cúpula central continuava inteira. Era feita de um bronze de alumínio extravagante, que brilhava como ouro ao sol cruel.

Yousef reapareceu na porta.

— Venha, venha! Eles estão à sua espera.

Eles? Hesitante, Michael atravessou a praça. A cada segundo ficava mais preocupado, e de repente percebeu por quê.

Aquele era o lugar que tinha visto em seus sonhos. Era o lugar em que a espada flamejante lhe tinha sido oferecida. *Não seja ridículo.* A irritação repentina ajudou a diminuir a apreensão, e ele apressou o passo. A entrada da mesquita estava coberta de entulho, cada pedaço decorado com os motivos árabes elaborados e geométricos, uma chuva de beleza destruída. Enquanto passava por ali, Michael ficou olhando para o chão e, quando levantou a cabeça, viu que estava a poucos metros da câmara central, sob a cúpula. Ficou espantado com o que viu.

Uma dúzia de pessoas amontoadas no chão. Todas olhavam para alguma coisa, não para ele. Olhavam fixo para o alto, e os rostos brilhavam com a luz que entrava pelas janelas altas, circundando a base da cúpula. Mas isso não era a única coisa incrível naquele lugar. Em volta do pequeno grupo de mulheres, crianças e dois velhos, que deviam fazer parte da *ulama* — os anciões da mesquita —, Michael viu dançarinos. Eram todos jovens, com mantos até o chão e chapéus compridos, de dervixes, que rodopiavam, girando em círculos extáticos, como se nada perturbasse seu ritual.

Hipnotizado, Michael observou os movimentos dos dançarinos, com a graça sobrenatural de anjos mecanizados, rodopiando sem parar em atitude de devoção em volta do trono. Seus chinelos faziam um ruído suave, deslizando no chão de pedra, e então o silêncio foi quebrado por um murmúrio. Os dançarinos começaram a cantar uma melodia longa e lenta, que acompanhava seus movimentos. Os aldeões cantaram também.

Michael ficou incrivelmente emocionado.

— O que os salvou? — perguntou para Yousef sussurrando, sem querer quebrar o encanto.

— A fé.

Michael balançou a cabeça. Para acreditar nisso teria de ter fé na fé, e ele não tinha. Olhou para Yousef e notou que ele havia mudado sutilmente. O rosto dele brilhava, e as palavras não saíam da boca do simples tradutor contratado que o levara até lá. Michael sentiu seu coração bater forte. Uma idéia louca e paranóica cruzou sua mente: *Yousef armou isso para mim.*

Mas seu olhar foi atraído de volta para a cena diante dele. Os sobreviventes da terrível luz assassina — pois essa era a única explicação, por mais bizarra que fosse, para o que via — pareciam extraordinariamente calmos. Uma jovem mãe, no entanto, afastou-se do grupo com um andar cambaleante. Tinha um bebê no colo, que ergueu acima da cabeça, como se fizesse uma oferenda. *A entrega do primogênito?* Michael pensou sem lógica, meio atordoado. De alguma forma ele devia estar certo, porque o bebê, uma menina minúscula embrulhada em algodão branco tecido à mão, continuou subindo, longe dos braços da mãe, em direção à cúpula. O corpinho parou no ar, um metro acima do grupo. Todos olhavam para ela. Ninguém se mexia.

Em pânico, Michael sabia que tinha de fugir daquele lugar. Virou para trás e deu alguns passos, prestes a sair em disparada, quando sentiu a mão forte em seu braço. Yousef o segurava, balançando a cabeça.

— Não precisa ter medo. Estavam à sua espera.

A voz, firme e forte, não era a de Yousef. Mais do que qualquer outra coisa, esse pequeno detalhe fez Michael ficar nauseado, e um véu negro começou a cobrir-lhe os olhos, anunciando um desmaio. Michael se libertou da mão de Yousef e continuou cambaleando para a porta. Com a respiração entrecortada, ofegante, apesar de não desmaiar, a visão embaçada o fez tropeçar no entulho espalhado no chão.

Agora Yousef estava na frente dele.

— Por favor, você está seguro aqui. Esse é o único lugar em que estará a salvo.

Dessa vez Michael parou. Ficou confuso.

— Como pode chamar esse maldito lugar arruinado de seguro? — disse ele com a voz rouca, a garganta seca de medo.

Antes que Yousef respondesse, um velho apareceu das sombras. Tinha uma longa barba branca e usava um manto grosso de lã. Michael percebeu que recuperava os sentidos e que aquele era um homem santo errante, um velho sufi. Em árabe a palavra *suf* significava "lã", designando aqueles que usavam os mantos austeros, assim como o tecido marrom feito à mão dos monges franciscanos foi adotado como um sinal do voto de pobreza. Michael notou que estava respirando de novo, e ficando mais calmo. Mas não virou de frente para a nave central outra vez.

O velho sufi olhou para ele com olhos extraordinários, diferentes de tudo que Michael tinha visto — profundos, íntegros, escuros, mas ao mesmo tempo iluminados.

— Ele quer falar com você — disse Yousef, parecendo quase tímido.

— Estou ansioso para ouvir o que ele tem a dizer. Ele sabe que tipo de ataque foi esse?

Na hora em que as palavras saíram de sua boca, Michael percebeu o absurdo daquilo tudo. Uma vida de desprezo pela irracionalidade fazia dele o irracional naquela situação. Depois de tudo o que tinha testemunhado, ainda queria que tudo voltasse à loucura de uma explicação racional.

Quando Michael parou de falar, o homem santo sorriu e falou verbosamente em árabe.

— Ele diz que conhece você — Yousef traduziu depois de um breve tempo.

— Acho que não — disse Michael. — Diz para ele...

O velho interrompeu com um gesto impaciente.

— É da natureza de tudo que é imperfeito chegar ao fim. Só Deus é eterno — Yousef traduziu e sorriu, como se partilhasse de uma piada particular. — Ele quer que você saiba de uma coisa. Não pode fazer um rio correr para onde você quer. Ele o leva para onde *ele* quer.

— Maravilhoso.

Preocupação e sono de menos se aliaram para deixar o humor de Michael amargo.

— Ele diz que existe uma razão para as coisas e que você foi chamado para vir aqui. Você não deve ter medo de ter fé. Deve se reconciliar com sua crença.

Yousef disse tudo isso sem o sufi dizer uma só palavra.

— Você está lendo mentes agora? — disse Michael de mau humor.

Ele tentou passar pelo meio dos dois homens, sentindo uma nova angústia quanto ao perigo que provavelmente ainda corriam. Mas o velho ajoelhou na sua frente, limpou um pouco de entulho com a mão e desenhou um sinal no pó, com um dedo. Michael olhou espantado para aquilo, o número trinta e seis.

Como se tivesse completado algum trabalho sério, o homem santo levantou e deu meia-volta. A última visão que Michael teve dele foi sobre o ombro, quando o sufi voltou para as sombras.

— Venha! — disse Michael. — Vamos embora.

As casas desertas pareciam zombar dele enquanto passava, marchando apressado. Não compreendia o que tinha acabado de acontecer, e não gostava do que não compreendia. Michael jogou a mochila com os remédios no banco de trás do jipe com tanta força que os vidros preciosos de penicilina e morfina bateram uns nos outros, e depois subiu para o assento do motorista. Yousef chegou correndo pela estrada.

— Você está zangado, Dr. Aulden — disse o tradutor. — Por favor, em que está pensando?

Estou pensando que devia chamar uma equipe de inspeção da ONU para virar esse lugar de cabeça para baixo, se houvesse algum jeito de admitir que estive aqui para começar.

— Suba, se você vem comigo — disse Michael irritado.

Ele ligou o motor. Por um momento o jovem estranho que viu no sonho e o velho na mesquita viraram uma só pessoa.

— E não gosto quando alguém pensa que minha alma está à venda. Seja quem for.

Depois que Yousef subiu no jipe, sem dizer nada, Michael resolveu passar pelo meio da aldeia e dar uma grande volta para retornar à estrada. Talvez visse alguma coisa no caminho que explicasse tudo aquilo. Era vítima da própria raiva, isolado do mundo do mesmo jeito que seu pai sempre ficava, usando sua fúria para construir muros impenetráveis de todos os lados. Estava tão concentrado em seus sentimentos que não ouviu os aviões enquanto Yousef não puxou a manga da sua camiseta.

— Ouça!

Era aquele ronco conhecido de centenas de filmes de guerra antigos, irreal agora por se intrometer no mundo real. Michael viu uma linha de nuvens de poeira cortando a estrada diante dele, antes de perceber que ouvia o barulho surdo de uma metralhadora.

De repente havia um jato de combate em cima deles, metralhando a estrada. A sombra dele passou e o som dos tiros era como pano rasgando. Balas incendiárias e traçadoras misturadas com as comuns, formando linhas e bolas de fogo onde batiam.

Michael virou o volante para o lado, fazendo o jipe rodar na estrada, voltando para a aldeia.

— Pule! — gritou ele.

Yousef se jogou do jipe e rolou de lado. Michael hesitou, querendo distrair o avião para longe dele, sabendo que, se não estavam atirando agora, começariam de novo em questão de segundos. Apertou o acelerador até o fundo e pulou, tudo com um movimento desajeitado e sem prática.

O impacto no chão machucou, e por um momento a consciência de Michael se preocupou com isso. Então ouviu de novo o som do jipe, seguido de tiros, enquanto o avião de guerra investia numa segunda rodada. Os tiros da metralhadora pareciam fazer o chão tremer dessa vez, como passos pesados. Ouviu um som metálico quando as balas atingiram o jipe, e depois o sibilar de uma traçadora, e a súbita e aterrorizante explosão. Calor — de um tipo completamente diferente do calor do deserto — cobriu sua pele com falsa suavidade.

Corra, droga. Michael ficou de pé aos tropeços e forçou-se a correr para a construção mais próxima. Era um barraco feito de lama, a vinte metros de distância. Yousef estava parado na porta, olhando para alguma coisa que Michael não podia ver, e gesticulava agitadamente.

Michael ouviu batidas como chuva em volta dele, e, de uma grande distância, sua mente deu a explicação: eram estilhaços da explosão do jipe, jogados para cima pela força do impacto, que caíam na terra de novo. Um pedaço de metal quente bateu violentamente em seu ombro, e a dor inesperada fez Michael tropeçar e cair estatelado no chão outra vez. Mordeu a língua quando caiu, e a injustiça daquele pequeno incidente encheu sua mente de fúria.

— Levante-se, doutor! — Yousef tinha corrido para ajudá-lo, pensando que Michael estava seriamente ferido.

— Não, eu estou bem. Corra para lá de novo! Proteja-se!

Agora Michael estava de pé e correndo, mas o avião já estava voltando. Pela primeira vez, Michael teve a certeza de que iam apontar para ele. Com um esforço louco, ele empurrou Yousef para a vala ao lado da estrada e pulou logo depois. Aterrissaram em água lamacenta cercada de junco, mas não havia proteção de fato. Yousef e Michael estavam lá deitados, expostos, lado a lado. Michael sabia que ia morrer.

Uma sombra fresca cobriu seu corpo. Michael rolou de costas e olhou para cima, para ver o velho sufi da mesquita de pé diante dele. Parecia muito calmo.

— Pelo amor de Deus, abaixe-se! — sussurrou Michael, atônito.

Quando acabou de dizer isso, a linha de balas atingiu os três.

Chegou e passou por eles, como se Michael e o velho ocupassem alguma outra realidade que não tinha aviões de guerra. Estupefato, Michael deitou de novo, sentindo calor nas costas. Era o calor molhado de sangue. Talvez ele estivesse morto. Talvez isso fosse a única coisa real que tinha acontecido. Viu o sufi se abaixar para tocar em Yousef, que não se mexeu. Então Michael soube que era o sangue de Yousef que estava sentindo.

— Saia daí, deixe-me cuidar dele — disse ele.

O velho sufi balançou a cabeça. Com uma olhada para o corpo varado de balas, Michael soube que o jovem tradutor estava morto. Não que tivesse tempo para julgar. Uma explosão dez vezes mais barulhenta do que tudo que houve antes fez o chão tremer. Por cima do ombro do sufi, Michael viu a aldeia começando a explodir, cinco prédios de cada vez. O rugido pesado dos bombardeiros encheu o céu.

Com a mente negra de pânico, Michael saiu correndo. Podia chegar ao barraco em menos de um minuto, voando desesperado, e só existia isso na cabeça dele. Mais explosões espoucaram atrás dele, e pareciam estar se aproximando. Michael não ouviu o próprio grito com a barulheira ensurdecedora, mas uma pontada quente de dor percorreu sua perna antes de desmaiar no meio da estrada.

Acordou no mesmo lugar em que caiu. Uma nuvem escura clareou em seus olhos e ele viu o sol brilhando através de uma abertura nas nuvens. O som dos aviões tinha acabado. Michael lutou para sentar.

— Eles vieram atrás de você — disse uma voz ali perto.

Michael virou a cabeça e fez uma careta com uma pontada de dor. Era o velho sufi, de pé perto do lugar onde Yousef tinha caído. Sangue arterial bem vermelho escorria pela lateral da vala de drenagem em manchas berrantes, e Michael sentiu o cheiro de sangue com o instinto do cirurgião experiente.

Tudo parecia claro, expandido. Um resto de adrenalina tornava todas as cores brilhantes, e Michael imaginou ter ouvido o momento exato em que o coração de Yousef parou de bater.

— Você está delirando. Não se mova.

Michael levou algum tempo para perceber que o sufi estava falando inglês, um inglês perfeito e sem sotaque, como o de Yousef.

— Yousef sabia o que ia acontecer se resolvesse vir para cá — disse o homem santo.

— Agora você resolveu falar inglês? — perguntou Michael.

Ele tentou ficar de pé mas curvou-se na mesma hora e gritou. Sua perna direita estava quebrada, e toda a parte de baixo da calça estava vermelha.

— Você deve ficar em segurança... precisamos de você. Eu o procurei porque agora, contra todos os costumes, o sagrado deve ser visto... ele não nos dá opção. — O velho estava perto de Michael e quase sussurrava em seu ouvido. Michael virou para ele e olhou em seus olhos. — Vou levantá-lo. E lembre-se: na solidão só existe medo.

— Não, não tente me levantar — protestou Michael, mais fraco com a dor e a perda de sangue. — Sou médico. Você tem de fazer o que eu disser.

O homem santo ignorou Michael.

— O que estava separado precisa se unir. Aquele que não procura, não encontrará.

— Olha... — disse Michael sem força, mas o homem já tratava de levantá-lo.

Apesar da dor, Michael conseguiu se segurar, enquanto o sufi o erguia pelo ombro, meio arrastando, meio andando com ele até o barraco, que continuava de pé. Michael imaginou que sua perna direita ia gerar uma agonia tão grande que logo perderia os sentidos, mas descobriu que, arrastando-a de leve e deixando o homem santo conduzir o caminho, continuava consciente.

Desviaram da estrada para uma estreita trilha de terra que atravessava o campo. De repente Michael pensou numa coisa.

— Minas — disse ele com a voz fraca. — Esse caminho pode estar minado. Tenha cuidado.

— Eu tenho.

A expressão do sufi era como a de um pai avisado para ter cuidado num jogo de guerra de criança. Michael viu quando ele se abaixou um pouco e passou a sandália na terra à frente deles. A forma saliente de um disparador apareceu. A mina terrestre tinha sido plantada bem no centro da trilha.

— É disso que está falando? — perguntou o sufi.

Michael já ia fazer que sim com a cabeça quando o homem pôs o pé bem em cima do gatilho da mina que estalou bem alto. Michael se preparou para a explosão, apesar de não ter condição de reagir rápido o bastante — e ouviu o velho dar uma risada. Continuaram sua caminhada arrastada para o barraco deserto.

Ele deve ter apagado em seguida, porque, quando viu, estava deitado de costas numa áspera mesa de madeira, parte do material de colheita que via à sua volta. O sufi olhava para ele pacientemente.

— Minha perna, como está? — perguntou Michael.

A dor estava mais aguda, e, quando ele moveu devagar a batata da perna, sentiu o osso exposto. Era o tipo de ferimento que poderia matá-lo, se não tratasse, e aleijá-lo, a menos que voltasse para o acampamento em poucas horas.

O sufi olhou curioso para o ferimento.

— Não está tão ruim assim — ele murmurou. — Você ficará surpreso. — Ele enrolou a mão numa dobra do manto. — Fique quieto.

Michael sentiu um aperto quente em volta da perna e se preparou para desmaiar com a dor lancinante que nunca aconteceu. Depois de alguns segundos, o aperto afrouxou, e o homem santo descobriu a mão de novo, com uma expressão que dizia: "Está vendo, nada na manga." Sem olhar, Michael sabia que o osso estava completamente curado.

— O que você fez? — Michael quis saber, mas, antes de poder sentar, o sufi empurrou seu peito.

Sentiu-se zonzo e deitou gemendo baixinho. Lentamente começou a perceber quantos problemas ainda tinha de resolver: estava fraco por causa da perda de sangue, sozinho, a pé, e sem a menor idéia de como ia fazer para voltar à segurança da missão.

— Cuide-se, e não se esqueça — disse o sufi bem perto da orelha de Michael.

Michael ouviu uma voz fraca — a dele? — dizendo: "Deus esteja convosco". Depois uma mão áspera cobriu seus olhos, e ele adormeceu.

CAPÍTULO DOIS

O Bom Samaritano

Michael estava andando havia cerca de duas horas, até onde podia calcular. Seu relógio tinha sido destruído no bombardeio, por isso não era possível ter certeza, mas as nuvens tinham sumido, e o sol pairava no alto de um céu completamente limpo. *A primavera no Deserto Sírio é uma estação temperada*, Michael citou zombeteiro para si mesmo. O ar tremelicava, a quarenta e cinco metros do chão, um rio cintilante, tão quente quanto a boca de uma fornalha. A pele de Michael já estava áspera com o sal do suor. Tinha amarrado a camisa na cabeça, mas era pouca proteção para o calor abrasador e vingativo. Ele sabia que devia ter esperado até escurecer para experimentar aquele caminho, mas teve medo de ficar na aldeia e alguma coisa pior acontecer, por mais difícil que fosse imaginar. A maior parte de Wadi ar Ratqah queimava por causa das bombas incendiárias, as chamas devoravam tudo, menos lama e pedra.

— Você precisa ficar a salvo... precisamos de você.

As palavras do velho latejavam no cérebro de Michael. Mesmo na memória, ele sentia a força da santidade que irradiava do Imame de manto branco; uma bondade exigente. Ele havia desafiado Michael a entrar na batalha prevista em seus sonhos agitados, a guerra de absolutos na qual uma felicidade intransigente jogava a luva diante de um desespero incondicional.

E na qual uma coluna de fogo desafiava Michael a liderá-la. Michael olhou para cima e, para seus olhos, havia uma coluna de fogo subindo em algum ponto próximo do horizonte. Yousef tinha dito que ali era onde Deus e o diabo lutavam. Será que Deus estava em Wadi ar Ratqah? Será que um anjo preservou aquelas pessoas, que Michael tinha visto na mesquita, e evitou que ele fosse abatido pelo mesmo ataque que matou Yousef? Por que ele merecia ser poupado?

Você não é candidato de ninguém para a santidade, Michael pensou. Ele respirou fundo, sentindo a cabeça leve. O ar do deserto queimou sua garganta, até os pulmões. Ele protegeu os olhos com a mão. A coluna de fogo continuava lá, e a pluma brilhante, visível mesmo com o sol a pino, estava se aproximando.

Pelo formigar dos meus polegares, algo maligno se aproxima.

Michael olhou em volta como se não tivesse visto tudo que havia para ver depois de uma observação de quinze segundos. Apesar de um pouco inclinada, a paisagem era plana e cheia de pequenas pedras. Não havia nenhum lugar para se esconder, mesmo que achasse que um esconderijo adiantasse alguma coisa. De qualquer modo, não ia durar muito naquele lugar.

Mas, enquanto a pluma ia direto para ele, Michael viu que não era de fogo, e guardava ainda um resto de clareza para ficar emocionado com o que era — poeira da estrada, não de um jipe, nem de um dos ubíquos caminhões com teto de lona, e sim de uma incrível limusine preta reluzente.

A limusine desacelerou quando chegou perto dele e parou, no meio da nuvem de poeira rodopiante. Uma das janelas de trás se abriu com um suave zumbido elétrico. Um homem inclinou a cabeça para fora. Tinha o cabelo louro oxigenado e estava imaculadamente barbeado, usando uma jaqueta cáqui de safári, com uma correia de câmera fotográfica pendurada no ombro. Quando falou, foi com um sotaque britânico elaborado, que devia ser de algum lugar da região de Midlands, descendo na direção de Londres.

— Perdido, meu chapa? — ele perguntou, como se houvesse alguma outra razão possível para Michael estar lá. — Está um pouco escaldante para uma caminhada.

— Eu devia ter pensado nisso — respondeu Michael, com a boca seca e inchada de sede.

— Entre, então — disse o homem, fechando a janela e abrindo a porta da limusine. — Vamos levá-lo de volta em segurança para onde deveria estar. Tem algum cachorro louco aí?

O ar-condicionado da limusine estava ligado na temperatura do Ártico e, por causa da luminosidade do deserto, era um breu lá dentro. Michael sentou no banco, agradecido, e começou a desamarrar a camisa presa à cabeça. Seu salvador inclinou-se para a frente e bateu no vidro que os separava do motorista. O carro começou a andar de novo.

— Besta adorável — disse alegremente o anfitrião de Michael, recostando no banco. — Era de um xeque do petróleo local, equipado como um raio de um tanque. Não, melhor que isso... os tanques não vêm com ar-condicionado e bar.

Ele abriu a geladeira e deu para Michael uma garrafa de água.

— Por falar nisso, sou Nigel Stricker — acrescentou ele. — Membro temporariamente mimado do quarto poder em busca de uma história. — Ele indicou o monte de câmeras 35mm ao lado dele no banco. — E o senhor?

Michael desatarraxou a tampa da garrafa e bebeu, com cuidado para não tomar tudo de uma vez. A água gelada parecia gravar sua garganta com prata. Ele quase achou que poderia ficar bêbado.

— Michael Aulden. Médico ianque temporariamente perdido. Imagino que não saiba onde fica o nosso posto.

Nigel sacudiu os ombros teatralmente.

— Do lado errado de uma situação sensível. Então é da OMS, não é? Mas está bem longe da sua área.

O inglês deu um sorriso de soslaio e espiou pensativo pela janela fumê.

— Meu jipe explodiu — explicou Michael sem elaborar. — Olhe, tem um posto humanitário montado a uns cinco quilômetros de Palmira. Acha que pode chegar até lá?

Nigel abriu as mãos num gesto de quem pede desculpas.

— Eu iria se pudesse, queridinho, mas no momento estou indo visitar o mago. E o meu patrão não gostaria se eu perdesse o que pode ser a história do milênio. Mas posso pelo menos levá-lo até o meu hotel, em Damasco. Serve?

— Seria ótimo — disse Michael com um suspiro de alívio.

Afinal de contas, não estava enfrentando o desastre cara a cara, apesar da perda do jipe e dos suprimentos ser bem ruim. Procuraria Susan no Grande Hotel, e talvez ela pudesse acertar as coisas.

— Que história é essa, Sr. Stricker?

O fotojornalista ergueu a mão.

— Por favor, Nigel. Os amigos que tenho me chamam assim. E vou chamá-lo de Michael, o capitão dos exércitos de Deus. Quanto ao nosso destino, parece que das areias sagradas brotou mais uma vez um profeta...

Michael encostou no banco, exausto, enquanto o homem falava. Ficou pensando que tipo de jornalista não observaria sua calça ensangüentada, ou não perguntaria sobre o jipe que explodiu. Mas já tinha sua resposta — era um jornalista caçando a história do milênio.

A minúscula aldeia ficava perto do mar da Galiléia, que, apesar do nome, era mais um grande lago, além de importante fonte de água doce. A fronteira de Israel estava a poucos quilômetros de distância, mas, apesar de Galiléia e Nazaré serem pontos turísticos populares, exuberantes e pitorescos, a paisagem por onde Nigel e Michael passavam era a mesma expansão estéril e miserável de terra que caracterizava os Territórios Ocupados.

A não ser por uma coisa: bem lá na frente, havia um monte de gente — duzentas pessoas, trezentas. Talvez mais. A multidão bloqueava a estrada, e a limusine quase não andava. Seu destino, até onde se podia ver algum, era uma plantação de oliveiras no topo de uma colina, na periferia de uma aldeia próxima. Já havia quase uma centena de pessoas amontoadas na base da colina, olhando para cima, com expectativa escrita nitidamente em seus rostos.

Para Michael a multidão tinha a aparência inquieta de refugiados, mas muitos estavam limpos e bem vestidos demais para isso. Roupas esportes ocidentais coloridas se misturavam com as vestes tradicionais, e havia também um número surpreendente de automóveis espalhados pela redondeza — até dois ônibus parados ao lado da estrada. O evento para o qual as pessoas tinham se reunido tinha jeito de feriado, e Michael não ficou surpreso ao ver que a multidão atraíra o bando inevitável de vendedores de falafel e limonada, que contribuíam para a atmosfera de carnaval, com seus gritos agudos. A tagarelice de tanta gente junta chegava a penetrar na cabine completamente fechada da limusine.

Nigel bateu na divisão de vidro.

— Amir? É esse o lugar?

O vidro abriu. O motorista era um jovem do lugar, com a pele cor de oliva, profundamente marcada pela acne. Ele poderia ser grego, ou turco, ou egípcio, membro de qualquer uma das várias raças que cozinhavam naquele caldeirão da guerra.

— Se estamos aqui, estou certo que é, senhor — disse Amir com cuidado, num inglês com muito sotaque.

Michael percebeu que uma coisa estranha na multidão era o grande número de doentes ou aleijados. Ele conseguiu ver meia dúzia ali perto, avançando com muletas, e outros com bandagens no rosto, sem pernas ou braços. Nigel seguiu o olhar de Michael.

— Pobres coitados. A superstição nunca acabará. Eles ficarão esperando o toque de um outro messias alucinado em vez de ir a um médico de verdade. Mas isso não deve ser novidade para você, não é? — Ele bateu mais forte no vidro. — Por que paramos, Amir? Merda, tenho de chegar mais perto.

— O que posso fazer, senhor? — protestou Amir, obviamente sem querer avançar sobre a multidão.

— Pelo amor de Deus, homem, eles vão sair da frente — resmungou Nigel. — Vá em frente.

O carro começou a avançar lentamente, e o mar de gente se abriu e rodeou o veículo, mas não sem socar o capô e lançar olhares furiosos para as janelas escuras.

— Assim é melhor — disse Nigel, começando a preparar seu equipamento. — Quando o show começar, vamos precisar de um lugar bem na frente, senão de que adianta, certo?

— Você ainda não me contou qual é a história, lembra? — disse Michael.

— Certo. Bom, ver é melhor do que acreditar nesse caso, mas lá vai: essa gente está toda indo para aquela colina lá na frente, onde fica aquele messias louco que acabo de mencionar, e não vai querer parar para o almoço até ele produzir um milagre incrível... ou sofrer as conseqüências, se não conseguir. Essas conseqüências, se incluírem membros arrancados ou apedrejamento, dariam uma história melhor do que o que viemos ver nesse fim de mundo, ou não ver, como deve ser o caso.

Michael acrescentou alguns boatos que tinha ouvido no acampamento da OMS e interpretou aquela onda de verborragia egocêntrica da seguinte forma: nas últimas duas semanas surgiram boatos no deserto sobre um homem santo com o poder de curar os doentes e ressuscitar os mortos. Estranhamente para aquela parte do mundo, ele não afirmava ter laços com qualquer religião formal. Pelo menos não até o momento.

— O carro não pode chegar mais perto, senhor — anunciou Amir, como se o fato não tivesse nada a ver com ele.

— Merda de fanáticos fazendo um piquenique... acho que o mundo nunca viu isso antes — rosnou Nigel. — Olha só, Michael, você quer ficar dentro do carro? Amir pode deixar o motor ligado para o ar-condicionado continuar funcionando.

— Não — Michael disse lentamente. — Se esse cara realmente faz milagres, ele pode tirar o emprego de todos nós — ele pensou no velho sufi na aldeia devastada, mas tentar fazer sua mente aceitar aquelas experiências estava ficando muito doloroso. O mundo real estava queimando o filme do sobrenatural. — Pode haver algo peculiar aqui — ele completou de modo pouco convincente.

— Com certeza — Nigel respondeu com azedume.

Ele suspirou e pendurou as máquinas fotográficas no pescoço.

— Vamos, então — ele abriu a porta da limusine. — É hora de alimentar os leões.

Passava um pouco das duas horas, o inferno do dia. O calor rolou para cima dos dois como uma parede implacável, e Michael sentiu a pele arder com o suor brotando de todos os poros. Diante dele uma cena que não era diferente de outras que tinha presenciado centenas de vezes desde que chegou ao Oriente Médio, mas dessa vez o espetáculo tinha imbuído um mistério que nunca teve antes. Questões que Michael percebeu ter desprezado por completo forçavam caminho para a sua consciência novamente, exigindo atenção imediata.

Não era capaz de acabar com o hábito de pensar como um agnóstico — essa é a ironia dos milagres, que confundem a mente, mas raramente desmancham velhas crenças. O agnóstico em Michael era um idealista falido. A não ser quando era criança, a batalha entre Deus e o Mal sempre pareceu um clichê esgotado. Quando tinha dez ou onze anos, o drama parecia novidade, que valia a pena vencer. Mitos às vezes têm mais carne e sangue do que a realidade. Michael lembrava quando Eva, tentando Adão com a maçã, parecia mesmo uma traição fria mas emocionante. Quando ouviu as histórias pela primeira vez, Noé poderia ter se afogado no dilúvio, Jó poderia sofrer até morrer, e a Arca da Aliança era a única garantia contra a aniquilação futura. "Não com o dilúvio, mas com fogo da próxima vez..." Michael mal conseguia chegar perto daquela inocência (quem conseguia?), quando suas experiências com as histórias do Gênesis eram tão reais para ele quanto sua própria vida, quando parecia justo e correto o começo do mundo encher seu jovem coração com deslumbramento.

Ele sabia que a apatia espiritual era como a podridão da seca para a alma, mas até ele, que os outros podiam considerar suspeito de ter uma inclinação para a crença, muitas vezes ficava cheio de dúvidas e não sabia descrever o buraco que sentia na boca do estômago quando via o sofrimento vencer a cura. Admirava secretamente os aldeões muçulmanos sujos e ignorantes — os autodenominados fiéis — pela força de sua fé. Era fanatismo, era uma espada ceifando a cabeça da tolerância, recusando o debate. Teologia significava uma coisa: obedeça esse Deus ameaçador e Ele guardará um lugar para você no céu, para sempre. A própria palavra *Islã* significava rendição, e para aqueles que se recusavam a dar esse passo, um inferno — tão cruel quanto o paraíso era delicioso — os aguardava, um inferno em que o fogo queimava sua pele até a dor forçá-lo a implorar a morte, e então, por algum milagre negro, quando estivesse quase morrendo, aparecia uma nova pele, e a tortura renascia numa nova sessão de dor.

Deus e o Diabo. Escrevam as palavras com ridículas letras maiúsculas, repitam-nas aos gritos num púlpito televisionado, degradem-nas com sermões infernais que vão aos níveis mais baixos do ódio e do medo, zombem de todo o cenário horrível e infantil, e tudo pode ser verdade de qualquer maneira, no sentido cósmico. Quem sabe realmente?

Talvez, se pudesse ser honesto com ele mesmo, Michael tivesse ido para aquela parte do mundo na esperança de absorver um pouco daquela intensidade simples, do aço espiritual que via fora do carro. Isso não tinha acontecido, mas agora algo com certeza estava acontecendo naquele lugar — não tinha dúvida disso. Não depois do dia que teve. Michael balançou a cabeça, tentando banir aquelas lembranças. Seguiu Nigel e Amir, abrindo caminho no meio da multidão.

A pressão dos corpos ficou mais compacta quando chegaram à base da colina. No topo havia um bosque sombreado de oliveiras — aquela região era famosa pelas azeitonas — e um rapaz de cabelo preto, descalço, com um *caftan* imaculado, igual ao do velho sufi. Havia um grupo pequeno de discípulos em volta dele. A multidão parou no pé da colina, como se batesse num muro invisível.

— Merda! Amir, afaste esses malandros do meu caminho... não consigo tirar uma foto — reclamou Nigel.

A voz dele continha o puro egocentrismo do jornalista ocidental que acredita que o mundo foi criado para ele poder registrar as fofocas e os feudos dos vizinhos.

O motorista relutante fez o que pôde, empurrando e chamando a atenção da turba em árabe ameaçador, mas os três só conseguiram avançar poucos metros. Algumas centenas ainda os separavam do limite do cordão invisível que o milagreiro parecia criar. Apesar de Nigel não poder tirar uma foto clara, Michael podia muito bem ver o que estava acontecendo.

O jovem Isaías ou Elias de barba na colina — Michael achava difícil pensar nele como outra coisa além de um profeta, mas Nigel tinha dito no carro que ele ainda não tinha feito nenhum sermão — gesticulava para os discípulos que iam ao encontro da turba, selecionando indivíduos que eram levados à presença do profeta. Um por um, eles iam subindo, depois gritavam e caíam de joelhos.

Michael olhava fixo para o sol ofuscante, tentando ter certeza do que via. O jovem profeta parecia estar curando as pessoas pela

imposição das mãos. Seus acólitos arrastavam os curados para longe, semiconscientes ou soluçando desesperadamente. A cura pela fé, pensou Michael com desprezo. Podia ver a mesma coisa em qualquer sessão de revitalização no seu país. Uma combinação de histeria em massa e o poder da sugestão, os efeitos desses chamados milagres desapareciam em horas ou dias.
Você esperava algo mais? Michael sentiu-se estranhamente desapontado, como se agora merecesse maravilhas à vontade, sinal de que todo o dia não tinha sido uma alucinação. Ao lado dele, Nigel tirava as fotos que podia por cima das cabeças das pessoas. A cada cura a turba ficava mais excitada, até saudar o jovem milagreiro com gritos e assobios. De repente toda aquela cena — a ansiedade, a adulação — encheu Michael com uma sensação profunda de repugnância.
— Dê-me as chaves — disse ele. — Vou voltar para o carro.
Nigel acenou no meio da balbúrdia: recusando, concordando, ou simplesmente pedindo para esperar... Michael não sabia bem o quê. Em volta deles a multidão se abriu um pouco. Estavam trazendo outro sofredor, este deitado numa lona, que ia subir a colina para ser tocado. Michael hesitou quando já ia se afastar. Alguma coisa o fez parar. Dois discípulos puseram o suplicante de pé, segurando-o ereto entre os dois, a trinta metros do topo. Sem a lona para arrastá-lo, o homem não podia se mexer. Vendo isso, o profeta começou a descer a colina na direção dele. Michael não podia ter certeza, mas achava que o homem não tinha uma perna.
Ambicioso, ele pensou sarcasticamente. Mas continuou assistindo. A multidão impedia uma visão clara. Todos berravam, e ele percebeu que, se tivesse acontecido um milagre, ele tinha perdido. Ao seu lado ouviu Nigel dar um uivo profano de triunfo, e os corpos que os cercavam avançaram para a frente, gritando, implorando atenção. Michael piscou os olhos, tentando focalizar bem o que estava vendo. O aleijado que o profeta tocou estava de pé. Apoiado nos dois pés.
Michael sentiu os pêlos da nuca arrepiando. Será que havia se enganado quanto ao que pensou ter visto antes? Ludibriado? Hipnotizado? Se ele estava confuso, a multidão não duvidava do que tinha visto, e estava a poucos segundos de um tumulto. Pessoas

surgiram de todas as direções, jogando Michael contra Amir, esmagando os dois como um punho gigantesco.

— *Estanna!* — gritou o profeta.

Era uma palavra que Michael conhecia. Esperem. O profeta continuou a gritar para a multidão. Amir, vendo Michael confuso, traduziu perto da orelha dele.

— Ele diz: "Eu afirmo que os que forem agraciados pelo Pai serão curados. E aqueles que não forem agraciados..."

As últimas palavras de Amir foram abafadas por gritos, pois o profeta tinha feito um gesto e uma das oliveiras no topo da colina pegou fogo, a madeira viva consumida com uma rapidez impossível, até restarem apenas cinzas. A pele de Michael formigou com um terror indefinido. Porque agora que o profeta estava chegando perto dele, Michael o reconheceu como o estranho que aparecia em seu sonho. Era a mesma bela cabeça e olhos penetrantes, mas ele parecia ter assumido uma nova aura de poder quando lidava com a multidão. Apesar da cura, Michael achou que o show todo era apenas um meio para atingir um fim, não uma boa ação para servir. O jovem barbado escondia motivos profundos, e não necessariamente caridosos, por trás da máscara dos milagres.

Mas essa análise fria só chegava a Michael por meio da atividade sísmica do cérebro, que tremia depois do trauma daquele dia, associado ao estresse dos últimos três anos. A desordem teria de acabar antes de Michael poder de fato pensar e absorver qualquer outra coisa. O instinto puro tinha assumido o controle. *Cuidado com o santo que corresponde à sua imagem de um santo.* Michael precisava desse aviso, tanto quanto os peregrinos enlouquecidos em volta dele. Mas e quanto ao aviso mais sério? *Cuidado com o milagre que tira o seu poder de fazer milagres.* Deus, será que um dia ele ia parar de se preocupar com a tentação?

O jovem profeta começou a descer a colina enquanto a oliveira ainda queimava. A multidão recuou e avançou para a frente ao mesmo tempo, e os que tinham ido em busca da cura tentavam freneticamente tocar nele.

— Mestre! Mestre!

O que poderia ter se transformado num tumulto era uma espécie de comunhão, a violência da turba afastada, unicamente pelo desejo do jovem profeta de que tinha de ser assim.

E o fato de poder fazer com eles o que fez com a árvore... isso todos eles também sabem.

Nigel foi avançando e empurrando sem compaixão, até ficar bem na frente do profeta.

— Imprensa — disse ele, como se fosse um talismã mágico. Ele levantou uma das câmeras. — Você fala inglês? Quero tirar uma foto sua. Você compreende? Fotografia? Amir!

Mas o motorista não saiu do lado de Michael. Michael sentia que ele tremia apavorado, balançando a cabeça enquanto Nigel gritava seu nome.

Eu devia estar apavorado assim, refletiu Michael. O terror não era a reação apropriada diante do irracional? Mas não era isso que ele sentia. Era como se estivesse descobrindo uma nova ordem da realidade, um conjunto de verdades que iam além das que conhecia. Essas novas verdades continham estrutura e lógica próprias — algo que ele poderia, com o tempo, entender. Invisível, o suposto profeta do seu sonho transformou-se no Profeta diante dele — real, inegável —, no entanto isso gerava mais dúvidas do que respostas. Os milagres tornavam o espírito mais forte, ou só a carne mais fraca? Essa espantosa aparição vinha do mundo dos anjos ou dos demônios? E esses mundos existiam? E se existiam, será que toda a trama da racionalidade moderna se romperia? Em um único dia Michael viu que o drama cósmico que assombrava seus sonhos há muito tempo tinha adquirido um rosto.

Nigel e o jovem fazedor de milagres estavam a alguns metros um do outro, mas não havia muita gente entre os dois e Michael, e ele pôde ver claramente o doce sorriso do Profeta, que balançava a cabeça em resposta às perguntas rosnadas de Nigel. O jovem pôs as duas mãos sobre a câmera que Nigel mostrava, encostou de leve nela, depois chegou para trás.

— Espere! — disse Nigel. — Eu sou de Londres! Você precisa de alguém para contar a sua história!

Ele estava falando com o ar. O Profeta foi para o meio da multidão outra vez, e Nigel não conseguiu chegar perto dele. Depois de alguns segundos, Michael perdeu de vista a figura de *caftan* branco brilhante.

— Venha — ele disse para Amir. — Vamos para algum lugar onde se possa respirar.

O ar-condicionado da limusine estava começando a funcionar quando Nigel juntou-se a eles. Ele estava tão louco como se tivesse cheirado coca — os olhos brilhavam muito e seu corpo sofria espasmos na tentativa de sair correndo em todas as direções ao mesmo tempo.

— Desapareceu! — ele gritou desesperado, caindo no banco diante de Michael. — Num passe de mágica, como o coelhinho de um mágico. — Nigel não compreendia como alguém podia querer fugir da publicidade. Ele balançou a cabeça. — Amir! Leve essa lata velha de volta para o hotel. Rápido! Preciso revelar esses negativos. Você o viu? — ele perguntou para Michael.

— Eu vi alguma coisa — disse Michael cauteloso. Não tinha bem certeza do que não gostava no espetáculo que testemunhou. *Espetáculo* implicava ser tudo encenado. Mas para quem?

— Aquilo foi fantástico, incrível demais — balbuciou Nigel quando o carro voltava para a estrada principal. — O. Segundo Advento, bem aqui na CNN...

— Você não acredita nisso, não é? — perguntou Michael, quase horrorizado. — Que acabou de ver o Messias?

— E quem se importa? — disse Nigel brutalmente. — Ele é jovem, carismático, vai fotografar melhor do que dez Spice Girls cobertas de celofane. E faz milagres. Transforma água em vinho, bem aqui no noticiário das seis... é a maior história de todas.

Ele começou a tirar os rolos de filme das câmeras e beijou cada um deles, guardando-os depois no colete.

Michael nem se preocupou em discutir, ficou só espiando pela janela. Nigel tinha razão. O jovem misterioso conseguia fazer verdadeiros milagres. Ia explodir nos noticiários e acender um estopim. Os muçulmanos ortodoxos não aceitavam a aparição de um novo profeta em circunstância nenhuma, mas no fundo existia um desejo violento de terem um Imame sobrenatural para liderar a sua fé. Os fundamentalistas cristãos, às vésperas do milênio, estavam sedentos de sinais e maravilhas. Judeus direitistas em Israel estavam alucinados com a possibilidade de uma era messiânica estar nascendo. E quanto à mistura água-e-óleo do secular com o sagrado na Terra Santa, se esse fenômeno tentasse se posicionar como o

Cristo ou o Anticristo, assumidamente, Michael não podia sequer imaginar o efeito que isso teria.

Já fora da cidade, a estrada ficou logo deserta outra vez. No calor da tarde — eram quase quatro horas — não havia nem o tráfego local para quebrar a monotonia. Quem tinha de viajar grandes distâncias procurava evitar o meio do dia, e quando Michael avistou um caminhão parado na beira da estrada, imaginou que o motorista tinha simplesmente resolvido esperar o calor diminuir, como se espera uma chuva de granizo passar.

Mas era uma idéia ridícula. Ninguém podia ficar exposto ao sol do deserto um minuto além do absolutamente necessário. E, além do mais, o capô estava aberto.

— Olha lá — disse Michael apontando.

Havia alguém dentro da cabine do caminhão, caído atrás da direção.

Nem ocorreu a Michael que Nigel não mandaria Amir parar, por isso o caminhão ficou para trás antes de Michael perceber que não estavam nem desacelerando.

— Espera! Tem alguém lá atrás.

— Você está brincando! Não há tempo. Precisamos mandar esse...

— Pare o carro!

Subitamente, furioso com a obsessão egocêntrica de Nigel, Michael deu um soco na divisória de vidro.

— Ah não, nada disso! — ele empurrou Nigel no banco quando o fotojornalista inclinou-se para a frente para anular a ordem de Michael. A limusine parou. Amir abaixou o vidro.

— Senhor? — disse ele, com o cuidado de não olhar para nenhum dos dois passageiros.

— Volte até aquele caminhão que acabamos de passar — ordenou Michael.

Virou para Nigel, que olhava furioso para ele.

— Andei duas horas esta manhã antes de você aparecer. Se alguém precisa de ajuda, nós ajudamos.

— Eu não sou a droga da Madre Teresa — rosnou Nigel. — Tenho de registrar a maior história desde que Jesus inventou a lâmpada.

— Pelo amor de Deus! — reclamou Michael. Amir refez o caminho da limusine com o simples expediente de dar marcha a ré a toda velocidade.

— E nem pense em partir e me deixar aqui — avisou Michael. Por um momento uma fúria pura desbancou qualquer outra emoção.

— Não demore — gemeu Nigel quando Michael desceu do carro.

O motorista, percebendo que a salvação estava próxima, também desceu da cabine. Como Michael suspeitara, era Susan. Ele correu para ela. Estava suja e esfarrapada, mas não havia sangue. Michael levou-a depressa para a limusine, sem saber quanto tempo Nigel continuaria quieto. Deu um suspiro de alívio quando os dois entraram no carro a salvo.

— *Ándale! Ándale!* Rápido! — Nigel gritou no instante em que a porta fechou.

Michael pegou uma garrafa de água na geladeira. Susan entornou tudo de um gole só.

— Cuidado! O que você está fazendo aqui? — ele perguntou.

O caminhão solitário do comboio estava a mais de duzentos quilômetros ao sul de onde deveria estar. Susan tirou a garrafa da boca, ofegante com os longos goles que tinha tomado.

— Tinha uma barricada na estrada de Damasco, por isso tivemos de dar uma volta para o sul. Quando meu caminhão quebrou, os outros dois continuaram. Pensei que ficaria aqui até o próximo bandido precisar de um veículo novo.

— Você tem sorte de estar viva — disse Michael.

Susan sacudiu os ombros com o fatalismo originário da fonte da experiência.

— Obrigada, gentil cavalheiro, por me salvar — disse ela para Nigel, ligando alguns volts de charme, tudo que conseguia no momento. — Não sei o que teria feito se vocês não parassem.

Ela tirou o lenço da cabeça e passou a mão no cabelo, suspirando. Apesar de serem clichês muito antigos, suas palavras provocaram o efeito desejado. O rosto de Nigel perdeu o ar rabugento e ele sorriu para ela.

— É sempre um prazer poder servir a uma dama — disse ele.

— Nigel Stricker, jornalista à solta.

— Um jornalista, ora! — Susan adotou uma expressão de interesse impressionado.

— Suponho que vocês dois já se conhecem? — Nigel acrescentou. — Michael é um dos médicos na nossa missão em Palmira, e mal posso esperar para saber como você o encontrou — disse Susan.

— O que aconteceu com o jipe? Onde está Yousef?

— Morto — disse Michael melancólico. Susan arregalou os olhos. — O jipe explodiu, e uma aldeia inteira foi incendiada. O lado bom é que provavelmente não estamos encarando o princípio de uma peste.

Susan, sem a máscara cordial, olhava de Michael para Nigel, tentando resolver se ele estava brincando por causa da presença do outro homem. Ela balançou um pouco a cabeça, avisando Michael para não dizer mais nada, mas ele sabia que Nigel estava preocupado demais com o que tinham visto perto da Galiléia para prestar atenção em mais alguém.

Nos minutos seguintes, Susan concentrou-se totalmente em Nigel, usando seu charme para tranqüilizá-lo. Michael tinha visto Susan em ação algumas vezes, e de novo se maravilhava com o infalível radar social que ela manobrava para chegar à pessoa mais importante em qualquer situação e concentrar toda a sua energia nela. Assim como raríssimos médicos tinham a habilidade de curar fora dos limites impostos pelos procedimentos normais da medicina, Susan possuía uma coisa que Michael ia ter de chamar de "empatia com força de combate" — a capacidade de irradiar aprovação em seu alvo até tê-lo totalmente do seu lado, aflito para ajudar. Nigel ficou ainda mais interessado quando descobriu quem Susan era. Os jornalistas sempre precisavam de fontes bem informadas, e a missão da OMS tinha acesso a muitas informações sobre o funcionamento interno da região.

Michael ficou calado enquanto Nigel contava a Susan a história da aparição fenomenal que tinham ido ver. Parecia que o Profeta tinha surgido havia apenas duas semanas, saindo a pé do deserto e começando a ministrar em todas as direções, todos os cantos. Ninguém sabia nada a respeito do homem, nem mesmo o básico, como o nome dele. O Islã rejeitava a autenticidade de qualquer competição com Maomé, e, no entanto, o círculo mais próximo dele parecia ser muçulmano, pelo menos árabe.

— Parece que ele está indo para Jerusalém. Vão barrá-lo na fronteira, é claro, mas será o dia para cercar o mercado com ramos de palmeiras — disse Nigel.

— Um potencial banho de sangue, você quer dizer — comentou Michael.

— Você viu aquela gente hoje, cara. Era quase uma turba raivosa. E ele pode não ter sempre a mesma sorte, Messias ou não.

Susan ficou espantada, e queria ouvir Michael contar mais, mas Nigel deu uma risadinha de deboche e afastou a discussão com um gesto.

— Essa é a pergunta de sessenta e quatro mil dólares, não é? Messias? Ou... não.

Para surpresa de Michael, Nigel não estava hospedado no Sheraton Damasco, como a maioria dos jornalistas costumava fazer. Amir levou-os pelas ruas cosmopolitas e movimentadas da cidade para um destino familiar: o Grande Hotel Sírio, na periferia da Cidade Velha. O Grande Hotel era uma relíquia dos dias da colonização francesa e dava a impressão de que um Sydney Greenstreet todo suado ia sair pela porta com um menino nativo suspeito a tiracolo a qualquer momento.

— É aqui que eu penduro o meu chapéu amassado — disse Nigel alegremente, quando o carro diminuiu a marcha. — Não é luxuoso, mas tem um ambiente bom, e é bem mais generoso com o relatório de despesas do que algum outro lugar mais em voga. Querem que eu peça para Amir deixá-los em algum lugar?

— Não precisa — disse Susan. — Eu moro aqui também.

A maioria das pessoas que tinha de ficar no Oriente Médio por um tempo maior achava mais fácil e mais barato simplesmente alugar um apartamento, mas as circunstâncias eram um pouco diferentes para uma mulher vivendo sozinha.

Nigel ficou encantado.

— Então vocês têm de subir e tomar um drinque, enquanto eu revelo minhas fotos, e depois podemos todos sair para jantar em algum lugar até eu pensar em algumas palavras inspiradas que combinem com elas.

— Eu estaria interessada em dar uma espiada nas fotos, depois de tudo que você contou — disse Susan.

Michael e ela seguiram Nigel pelo saguão refinado e andrajoso, e foram para o quarto dele. Como a maioria dos residentes do hotel, Nigel preferia a escada à incerteza possivelmente letal do antigo elevador do hotel.

— Bem-vindos ao Chez Stricker — ele anunciou com toda pompa, abrindo a porta.

O quarto tinha um pouco de cheiro de mofo, o ar viciado, sem oxigênio, imóvel como as glórias de um império desaparecido.

— Fiquem à vontade.

Nigel saiu apressado por outra porta. Aparentemente tinha conseguido um dos quartos premiados com banheiro privativo, que ele converteu em quarto escuro.

Michael jogou-se numa poltrona estofada de seda manchada, afundada no meio. Susan começou a andar de um lado para outro, nervosa.

— O que está acontecendo de verdade? — perguntou ela de repente.

Michael balançou a cabeça, dominado por uma crise de fadiga.

— Eu nem sei por onde começar — ele resmungou, desejando poder afundar num sono profundo. — Se quiser, podemos ir para o seu quarto...

Susan notou o cansaço de Michael, e a impaciência diminuiu.

— Prefiro ficar aqui, se não se importa. Vamos ver o que ele vai apresentar.

Michael anuiu com a cabeça, mas queria ter força ou inteligência para afastá-la daquilo. Os primeiros passos aconteceram depressa demais, de forma automática. Ele deixou Nigel falar e Susan se sentia parte de uma coisa da qual estava bem distante — segura e distante. As coisas iam se complicar e algo tão frágil quanto o sentimento de Michael por ela poderia facilmente ser esmagado no caos. Susan sentou na ponta da cama.

— Se você estiver disposto, pode contar o que aconteceu naquela aldeia. Eu gostava de Yousef.

— Vou ter de pagar aquele jipe — Michael resmungou ironicamente, querendo que soasse como uma piada. Pelo modo com que Susan olhava para ele, não devia ter funcionado. — Tudo bem — disse ele. — Como você sabe, pensei que houvesse uma praga numa aldeia do outro lado da fronteira e resolvi que valia o risco ir lá investigar, desde que não chamássemos atenção... espere — ele viu a desaprovação no rosto dela. — Já tivemos essa discussão. Estamos bem além das sanções oficiais agora, ou de discussões sobre questões de juízo pessoal. Eu não encontrei peste nenhuma.

— O que você encontrou?

Ele virou para o outro lado.

— Cristo, eu não sei. Fomos pegos por um ataque aéreo, talvez com o intuito de encobrir alguma coisa. A aldeia em que estávamos foi completamente destruída por um bombardeio à nossa volta, e Yousef morreu sob uma rajada de metralhadora.

— Quem estava encobrindo o quê?

— Isso eu não sei mesmo. Deus, se ao menos pudesse voltar lá... *Voltar para onde?* Michael perguntou para si mesmo. *Para a aldeia ou para o tempo que precedeu essa loucura toda?* Talvez nenhum dos dois. Precisava voltar a confiar nele mesmo, voltar para um tempo em que sabia quem era. Mais do que isso, precisava ser capaz de confiar de novo e amar sem restrições. Ele tinha de apagar o fogo em seu peito.

— Você nunca mais vai voltar para lá — observou Susan secamente.

Michael ficou imaginando se Susan tinha lido a sua mente. Mas ela considerou o que ele disse literalmente.

— Ninguém vai voltar para lá, não se alguém se deu a todo esse trabalho para livrar-se de uma aldeia isolada. Toda a área ficará repleta de forças de segurança.

Michael balançou a cabeça, concordando.

— Posso pensar um pouco?

Susan se conteve, adiando a intensa curiosidade. Michael gostaria de saber interpretar o seu olhar. O relacionamento dos dois estava sendo empurrado para além das fronteiras previamente determinadas por ambos. De certa forma, aquela situação estranha fez deles novos amantes, ou então estranhos, dois desconhecidos que não podiam contar com a história do seu passado para saber para onde estavam indo.

Susan examinou o quarto de Nigel sem interesse. Parecia ter sido mobiliado para a inauguração do hotel cem anos antes, e nunca redecorado desde então. A mobília consistia em uma cômoda com um espelho oval esverdeado e descascado, um enorme guarda-roupa, a cama (desarrumada) coberta por um mosquiteiro e a mesa-de-cabeceira e duas cadeiras de cozinha tiradas sabe Deus de onde.

As lamparinas a gás que continuavam presas às paredes — Nigel as usava como cabides para casacos — não serviam mais para iluminar o quarto. Essa função tinha sido assumida por lampiões a querosene e abajures baratos. O tapete Tabriz já estava tão gasto que não passava de um desenho sobre estopa.

— Que tipo de amigos você acha que Nigel tem? — Susan perguntou. — Quero dizer, além de outros porcos.

Pilhas de roupa suja se amontoavam nos cantos do quarto, ao lado de pacotes de papel marrom novinhos da lavanderia do hotel — os mais experientes jamais usavam os guarda-roupas do hotel, já que escorpiões e centopéias também gostavam deles. Equipamento de fotografia, câmeras, lentes, tripés, uma filmadora estavam empilhados em outro canto e espalhados em cima da cama. Havia uma fileira de garrafas de bebida diante do espelho esverdeado em cima da cômoda.

— Cheiro bom também — acrescentou Susan. — Pré-colonial fétido.

Era o mesmo quarto básico que ela havia alugado e transformado numa fantasia de exilado à Graham Greene, mas Nigel não fez nenhum esforço parecido.

— Deixa para lá — disse Michael desanimado.

Com a familiaridade de quem morava num quarto como aquele, Susan afastou o mosquiteiro, subiu na cama para fechar a veneziana e abrir a janela, depois ficou de pé no colchão para ligar o ventilador de teto. Em poucos minutos o vento vagaroso lá de fora tocava a pele de Michael.

— Encontramos tanta gente interessante aqui... — disse Susan com ironia, inquieta demais para deitar. — Eu não sei o que Nigel vai trazer do seu quarto escuro. Ele parece animado — a voz dela ficou menos afirmativa. — Ouvi dizer que o Segundo Advento deveria ter um pouco mais de sinos e apitos. Por outro lado... Michael levantou da poltrona esfarrapada, com uma expressão séria.

— Estamos ao lado de Jerusalém aqui, onde cerca de duzentos turistas resolvem todos os anos que eles são o próprio Jesus Cristo e têm de ser mandados de volta para casa amarrados numa camisa-de-força. Há até um nome clínico para isso: a síndrome de Jerusalém. E depois do que aconteceu em Wadi ar Ratqah...

Ele fez uma pausa, pensando no sangue de Yousef na vala, na convocação alucinante na mesquita.

— Neste momento não sei o que esperar. Quanto ao fenômeno de Nigel, acho que acredito no que eu vi — ele deu uma risada seca por causa do sofisma. — Mas a escolha do momento me deixa desconfiado. Por que Deus interferiria agora, que já nos habituou a chafurdar por nossa conta? Mudanças de regras no último tempo do jogo não fazem sentido. Sempre achei que fantasias religiosas eram algo infantil, que deixávamos para trás quando amadurecíamos, como rodinhas de apoio da bicicleta ou um penico. Espere, risca isso. Isso não é trivial, mas será que você acreditaria que na semana que vem todo mundo vai acordar e ver uma rachadura no ovo cósmico? Vai dar uma bruta omelete.

Susan deu de ombros.

— Conexão defeituosa, tente outra vez.

Ele virou e viu Susan analisando seu rosto. Nos olhos dela havia compreensão, e piedade, que assustou Michael.

— Meu Jesus de cuecas! — dentro do quarto escuro apertado, com o rosto vermelho do reflexo nos banhos de solução reveladora, Nigel não conseguia acreditar na sorte que tinha. — Onde está a merda do celular? Denby vai ter um filho quando ouvir isso.

Na pressa, Nigel esqueceu de levar o telefone, por isso não podia cantar vitória para Londres naquele momento, não podia esfregar o nariz do editor regional na história inacreditável, que faria Nigel ficar acima do pouco caso de todos eles com seus saltos sociais e ele-costumava-ser-tão-promissor...

— Cuidado, isso é o meu bebê — ele cantarolava, enquanto fazia o papel rodar dentro do último banho de fixador. Tirou outra ampliação com todo cuidado e examinou-a. A seqüência de fotos centradas no aleijado sem uma perna ia ser uma bomba. Depois que Nigel forçou Amir a se abaixar para poder subir nas costas dele, o ângulo por cima da multidão ficou perfeito. O rosto do Profeta, capturado pela câmera, parecia quase iluminado por dentro (engraçado não ter sido assim na vida real. Ou será que foi?). O coração de Nigel galopava como cavalo de corrida com a onda de adrenalina de ver tudo de novo. Imaginou se ser curado era como o melhor orgasmo da vida, então riu da blasfêmia idiota por trás da idéia. *Fuque, fuque, eis sua nova perna.*

Nigel Stricker gostava de se considerar um homem descomplicado. Tinha nascido em Hull, nativo de Yorkshire, que votava no Partido Trabalhista quando se dava ao trabalho de votar, e sabia, sem arrependimento, que morreria membro das classes trabalhadoras inglesas, não importa quantos títulos de cavaleiro ou mansões conquistasse durante a vida.

Tinha planos de conseguir as duas coisas, por meios legais ou ilegais, pois o fato de Nigel Stricker ter recebido uma mão perdedora no dia em que nasceu não significava que não tinha ambição. Ele era alegremente honesto quanto a isso, como era quanto a tudo o mais que não tinha importância. Queria agarrar dinheiro e poder, aproximadamente nessa ordem, o que lhe dava um gosto pelo sensacionalismo, sua chave para o Reino.

Ele definia dinheiro como uma fortuna tão extensa que, não bastava não ter nunca mais de perguntar quanto custa qualquer coisa, poderia gastar dinheiro como uma atividade de lazer, pela felicidade pura de manipular os outros através de gastos. Dinheiro inevitavelmente gerava poder, mas Nigel se dispunha a concordar que os dois eram coisas bem diferentes. Havia um certo número de pessoas poderosas que não tinham a quantidade de dinheiro que constava dos sonhos febris de Nigel, mas tinham poder mesmo assim: o poder de incomodar, de forçar uma submissão, de destruir carreiras ou fabricá-las, de andar pela vida com uma crueldade distraída que provocava admiração nos fracos e receio nos predadores menores. O verdadeiro poder era capaz de fazer coisas pelas quais os impotentes eram presos só ao tentar.

Nigel pendurou as últimas ampliações nos pregadores para secar. Não achava que tinha poder ou riqueza ainda, mas tinha mais dos dois naquele momento do que jamais sonhou quando criança. O carro, o luxuoso apartamento em Londres, as abotoaduras de ouro, de vez em quando uma camisa Turnbull & Asser... tinha todas essas coisas, e eram os limites mais distantes de seus sonhos infantis.

Mas tudo que tinha não valia nada para ele, porque não era a única coisa que realmente desejava demais: a armadura invencível do respeito por ele. Sabia que a fama era o primeiro degrau na escada das luzes, que ia do lixo da terra à coroa da glória. E o Profeta desconhecido ia conquistar isso para ele.

Curar os doentes, dar vida aos mortos, fulminar os descrentes e fazê-los se curvar — era tudo uma coisa só para Nigel, desde que envolvesse o milagre espantoso e um rosto jovem, novo e fotogênico. A combinação seria irresistível para o público embotado, e ele, Nigel, seria o homem que ia fornecer pão e circo para todos.

O banheiro que Nigel transformou tinha uma janela minúscula que dava para a rua. No dia em que chegou, tinha pintado o vidro de preto. Com a facilidade de longo tempo de prática, ele misturou produtos químicos à luz vermelha e fraca do quarto escuro. Primeiro o revelador — fazia uma mistura nova todos os dias, porque costumava perder o efeito rapidamente a temperaturas acima de vinte e cinco graus —, depois o fixador. Tinha usado quatro rolos de filme, e só revelara dois.

O seguinte estava saindo velado ou superexposto, ou alguma outra coisa naquele maldito clima que Deus inventou para pesadelo dos fotógrafos. Da próxima vez ia tirar fotos coloridas, mas com cores precisaria de algo melhor do que um quarto escuro adaptado, e isso significava pedir favor para algum amigo que pudesse ceder algum tempo do equipamento de alguma embaixada. Talvez a loura com olhos penetrantes, que ele tinha resgatado hoje, pudesse ser útil. Ele a tirou da beira da estrada e salvou-a do proverbial

Destino Pior, por isso ela devia ficar agradecida, só que, segundo a experiência de Nigel, mulheres atraentes raramente sentiam isso. E Susan McCaffrey ainda era muito atraente. Estava a uns bons dez ou quinze anos daquele território crepuscular em que a mulher sentia a maior gratidão por qualquer obséquio romântico, especialmente de um homem mais jovem.

Nigel parou de divagar e concentrou a maior parte da sua atenção no trabalho que fazia. Parecia que tinha usado todo o quarto rolo de filme, mas não lembrava de ter feito isso, e, logo que os negativos secaram, ele fez uma folha de contatos usando o ampliador portátil precariamente equilibrado na tampa da privada.

— Não que eu precise de mais, mas a dez mil... não, cem mil libras esterlinas cada venda...

Com instinto aguçado, Nigel escolheu as imagens mais promissoras da série para ampliar. Eram quase todas fotos de rostos. Derramou água por todo lado quando lavou as fotos, xingando o fiozinho de água morna que saía da torneira da pia, e logo havia outra fileira de ampliações de vinte por vinte e cinco penduradas na corda presa a duas paredes, pingando languidamente no chão de ladrilhos, para secar.

Só então, no torpor que acompanha a grande excitação, Nigel registrou de fato o desconforto de onde estava. Fazia mais de 37 graus naquele banheiro apertado — o ampliador soltava calor como uma fornalha — e era tão úmido quanto a estação das chuvas em Déli. O fixador exalava um fedor forte e acre, como pólvora queimada, que se misturava com o cheiro doce e carnudo de mofo, e o odor suave mas penetrante do revelador.

— Merda, preciso sair daqui.

O cabelo oxigenado de Nigel estava grudado na testa. Transpirava tanto que o suor não tinha mais nenhum sal, e sequer ardia quando escorria para os olhos. Seus Nikes — as botas de couro tinham sobrevivido aproximadamente uma semana ali, antes de começarem a apodrecer — guinchavam cada vez que mudava o pé de apoio.

Estava louco por um cigarro e um drinque.

Nigel abriu a porta e deu uma espiada para certificar-se de que os convidados ainda estavam lá. Satisfeito de ver que estavam —

Susan sentada na cama, Michael na poltrona —, concentrou-se no maço úmido de fotos que segurava, examinando-as pela primeira vez com luz normal.

— Querem ver? — ele perguntou, como alguém acostumado a exibir o tesouro mais precioso coletado no fundo do mar.

Susan tinha usado o telefone de Nigel para falar com o escritório em Damasco, e Michael e ela estavam tendo uma conversa meio incoerente sobre o que ia acontecer. O escritório ia mandar uma mensagem por rádio para a missão, informando que Michael estava bem, e Susan ia ligar para Alexandria no dia seguinte e contar a história toda.

— Mas o que, exatamente, eu vou contar, Michael? — ela perguntou, na hora em que a porta do banheiro abriu e Nigel apareceu.

Os dois pararam de falar e ficaram olhando para ele espantados. Nigel estava vermelho e encharcado de suor, como se tivesse passado meia hora numa sauna. Olhava hipnotizado para algumas fotos ainda úmidas que segurava, e sua expressão fez Michael levantar da cadeira.

— Meu santinho Jesus Cristo! — disse Nigel, com a voz baixa e triunfante.

Ele ofereceu as fotos e depois puxou-as de volta, desconfiado.

— Você estava lá, Mikey. Você viu tudo, certo? — ele perguntou.

— Certo — Michael disse, fazendo que sim com a cabeça.

Nigel pôs as fotos debaixo do nariz de Michael.

— Prepare-se para ficar boquiaberto.

Michael pegou as fotos. O papel brilhante e molhado era borrachudo como uma pétala de orquídea, dando uma impressão frágil e desagradável ao mesmo tempo. Com todo cuidado, tentando evitar que uma grudasse na outra, Michael folheou as imagens.

A primeira era um *close* do jovem curandeiro. O rosto dele preenchia a foto. Michael achou que Nigel conseguira aquilo com uma teleobjetiva, mas o ângulo estava errado. Nigel tinha fotografado do pé da colina para cima, para as oliveiras, e o ângulo do retrato sugeria que o Profeta estava ajoelhado diante dele.

A segunda foto era ainda mais estranha. O Profeta de novo, dessa vez flutuando, suspenso no ar, com uma nuvem de luz em volta dele, os braços abertos. Não tinha fundo nenhum — nenhuma árvore, outras pessoas, nada que ligasse a foto com qualquer tempo ou espaço específicos. Era a mesma imagem doce demais de Jesus que todos conheciam dos milhares de imagens vendidos em lojas populares, e só a beleza morena do jovem salvava o retrato de ser insípido.

— Essas não são as fotos que você tirou — disse Michael, confuso.

Susan tinha ido para o lado dele, querendo dar uma espiada. Nigel semicerrou os olhos.

— Não estrague a perfeição — disse ele. — Não preciso da sua confirmação, sabia?

A imagem seguinte era outro *close-up*. Nela o Profeta estava ajoelhado, com sangue escorrendo pelos braços em fios negros. Uma coroa feita de espinhos tinha sido enterrada na cabeça dele, e a testa e o couro cabeludo estavam cobertos de arranhões profundos e sangrentos. Nos ombros dele havia um pedaço de madeira aparada, um pouco mais comprido do que um dormente de estrada de ferro.

— Bem, tenho de admitir uma coisa — observou Susan. — Ele não tenta escapar do óbvio. Isso é doce para os olhos espirituais, ou seria, se não parecesse tão doentio.

— Essas fotos são alguma brincadeira? — Michael perguntou enojado, jogando as fotos de volta para Nigel.

Assustado, Nigel examinou tudo de novo. Muitas fotos eram novas para ele. Ele ficou perplexo.

Susan tirou mais algumas da mão dele, dando uma olhada rápida no resto da pilha.

— Como você falsificou essas? — Michael perguntou.

— Eu não falsifiquei nada, camaradinha — disse Nigel na defensiva, controlando os nervos. — Você viu quando tirei quatro rolos de filme hoje. Bom, as fotos que você está vendo são do rolo que estava dentro da câmera na hora em que ele pôs as mãos nela... foi isso que saiu.

— Parece que você tem quase toda a Semana Santa aqui — comentou Susan, segurando uma foto que era uma imagem de uma

figura muito brilhante sentada na entrada de uma caverna —, inclusive a Ressurreição.
Nigel pegou um dos copos da bandeja, foi até a cômoda, pegou uma garrafa de gim e serviu-se com desleixo.
— Dias melhores — ele disse, fingindo indiferença.
— Você não vai usar isso, vai? — Michael quis saber.
Nigel deu de ombros.
— Sou um realista. Já que não devo satisfações a você, não preciso resolver suas dúvidas. Isso vai tirar a mudança de sexo da rainha das primeiras páginas de todos os jornais do Reino Unido, e depois...
— E depois, o mundo — zombou Michael.
Susan estava vendo as fotos outra vez.
— Nos anos 60 havia um médium americano chamado Ted Serios — ela disse bem devagar. — Supostamente ele era capaz de fazer imagens aparecerem no filme, apenas tocando na máquina. Não sei se provaram ou não que era uma fraude. Talvez o seu Messias seja um médium.
— Pelo que sei, isso também serve... quanto mais poderes, melhor — disse Nigel calmamente.
Ele remexeu nas gavetas da cômoda até encontrar um maço de cigarros, acendeu um e transformou quase a metade em cinza com uma única tragada.
— Algumas fotos combinam com o que eu vi — Michael admitiu com certa relutância.
— Bom, não tem a menor importância, tem, queridinho? — disse Nigel com o cigarro na boca. — Acho que já expliquei isso muito bem. Preciso do artigo genuíno... e aquele menino é o próprio.
— Mas por que ele criou imagens falsas na sua máquina, junto com as autênticas? — insistiu Michael. — Propaganda? Sedução espiritual?
— Como é que eu vou saber? — Nigel deu de ombros. — Você espera que eu leia a mente de Deus?
Na verdade, aquela era a melhor pergunta que alguém tinha feito até então.

CAPÍTULO TRÊS

As Línguas dos Anjos e dos Homens

Nigel ficou de mau humor depois disso, e tiveram de sair de perto dele. Michael e Susan subiram para o quarto dela e se revezaram no chuveiro — os banheiros privativos só tinham água fria, mas a água fria no Grande Hotel era na temperatura ambiente, uma trégua bem-vinda do calor fumegante das ruas.

Michael sentou na beira da cama de Susan, enrolado num lençol, comendo biscoitos Huntley & Palmer de uma lata, ouvindo o chuveiro aberto no banheiro. Um ventilador de bambu girava lentamente no teto, mexendo o ar abafado. Suas roupas tinham sido mandadas para a lavanderia: um dos poucos luxos do Oriente Médio era a enorme quantidade de serviços pessoais que podiam ser contratados com um punhado de liras sírias. Com o dólar americano valendo cinqüenta liras, e muitos preços congelados pelo regime de Assad, era muito fácil se sentir rico naquele país.

Como o quarto de Nigel, dois andares abaixo, o de Susan era um espelho da sua personalidade. Cuidado e atenção tinham transformado esqualidez em charme. Tinha quadros nas paredes recém-lavadas, e tapetes pintados, comprados no bazar, substituíam o tapete antigo. De algum lugar, a equipe do hotel tinha tirado duas enormes poltronas vitorianas que cercavam uma mesa octogonal de cedro, trabalhada em marchetaria de sândalo, ébano e madrepérola. Michael tentou imaginar Susan praticando a dissimulação diplomática e submissa que era o único modo de as mulheres sobreviverem lá, mas não conseguiu. Ela enfrentava a vida de acordo com os próprios termos, e fazia isso como fazia tudo o mais: sem transigir.

Apesar de só ter dormido cerca de três horas nas últimas vinte e quatro e de já estar anoitecendo, Michael estava ligado demais para descansar. Quanto mais tentava afastar as coisas que tinham acontecido com ele, mais elas se intrometiam na sua consciência, ganhando peso e gravidade.

Fato inegável era que nada do que tinha testemunhado nas últimas vinte e quatro horas tinha sido ao acaso. Todas as coisas acabavam se concentrando no seu confuso conceito de Deus. Não que a paisagem árida do Oriente Médio fosse território estranho para o chamado Todo-Poderoso. Ele assumira a posse da Palestina e de toda a periferia desde o início, desde os dias em que o rio Eufrates saíra do Éden, a leste. O proprietário às vezes se ausentava, às vezes impunha sua presença assustadora, mas sempre lançava um encantamento na mente de qualquer tribo que vagasse pelo pegamoscas espiritual daquelas colinas. Deus estava preso lá, por isso todos estavam presos a Deus naquele lugar.

— O deserto só é fértil em duas safras: fanáticos e místicos. Um pensa que encontrou Deus; o outro que encontrou o único Deus — Nikolai gostava de dizer isso sempre que queria aborrecer Michael.

— A cada mil anos, mais ou menos, uma nova safra é colhida e enviada para o Ocidente em contêineres com o letreiro *Verdade Imortal: Manuseie sem Cuidado*. E as pessoas costumam acreditar em etiquetas.

Criado na antiga União Soviética como ateu feliz e sem culpa, Nikolai considerava os Sete Pilares da Sabedoria do deserto, junto com os Dez Mandamentos e as Cinco Obrigações do Islamismo, algo que ficava entre a hipnose e a alucinação em massa, gerada por "noites demais de solidão com rebanhos de carneiros, camelos, cabras, qualquer coisa. É com eles que conversam, e as espécies com cascos são fáceis de convencer".

Michael apreciava o cinismo recreativo, mas continuava achando incrível que a região mais estéril da terra, mergulhada na violência e na privação, gerasse mistérios que a era moderna ainda não conseguia desvendar. Os mestres sagrados, que deviam ser os explicadores dos mistérios, de algum modo acabavam aprofundando mais ainda esses mistérios: "Na verdade vos digo, se tiverdes fé e não duvidardes, se disserdes a este monte, tira-te e lança-te no mar, assim se fará."

Essa promessa de Jesus foi muito além de qualquer compreensão no mundo racional, einsteiniano, tridimensional. Jesus hesitou em executar os próprios milagres que provavam isso. Mesmo assim, o Novo Testamento descreve trinta e quatro, inclusive três casos de ressuscitar alguém do túmulo. Esses atos de fé enviaram ondas de deslumbramento que se espalharam para fora do deserto nos dois mil anos seguintes. Mas um milagre acontece apenas uma vez, enquanto o potencial de milagres é atemporal; um é local, o outro é eterno. Foi essa a realidade que Jesus não mostrou, só pôde ensinar e exemplificar. A realidade, diferente das imagens pintadas de Deus, não fica sentada num trono levitando no céu, não tem barba, nem mãos, nem pés. Não possui um rosto, e é desolada. Como o deserto. Sem dúvida, foi por isso que as fés mais abstratas do mundo surgiram naquela região.

As três religiões do deserto, o judaísmo, o cristianismo e o islamismo, ensinavam a louvar o Verbo. "No princípio era o Verbo e o Verbo era Deus, e o Verbo estava em Deus." Na opinião de Michael, o ritmo hipnótico dessas palavras sagradas não foi capaz de fazer calar uma pergunta óbvia: qual verbo, qual evangelho? Poucos séculos depois de escritos, há muitos milênios, uma alma ofuscante de tão resplandecente veio lançar a luz sobre o Verbo, mas a cada profeta que desvendava o Verbo, milhões de pessoas comuns morriam por ele. Toda essa mortandade, século após século, deve ter deixado Deus permanentemente de mau humor. Michael tinha uma imagem de Deus aborrecido, enquanto os dogmas se digladiavam entre eles aqui na Terra. E, durante épocas prolongadas, o homem comum ouviu dizer que, se não se dispusesse a morrer por sua fé, seria condenado.

Se todas as escrituras da Terra Santa pudessem ser condensadas numa frase prática e sábia, Michael sabia qual devia ser: *Temei o Senhor vosso Deus com todo vigor, toda força e todo coração.*

Não, ele pensou, *nem precisa examinar as escrituras.* O aviso para adorar e temer estava escrito nas pedras do deserto. Era inato. As mães criavam os filhos acreditando que outras fés eram odiosas porque não temiam Deus *suficientemente*. Ou então não sofriam bastante, não eram punidos, açoitados, torturados, despojados, aprisionados e dizimados, para satisfação do sagrado verdadeiro. Michael ficava imaginando como o medo dominava tanto o que devia ser uma devoção jubilosa.

De estalo, Michael percebeu que sabia exatamente por que o Profeta tinha aparecido — para dar aos que desejavam o Armagedon o que eles realmente queriam. E isso para ele era mais apavorante do que qualquer outra coisa.

A mente de Susan vagou em outra direção. Estava de pé no chuveiro, deixando a água morna lavar a areia e a sujeira que tinha acumulado num dos dias mais estranhos da sua vida. Não vira nenhuma das aparições e maravilhas que afetaram tanto Michael, mas sentia que ele estava perturbado com os acontecimentos do dia. Ela também estava inquieta, e não só pelo que ele disse ter visto. Era óbvio que Michael guardava grande parte da penosa experiência só para ele. Susan tinha, ela mesma, passado por provações nos últimos dias — reconhecia os sintomas. E sabia que nada seria igual entre os dois. O que quer que acontecesse em seguida, o laço que tentavam criar entre eles seria logo testado. Estavam à margem de um novo relacionamento. A possibilidade de ser arrastada pela correnteza deixava Susan tensa e ressabiada.

Quem é Michael, de fato?, ela pensou. Não precisava saber de tudo, mas uma parte dela exigia saber mais do que sabia. Tinham passado três anos se encontrando no meio de uma zona de guerra, conversavam sobre tudo que havia, mas de certa forma Michael continuava sendo um estranho para ela. E os acontecimentos loucos das últimas vinte e quatro horas só tinham servido para ressaltar esse fato. Quem era aquele homem que viu milagres e loucuras no deserto? Será que podia confiar nele?

Ela supôs que aquela cautela era excessiva — afinal, nos momentos e lugares em que esteve com Michael, cercados pela paisagem árida e os terríveis traumas que tentavam amenizar, a verdadeira natureza das pessoas tornava-se evidente muito depressa. Michael era um homem bom. Mas, mesmo assim, Susan se preocupava. Achava que isso era natural, depois de Christian.

Christian. Ele foi uma breve tentativa de assumir uma falsa idade adulta beirando os trinta anos. Se fosse honesta com ela mesma na época, teria admitido que o homem com quem estava casando não importava tanto quanto um casamento perfeito, acessórios perfeitos, a chance de decorar um apartamento "de verdade" e de usar casualmente as palavras "meu marido" numa conversa. Duas carreiras, um apartamento, um estilo de vida brilhante tirado das revistas, e um papel para ela desempenhar com o apoio de todos que conhecia.

Nenhum dos seus amigos questionou suas escolhas, nem mesmo sugeriu que não eram as únicas opções possíveis.

Cinco amargos anos do que poderia ser melhor definido como guerra em trincheiras ensinaram para Susan a loucura que era uma falsa união. Christian achou que ela havia mentido para ele, prometendo ser alguém que não era, e depois passou a odiá-la, quando ela recusou-se a cumprir sua parte da barganha. Quando ela percebeu que ele falava sério, ele feriu seu orgulho e esgotou sua paciência — então tudo o que ela quis foi vingança. No fim, ela se arrastou para fora das ruínas fumegantes do casamento com a mesma sensação que tem um piloto saindo de uma queda.

Se você consegue sair andando de uma queda, como dizem...

Ela não tinha certeza do que esperava dos outros, por isso fugia de qualquer contato mais íntimo. Com horror a qualquer forma de hipocrisia, desenvolveu uma reputação de administradora que não-faz-prisioneiros, alguém que não se deixava abalar por pressões. Quando percebeu o que estava fazendo com sua vida emocional, já era um hábito adquirido — repetia velhas batalhas num campo em que podia vencer.

Ela sempre procurou o significado por trás dos acontecimentos, mas percebeu que não encontrava significado bastante nas outras pessoas, nem mesmo em prestar serviço aos outros. Portanto, aceitou que sua jornada seria solitária. Se havia um pecado original no livro de Susan, era que a maioria das pessoas se entregava por qualquer preço, rejeitando a felicidade da autodescoberta com as duas mãos.

Ela não ia pecar outra vez, não se estivesse ao seu alcance evitar.

O som da água caindo do chuveiro parou, e alguns segundos depois Susan apareceu, embrulhada num roupão branco com o nome Shepherd's Hotel, Cairo bordado no peito. Ela acabou de secar o cabelo comprido e jogou a toalha em cima da porta.

— Nossa, que visão mais apetitosa — disse ela para Michael, penteando com os dedos o cabelo molhado. — O lençol dá uma ótima aparência de império romano a você.

Michael sorriu.

— Aproveite enquanto pode. Não estarei aqui para sempre.

— Você tem de ficar em Damasco pelo menos alguns dias — disse Susan. — Olha só para você. O que anda corroendo você nos últimos meses ficou pior, não é? Acho que não é uma coisa que você possa continuar carregando sozinho, Michael — sua voz tinha o tom desapaixonado do cirurgião, sem malícia ou medo. — Estou preparada para ouvir.

— Você já viu anjos? — perguntou Michael, e Susan ficou espantada.

A voz dele saiu rouca, cansada, como se fosse de algum estranho. Susan balançou a cabeça e foi até o guarda-roupa aberto pegar suas roupas.

— Continue — disse ela.

— Pensei nisso durante muito tempo. A palavra *anjo* significa "mensageiro", e eles não precisam ter túnicas e asas. Na Bíblia, as histórias sempre contam que as pessoas que deparavam com anjos não os reconheciam no início. Imagino que seja a mesma coisa para quem vê anjos na hora da morte... as mensagens podem ser aterradoras ou maravilhosas.

— Então você acha que viu um anjo? — perguntou Susan, voltando e sentando ao lado dele. — Foi isso que aconteceu?

— Não exatamente — respondeu Michael. — Mas eu fico pensando: como saberia se tivesse encontrado mesmo um anjo? Ou, digamos, um mensageiro? A maioria das pessoas, por ter sido exposta a asas, e halos, e harpas, imagina que os anjos são velas votivas maiores que o normal, uma fadinha aumentada e aprovada por Deus, senão um guardião para evitar as mordidas dos demônios. Não que tenham visto algum demônio, também.

— Estou ficando perdida. Não é problema para mim se os anjos são decorativos ou inúteis. Eles podem seguir a linha dos duendes se quiserem, qual é o problema de deixar a imaginação se divertir um pouco?

— Mas e se a forma não significar nada? E se passamos séculos pintando o mensageiro e perdendo a mensagem?
— Continue.
A expressão de Michael ficou séria como a de um menino na primeira comunhão.
— Somos hipnotizados por imagens de seres alados porque fomos condicionados a procurar por isso. Vemos com os olhos do corpo. Mas, enquanto isso, as mensagens chovem sobre nós, tentando abrir outro par de olhos. A mensagem angélica é sempre a mesma: *Vejam, vejam, vejam...* e nós não vemos. Ficamos sempre repetindo os mesmos erros, porque estamos completamente hipnotizados pelo antigo modo de ver.
Michael parou de falar de repente.
— Isso faz algum sentido para você?
— Não me perturba, se é isso que quer dizer — disse Susan friamente.
Ela viu o ar de desapontamento no rosto de Michael. Ele esperava mais dela.
— Olha, quando eu era pequena, me contaram um monte de histórias sobre esse outro mundo que supostamente era tão próximo quanto tudo que eu via ou tocava. Seus anjos estavam lá, de guarda, com Jesus e Maria e o Santo Pai. Mas o homem não vive só de histórias. Até onde eu sei, podemos passar a vida toda rezando, enviando mensagens numa garrafa para esse outro mundo, esperando que cheguem a alguma praia que nunca veremos até morrer, e as mensagens não chegam... pelo menos as minhas não chegaram. Por isso eu cuido de mim mesma, e não me preocupo mais com aquele outro mundo.
— Susan, muitas fotos daquelas eram verdadeiras — disse Michael, enfaticamente.
— Era aí que você queria chegar? Sinto muito, mas está sendo misterioso demais essa noite. Mas entendi o que queria dizer. A cortina se abriu para você, o véu desapareceu, e agora você vê a outra margem. Ótimo. Fico feliz por você. Só que deve lembrar que estou fora dessa experiência. Percebo que você anda recebendo sinais de rádio de Marte através do seu dente de siso. Não espere que eu assine embaixo do que não posso ver.

Ele ficou surpreso quando Susan escolheu aquele momento para beijá-lo. Foi um gesto amoroso, que suavizou suas palavras. No entanto, Michael teve a sensação de uma mão que o empurrava para trás. De medo? Ceticismo cego? Ela não tinha intenção de se revelar até achar que era hora.

Susan voltou para o banheiro carregando um monte de roupas e saiu minutos depois, bem profissional, com uma saia cáqui meio longa e uma blusa branca de manga comprida.

— E então — disse ela. — Onde você quer jantar?

— Assim? — Michael perguntou, indicando sua falsa toga.

— Vou me esgueirar lá embaixo e roubar algumas roupas de Nigel, e isso nos traz de volta ao tópico A. Aquelas fotos, Michael. Se ele não as retocou, e acho que não retocou mesmo, de onde você acha que elas saíram?

— Você mencionou esse cara, Serios — disse Michael. — Algumas imagens pularam para dentro da câmera sozinhas, mas posso garantir quase todo o resto. É aí que temos de começar.

— Você quer dizer que vai considerar isso uma missão? E o seu trabalho?

Michael balançou a cabeça.

— Não é escolha minha. Os acontecimentos estão me perseguindo.

— Claro que a escolha é sua. Afaste-se, ou pelo menos espere. Sendo mais objetiva, será que há tanta diferença entre um médium e um mago?

— *Mago* é a palavra errada — protestou Michael.

— Quer dizer que a semântica vai resolver essa coisa? — Susan deu um sorriso irônico. — Escolha sua própria terminologia. Estou com fome.

Um minuto depois ouviram uma batida suave na porta. Um portador entregou as roupas de Michael, lavadas e passadas. Michael pegou-as satisfeito e foi se vestir no banheiro. Sentiu-se melhor vestido de novo, mas estar com as roupas intensificava a falta das coisas que tinha perdido no deserto — especialmente a maleta preta e seus preciosos suprimentos médicos.

— Pronto — ele disse.

— Bom, nós não parecemos emergentes bastante para arriscar uma ida ao Sindiana — disse Susan, falando de um ponto de encontro popular de expatriados em Mahdi Ben Baraki. Sindiana era um dos poucos restaurantes franceses que mereciam o nome em toda a Síria, e os preços eram proporcionalmente altos. — Mas vão nos deixar entrar em um dos bons cafés.

— Desde que sirvam café — disse Michael, pondo o cinto e guardando o passaporte e a carteira em um bolso interno da camisa.

Tinha sorte de ambos terem sobrevivido às suas aventuras. As medidas rotineiras de segurança destinadas a evitar batedores de carteira também serviram para manter seus documentos em segurança durante um bombardeio e uma aparição.

O sol do fim da tarde dourava os telhados de Damasco, enquanto Susan e Michael saíam pela rua à procura de *kibbeh* e *bourak*. Acharam uma mesa vazia em um dos lugares favoritos de Susan. Horas antes do jantar em Damasco, homens vindos de todos os lados corriam para a mesquita para se preparar para a oração da noite. Sobre tortas de carne, pastéis de queijo e copos longos e gelados de *laban*, a bebida feita de iogurte salgado saboreada universalmente pelos sírios, Michael voltou ao assunto que o perturbava.

— Acho que você está certa, o véu está se desfazendo, conforme disse — ele começou, meio relutante. — Só que não tenho certeza do que estou vendo atrás dele. Segundo o que você disse lá no hotel, vamos concordar que você quer proteger seus direitos ao ceticismo. Muito justo, só que vi coisas que atacam o ceticismo mas não criam fé. Como chama esse estado intermediário?

Ele se sentiu estranho logo que disse isso, mas não sabia explicar aquela situação de nenhuma outra forma. Susan sorriu para ele com simpatia. Pela primeira vez, ele pensou.

— Estou vendo que isso não é uma brincadeira para você.

— Não é mesmo.

— Quase tenho de rir de mim mesma, sabe? Passei vinte anos tentando provar que não era apenas uma coluna para apoiar o ego de algum homem, e agora você espera que eu apóie a sua alma.

Como é que vou fazer isso? Mostre-me o que você quer, mostre alguma coisa.
— Não espero nada de você — ele disse, muito vermelho. — Se acha que estou tentando usá-la em alguma...
— Não — ela respondeu calmamente. — Talvez esteja regredindo para alguma coisa do seu passado ou do seu subconsciente, e talvez para mim seja apenas difícil demais vê-lo fazendo isso, que dirá comprar o bilhete e ir junto. Vou fazer uma confissão também, está bem? Quando tinha sete anos, fugi de casa por algum motivo que não consigo mais lembrar. Acho que o meu pai me deu uma surra de cinto por algo que fiz. Esse não foi o acontecimento significativo. O acontecimento significativo foi que senti ódio pela primeira vez.

"Foi uma sensação terrível, mas realmente me dominou. Corri para a floresta atrás da nossa casa. Deliberadamente evitei qualquer trilha porque não queria que me encontrassem, e depois de um tempo estava na mata fechada, engatinhando num matagal espesso, por baixo de galhos de amoreiras selvagens tão embaralhados que nem os pássaros conseguiam fazer ninho ali. Depois de algumas horas, começou a escurecer e descobri que não sabia o caminho de volta, e comecei a chorar. Fiquei assim algum tempo, e chegou a escuridão total, sem lua, com céu nublado.

"Aí comecei a ouvir coisas rastejantes no mato; uma grande coruja mergulhou de uma árvore e pegou um rato a três metros de onde eu estava. Fiquei tão assustada que me enfiei embaixo de um monte de folhas e me escondi. Estava tremendo demais para dormir, quando de repente uma lanterna brilhou na minha cara, através das folhas. Uma voz de homem disse: 'Susie?' Eu não sabia quem era, mas sentei e ele desligou a lanterna, para não me ofuscar."

— E você descobriu quem ele era? — perguntou Michael.

Susan balançou a cabeça.

— Esse é o ponto. Eu não sabia, mas, por algum motivo, não fiquei com medo. Ele me pegou no colo e eu adormeci. Depois só sei que estava na cama, acordando poucas horas depois do amanhecer. Meus pais nunca falaram sobre isso. Agiram como se eu nunca tivesse fugido.

— Algum estranho simplesmente encontrou você no escuro? Talvez ele a estivesse seguindo o tempo todo.

— Ou talvez fosse um sonho ou uma projeção pré-sexual... pode acreditar, eu tentei todas as explicações plausíveis. Vamos dar a isso o benefício da dúvida, como estamos fazendo com as fotos de Nigel e a sua experiência. Ele era um anjo, enviado por Deus para me salvar, e apareceu com uma forma que eu podia aceitar. Quero dizer, o seu Profeta é mais ou menos isso, não é?

— Só que não sabemos se ele está aqui para salvar alguém.

— Certo. Mas, no meu caso, uma experiência sobrenatural quando menina não mudou a minha vida. Encontrei um anjo. Tudo bem, mas depois eu cresci, em todos os sentidos, e descobri que não importava se a experiência era real ou não, porque as pessoas sempre encontram uma maneira de estragar as coisas, com ou sem intervenção divina.

— Essa é uma atitude muito derrotista — disse Michael.

Palavras estranhas, vindas dele. Até aquele dia, ele pensou sempre a mesma coisa: os seres humanos sempre encontram um jeito de tornar as coisas piores, sem precisar recorrer ao sobrenatural.

— Você me conhece, Michael. Prefiro chamar de realista — disse Susan. — E continuo tendo esperança, eu acho. Se não fosse o meu anjo, eu teria desistido há muito tempo e dito que era tudo bobagem. Suponho, bem lá no fundo, que todo mundo quer acreditar que existe um poder que transforma água em vinho, ou sofrimento em felicidade. Porque Deus sabe que precisamos de alguma coisa para tornar o mundo suportável.

Michael não conseguia expressar o que tinha acontecido com ele diretamente, ainda não. Mas não podia mais ficar com rodeios.

Susan observou o rosto dele intensamente por um tempo.

— Eu questionaria meu julgamento se fosse você... bem a fundo — ele disse. — Especialmente nessa parte do mundo. Às vezes eu acho que a realidade é um pouco menos densa por aqui.

Já havia escurecido e o chamado para a oração noturna era uma sirene soando por toda a cidade, levada a todos os lares e lojas por alto-falantes e rádios. Michael e Susan esperaram o momento passar sem dizer nada. Depois ele contou para ela os últimos detalhes da luz assassina que brilhou sobre Wadi ar Ratqah. Sobre os dervixes na mesquita, cujas orações eram a única coisa que afastava a desolação. Sobre o velho sufi que parecia poder enxergar a alma de Michael, como se ele fosse feito de vidro. Susan ouviu tudo muito séria, sem protestar. Ele terminou com as rajadas das metralhadoras dos jatos que mataram Yousef.

— E deviam ter me matado também, Susan. Eu estava bem no caminho das balas. Elas simplesmente passaram por mim, porque o sufi estava lá. A sombra dele me protegeu. E então ele falou em inglês comigo. Não sei como nem por quê. Yousef teve de traduzir para ele antes... *"Você deve ficar em segurança"*, ele disse. *"Eu o procurei porque agora, contra todos os costumes, o sagrado deve ser visto — ele não nos dá opção. E lembre: na solidão só existe medo. O que estava separado precisa se unir. Aquele que não procura, não encontrará."*

— E nada foi surpresa para mim — Michael admitiu relutantemente. — Porque eu tinha sonhos com ele, com aquela aldeia, havia meses.

Foi só quando disse essas palavras que Michael percebeu que eram verdadeiras.

— O que você sonhou? — perguntou Susan.

— Sonhei que o mundo estava queimando, se desmanchando em fogo. — Mas havia alguma coisa errada. Era como se a criação fosse sugada para trás, e isso tornava a luz da criação má, em vez de boa. Michael balançou a cabeça. As palavras não podiam conter a profunda compreensão que vibrava dentro dele em seu sonho. — Mas a pior parte não é o sofrimento. É o fato de nada ser natural, de ser tudo muito perverso. Uma luz que mata, e não salva.

Ele sentiu que Susan segurava sua mão. Há quanto tempo ela estava assim?

— Sou um médico, mas mestrado e doutorado não são as credenciais que você precisa quando as iniciais representam maníaco e demente.

— Não é tão ruim assim — disse Susan. — Eu conheço alguém que pode ajudá-lo.

— Não gosto dessa palavra, *ajuda* — disse Michael, desapontado com a insinuação dela.

Ela balançou a cabeça.

— Não é um psiquiatra. Apenas um amigo. Ele me ajudou uma vez, quando eu precisava muito.

— Ele está aqui? Ou em Alexandria? — Michael começou a calcular em pensamento, tentando decidir quanto tempo sua consciência permitiria que ficasse longe da missão.

— Nem aqui, nem lá — disse Susan. — Ele mora em Jerusalém.

— Mas é muito longe daqui — disse Michael sem entender.

Durante anos, desde o início da disputa de Israel com a Síria pelo Monte Golan, atravessar a fronteira só era permitido aos militares.

Susan deu um sorriso largo para ele, quase uma risada.

— Não se preocupe. Eu consigo atravessar e voltar em segurança. Podemos fazer isso em menos de um dia.

— O seu amigo, o que ele sabe sobre isso que eu não sei?

— É difícil dizer — respondeu Susan, obviamente aliviada de Michael estar pelo menos considerando uma solução racional. — Ele só teve três mil anos para pensar nisso.

Havia toque de recolher em Damasco, e só um louco ou alguém bem mais desesperado que Michael tentaria atravessar a fronteira para Israel à noite. Iriam pela manhã, quando o sol nascente envolvesse a torre do sultão num laço de luz. Susan acordou uma hora antes da aurora e sacudiu Michael, deitado ao seu lado. Michael despertou assustado, de um sono negro e sem sonhos, que era tão apavorante quanto as visões. Elas já faziam parte dele, e ficar sem elas era como uma amputação.

Susan estava muito eficiente.

— Vamos. Pedi para a cozinha do hotel preparar um piquenique para nós, e tem um carro à nossa espera lá embaixo.

Michael sentou na cama e passou a mão no cabelo. Levantou e procurou a camisa, enquanto Susan lhe dava a calça. Pegou a xícara de café que ela ofereceu e bebeu, tentando abotoar a camisa com uma das mãos. Seus Nikes ainda estavam manchados de sangue da cirurgia que fizera dois dias antes, apesar da terra da caminhada pelo deserto.

— Espero que esse seu amigo não exija trajes especiais — disse Michael.

— Ele exige sim — Susan observou, segurando a porta.

Quando o sol era apenas uma linha no horizonte, eles rumavam para o leste pela Auto-estrada Dois. Deixaram o carro passar na fronteira do Líbano assim que os portões se abriram de manhã cedo, e menos de meia hora mais tarde rodavam para o sul, para a fronteira Líbano-Israel. Essa também estava fechada para todos os vizinhos, exceto, talvez, para a Península do Sinai. Michael teria se oferecido para dirigir, mas não gostava de dirigir numa região em que pilotar um veículo era considerado um esporte sangrento, e Susan gostava. Ela afastou-se do centro da estrada para dar passagem para um caminhão, que ia para Beirute, e passou raspando, mas sem arrancar o retrovisor, e depois voltou logo para o meio.

Será que ela pretende passar pela fronteira com documentos falsos ou mentiras? Ela é bem capaz disso, pensou Michael, espiando pela janela. Senão, não teriam como entrar em Jerusalém. Susan tinha explicado alguma coisa: o homem que iam encontrar se chamava Solomon Kellner, rabino aposentado que morava na Cidade Velha. E Susan parou por aí, sem revelar como Kellner poderia ajudar, e Michael não quis pressioná-la. *Você precisa ter um pouco de fé*, disse para si mesmo, desejando que houvesse outra opção. A fé parecia ser algo que havia de menos e de mais no mundo ao mesmo tempo. Era sempre assim a Leste do Éden.

CAPÍTULO QUATRO

A Cidade de Ouro

Por mais de três mil anos existiu uma cidade neste lugar. Foi destruída, em parte e completamente, pelo menos quarenta vezes. Levantando e caindo, os judeus sempre voltavam para reconstruir sobre as ruínas, e chamaram-na de Ariel, Zion, Salem, a Cidade de Davi, a Cidade de Judá, Jebus, a Cidade dos Grandes Reis, a Cidade da Verdade, a Cidade de Ouro — ou simplesmente, e várias vezes, de Cidade Sagrada. Nem é preciso dizer que, com qualquer nome, sempre foi a cidade das lágrimas.

Davi marchou triunfante por seus portões com a Arca da Aliança, uma arca coberta de ouro que continha as relíquias mais preciosas da história dos judeus, inclusive as tábuas em que Moisés recebeu os mandamentos de Deus. O filho de Davi, Salomão, construiu o Primeiro Templo para guardar a Arca, substituindo por pedras as tendas nômades, conhecidas como tabernáculos, que têm sido locais tradicionais de adoração para as doze tribos nômades. No dia da consagração, o Templo se encheu de sacerdotes com mantos brancos soprando trombetas, tocando címbalos e tambores, quando aconteceu uma coisa maravilhosa. Deus entrou no templo como uma nuvem e se espalhou por toda parte, dando Sua presença e bênção aos fiéis deslumbrados. O Primeiro Templo de Salomão em Jerusalém foi consagrado 418 anos depois que Moisés liderou os israelitas na fuga da escravidão no Egito.

A obra de Salomão deveria ser eterna, mas a onda de destruição aqui parece acontecer em ciclos. Os babilônios reduziram o Templo a pó e espalharam a Arca e suas relíquias no esquecimento. Passaram-se séculos. Dez das doze tribos se perderam, mas os judeus nunca perderam a atração por seu sagrado imã. Um Segundo Templo foi erguido em escala maior, ampliado pelo rei Herodes a uma grande magnificência. Quando os romanos derrotaram os rebeldes da Palestina, que eram um aborrecimento menor de vez em quando, desde que toda a região se tornou uma colônia do império, arrasaram a estrutura de Herodes. Tudo que restou dos templos foram as camadas de pedra dos alicerces ao longo do Muro Ocidental da cidade. Esse muro não é o centro do mundo para os judeus devotos, mas é o mais parecido que conseguiram, porque o centro de verdade, o Monte do Templo, é terreno proibido. Isso por duas razões: depois de séculos sem seu lugar sagrado, ninguém pôde ser purificado do toque da morte com os rituais apropriados, o que deixou as pessoas impuras demais para pisar no lugar, que é o mais sagrado dos lugares sagrados. A segunda razão, a mais prática, é que o Monte é ocupado pela suntuosa e dourada Cúpula da Rocha, conhecida como a construção islâmica mais bela do mundo.

Como a amante que fica convencida, porque tantos outros homens a desejam, a cidade atraiu muita ganância desde o princípio. Os últimos conquistadores que chegaram e partiram foram os ingleses. De 1948 até 1967 Jerusalém foi uma cidade dividida, brigando contra ela mesma, com o Portão Mandelbaum servindo de cruzamento nessa Berlim santa. Mesmo depois da reunificação na Guerra dos Seis Dias, a cidade continuou a ser o que era em essência, apesar de todo sofrimento: um campo de batalha. A Cidade de Ouro continua crescendo sobre seus antigos cadáveres, e continua sendo o prêmio mais cobiçado no Oriente, tentadora demais para qualquer conquistador deixar passar, seja ele persa, assírio, babilônio ou, para citar os mais novos ladrões de terras estrangeiros, gregos, cruzados cristãos, mamelucos e turcos otomanos. Talvez conquistas demais tenham feito a cidade querer recuperar o *status* profano de outros lugares, porque ela não consegue evitar de matar seus profetas e apedrejar os que Deus enviou para ela, parafraseando Jesus.

Essa é Jerusalém, a Noiva.

No fim da manhã, Solomon Kellner deixou a minúscula sinagoga onde rezava de manhã e à noite. Ajeitando o casaco por cima do xale de orações, começou a caminhar lentamente na direção do Muro. O sol da primavera era como uma bênção, e enquanto andava, ele meditava sobre tudo o que tinha de agradecer no seu septuagésimo ano de vida.

Solomon Kellner tinha nascido na outra Berlim, em 1929, numa família de estudiosos e professores cujo nome era uma honra para a universidade, desde o tempo do seu bisavô. A família não se considerava rica, mas gozava de conforto e felicidade, livros, música e muito riso. Ele não lembrava quando seus pais começaram a cochichar quando achavam que ele e as irmãs podiam estar ouvindo. Mas uma criança vive o presente, os tempos felizes entre os momentos incertos.

Novembro de 1938. Ele tinha nove anos na Noite dos Cristais. Lembrava de andar pelas ruas na manhã seguinte, vendo os fragmentos das vitrines cintilando nas calçadas como uma neve estranha e prematura. O som de trompetes ecoava em seus ouvidos. Ouvia os gritos da batalha e aproximou-se mais da babá. Sentia o medo dela, e por um momento pensou que tinha ouvido o mesmo que ele, mas não, ela não ouviu. Os trompetes soaram só para ele, e Solomon soube naquele instante, apesar de muito jovem, que todas as certezas daquela vida chegavam ao fim, e que seu futuro seria consagrado à guerra.

Dois anos se passaram. O tempo que sua família podia ter usado para fugir, para emigrar para a América ou para o Canadá, ou até para a Palestina tinha passado, desperdiçado pela crença do pai dele no poder da razão, pela confiança de sua mãe na permanência da amizade. Nenhum dos dois previu que as coisas podiam chegar tão longe. Sempre acreditaram que algo podia ser salvo, que as novas leis do Chanceler eram medidas temporárias, que seriam derrubadas pelo senso de ridículo de homens sãos.

Mas não havia mais homens sãos.

Na primavera de 1941, quando Solomon tinha doze anos, os Kellner receberam ordens para se apresentarem e serem reassentados. A mãe dele chorou, e o pai ficou revoltado, mas acreditavam firmemente — ou fingiam acreditar — na história que contavam que receberiam uma fazenda no Leste. Cada um fez uma mala, conforme tinham recomendado, e deixaram para trás o apartamento claro e arejado na Thielstrausse.

Ele nunca mais viu o apartamento de novo, nem a mala que sua mãe tinha arrumado para ele, cheia de agasalhos e de seus livros favoritos. Anos mais tarde, aquela pequena crueldade atormentou-o mais do que qualquer outra coisa. Por que os nazistas diziam para eles arrumarem malas, davam uma lista de objetos aprovados, se não pretendiam deixá-los usarem nada? Então Solomon soube, sem conceitos concretos para fundamentar esse conhecimento, o que ia acontecer. Cada novo ultraje não era mais surpresa, apenas a manifestação de algo que já era real para sua visão interior. Os vagões em que foram transportados, sem comida nem água, a longa viagem para longe de tudo que conheciam, as histórias sussurradas passadas adiante por estranhos tocados como rebanho, como gado que pretendessem vender em alguma barraca de um mercado distante e sinistro.

O trem parou num lugar com muros feitos de arame farpado e o céu de cinzas. Sua mãe e as três irmãs mais velhas foram empurradas para um lado, o pai e ele para outro. Foi um engano — Solomon era muito pequeno e devia ficar junto com as mulheres e as crianças — que salvou sua vida. Uma hora depois, um homem que parecia furioso, segurando uma prancheta, puxou o menino de sete anos da fila, que era levada para os chuveiros. Antes desse homem e seu superior conseguirem resolver se seria muito trabalho mandar um pequeno prisioneiro para o campo das mulheres, o expediente daquele dia terminou.

Sua vida continuou a ser poupada dia após dia. Ele compreendeu implicitamente que não havia necessidade de procurar seu pai. Solomon era jovem e forte e possuía a determinação de viver. Ele sobreviveu quatro anos naquele lugar de arame farpado e cinzas, e foi lá que começou a estudar o Torá. Sua família não era profundamente religiosa — todos os acadêmicos da família Kellner eram seculares, não sagrados. Solomon foi convocado para ser um guerreiro, e lá naquele inferno ele descobriu as ferramentas para a sua batalha, nos corações e mentes dos homens que as passaram para ele antes de morrer.

No dia 10 de junho de 1943, Berlim foi declarada Judenrein — livre de judeus. Dois anos depois, os campos foram abertos, liberados pelos Aliados. Solomon Kellner tinha dezesseis anos quando o Exército russo chegou. A guerra tinha acabado. Ele continuava vivo. Alguns voltaram para os lugares que conheciam antes da guerra, mas Solomon não suportaria isso. A Berlim das lembranças da infância não existia mais, e voltar para o que havia se tornado seria zombar amargamente dessas lembranças. Como tantos privados de seus direitos civis pela guerra, seu olhar fixou-se na América. O tesouro que carregava dentro do coração esperou pacientemente.

Nos vinte anos seguintes, dez quarteirões da cidade de Nova York passaram a ser seu lar. Cursou a universidade de Colúmbia e formou-se em psicologia. Estudou mais a fundo o Torá, casou, teve filhos, mas sempre compreendeu que a guerra para a qual tinha nascido não havia terminado. Em 1967, emigrou para Israel com a família, e recebeu a cidadania pela Lei do Retorno. Em Jerusalém sua prática prosperou. Quando fez quarenta anos, procurou um professor entre seus colegas na Cidade Velha e começou a estudar o *Sephir Yetzirah*, o *Livro da Criação*, e mergulhou no mistério infinito da Intenção transformada em Manifestação.

Os anos passaram tranqüilos, repletos de pequenos triunfos e tragédias da vida doméstica, cercada de orações. Quando atingiu uma idade em que ficava impaciente com as neuroses refratárias de vidas vividas no esquecimento da espiritualidade, Solomon deixou sua vida secular de lado. Tornou-se Rebbe Solomon, o professor. Às vezes se perguntava se havia escolhido o caminho certo. Todo homem e toda mulher tinham um ser-estrela dentro deles. A impressão digital sagrada do estilo do Altíssimo. No entanto, parecia que as pessoas fugiam quase automaticamente do reconhecimento dessa fagulha interna, para passar seus dias envoltas na dor da confusão fabricada. Oravam para Deus nos santuários e raramente entravam no santuário do próprio coração. Ele conhecia isso muito bem, mas Deus não lhe deu o dom da eloqüência para despertar aqueles que dormiam diante do poder simples da Inocência Reconquistada. Por isso, ele falava para aqueles que estavam prestes a despertar. Jovens que não conheciam outra vida além da *yeshiva* procuravam Solomon para guiar seus estudos. Porque Solomon compreendia que tinha de encontrar um entre as tribos dos homens para quem ele devia dizer a palavra que o faria despertar para a plena consciência.

Saindo de uma viela estreita, calçada de pedras, ele chegou à praça perto do Muro Ocidental — a praça de onde viu tirarem as casas decrépitas dos muçulmanos poucos dias depois da vitória da Guerra dos Seis Dias — e, quando atravessou, foi parando aqui e ali para cumprimentar conhecidos: "Bem, como vai você? Seu aniversário em Adar foi lindo. Claro que a corte rabínica está aberta para você. Por que não lhe dariam ouvidos, se é o tipo de menina para quem seu Shmuel deu dinheiro?" Era assim que se media o comprimento da vida de um homem: em orações e amizades pelas ruas de uma cidade sagrada, aninhada no seio de outra, secular.

Quando se aproximou do Muro, ele viu um rapaz diante dele, olhando espantado, como se nunca tivesse visto aquelas pedras antigas antes. No dia em que Moshe Dayan entrou na Cidade Velha pela primeira vez para resgatar o direito judeu de rezar diante do Muro Ocidental, ele seguiu a tradição e enfiou um pedaço de papel dobrado entre duas pedras, oferecendo suas preces: "Que a paz reine em toda a casa de Israel." Dayan não era famoso por ser religioso — bem pelo contrário — mas essa oração teve sentido político e religioso. Até hoje Deus não atendeu, em nenhum dos dois sentidos.

O jovem, que Solomon tinha reparado, o viu. Como Solomon, ele usava a roupa simples e preta dos judeus ortodoxos, e o chapéu preto de abas largas e o longo casaco pareciam estranhos e apropriados ao mesmo tempo, sob o radiante sol mediterrâneo.

— Simon, o que houve? — perguntou o rabino, saudando seu pupilo. — Sentimos sua falta nas preces esta manhã.

— Eu não pude orar — disse Simon, em voz baixa. — Tive um sonho, e deve me explicar o que significa.

— Um sonho significa que você não morreu enquanto dormia — respondeu Solomon. O aluno não sorriu, apenas baixou os olhos respeitosamente. — Então, como foi esse sonho, que o impediu de rezar?

— Eu vi o fim do mundo. Vi as portas das casas marcadas com sangue enquanto passava o Anjo da Morte, e dessa vez nem os primogênitos de Israel foram poupados. Vi a face do sol coberta de sangue e vi as Dez Pragas livres outra vez para destruir o Povo. E o Senhor escondeu o rosto... e não fez nada.

Parecer que Deus não faz nada enquanto homens bons sofrem era uma verdade secular que tinha partido muitos corações e espíritos antes de Simon. Solomon pensou na Páscoa dos judeus que começaria ao pôr-do-sol na sexta-feira. Simbolizava a libertação dos judeus da escravidão no Egito, e a promessa que Deus havia feito, mas ultimamente Solomon questionava se aquele ano teriam o banquete da Páscoa. Tinha recebido notícia de um dos *kibutzes* perto da Galiléia que, da noite para o dia, todas as frutas murcharam nas árvores — um daqueles portentos que gera uma onda de pânico e fervor no meio dos religiosos — e que uma família fora queimada viva em sua casa lá perto, apesar de os vizinhos jurarem que não se passaram mais de dez minutos entre o primeiro sinal de fumaça e a destruição total da casa.

E havia também os sonhos terríveis de Solomon sobre os Últimos Dias. Já era bem ruim ter tido ele mesmo essas visões. Mas era muito pior que Simon, com sua expressão ingênua de menino, tivesse visto também. O que significavam? *Com certeza o Senhor tornará isso claro a Seu tempo*, pensou Solomon.

— Depois do sonho, como se sentiu ao despertar? — ele perguntou.

Simon abaixou a cabeça.

— Senti que não podia amar o Senhor, Rebbe, se esse era meu fardo. Fiquei com muito medo.

— Amar? — Solomon bufou com desprezo. — Ei, o que é que nós somos? Pagãos? Deus pede obediência, não o impossível — ele deu um tapinha no ombro do jovem. — É como o casamento, Simon. O amor vem depois, primeiro você faz o que é certo. Agora vá para casa. Peça a Deus para acabar com esse medo. E, se sonhar outra vez, me procure. Vamos conversar.

— Sim, Rebbe — Simon endireitou os ombros e se afastou com passos largos.

Depois de dar alguns passos, o rabino virou-se.

— Você, Simon! — o aluno perturbado olhou para ele. — Nem sempre é bom saber tudo. Quando Deus criou o mundo, sabe o que Ele disse? Vamos torcer para que funcione! Compreende?

— Não, Rebbe.

Balançando a cabeça, Solomon deu as costas para Simon, resmungando baixinho.

— Talvez deva mesmo morrer dormindo — sentiu uma pontada de remorso e olhou para o céu. — O Senhor deve perdoar esse velho... obrigado.

Mas as palavras sofridas de Simon não saíam da sua cabeça. Solomon passou o dia nos lugares sagrados habituais, mas, quando estava voltando para casa naquela noite, percebeu que o momento que aguardava ansioso havia sessenta anos estava prestes a ser alcançado.

Susan tinha flertado com os guardas dos dois lados da fronteira, conversando com os belos soldados israelenses em inglês, enquanto entregava os documentos. Era uma forma de distraí-los, para não examinarem a tinta com muita atenção. Revistaram o carro de ponta a ponta, primeiro os libaneses, apesar de ser um posto tranqüilo, longe do tumulto da Linha Verde, que separava Israel dos Territórios Ocupados. As sentinelas não deixaram Michael voltar para o carro depois da primeira revista, por isso ele foi andando ao lado, enquanto Susan dirigia bem devagar através da fronteira até o posto israelense, onde repetiram tudo outra vez.

— Vocês tenham uma boa viagem, estão ouvindo? — disse o jovem tenente da Força de Defesa de Israel, com um típico sotaque do Sul dos Estados Unidos, quando os dois partiram: um último detalhe bizarro.

Atordoado com a tensão dos acontecimentos recentes, Michael nem reagiu diante daquela incoerência. A viagem para o Sul e para o Leste levou quase todo o resto do dia. A paisagem perto da costa era tipicamente mediterrânea. Com as janelas do carro abertas, sentiam o cheiro do mar e a fragrância pungente das ervas cultivadas por suas propriedades aromáticas. O vento era suave, com a umidade e o perfume da terra revolvida. Era um lugar tão diferente do deserto quanto possível, mas guardava a lembrança do deserto, como se a desolação fosse o alicerce, e aquela beleza exuberante uma insinuação efêmera. Saber que escapar do deserto era um privilégio que podia ser facilmente revogado parecia informar a todos que viviam ali que seus jardins poderiam ser tomados a qualquer momento, por Deus ou pela natureza. Não há muita diferença entre os dois quando se é fazendeiro. A não ser que, com Deus, se pode arriscar uma barganha, talvez...

Percorridos alguns quilômetros depois da fronteira, a região começou a parecer mais um campo normal para os olhos americanos de Michael. Por um segundo, esqueceu de onde estava. As imagens da derradeira chuva de fogo surgiram no fundo de seus olhos, como acontecia nos sonhos, mas ele as rejeitou como prova de nada além de medo. Porque, se não fossem sonho, o papel que exigiam que ele desempenhasse também não seria.

E isso não podia ser.

— Um dracma por seus pensamentos — intrometeu-se Susan, trazendo-o de volta ao presente.

Michael balançou a cabeça.

— Eu estava pensando que estou fora do meu ambiente.

— Nunca saberá com certeza até se afogar — disse Susan alegremente.

De longe, a periferia de Jerusalém provocou uma emoção inesperada em Michael. Quando viu o emaranhado de construções de muitos reinos brilhando douradas sob os raios do sol do fim da tarde, seu corpo formigou como se encontrasse a pessoa amada a salvo, depois de perder toda a esperança. Seria deslumbramento? O fim da dor? Nenhum nome familiar parecia combinar — ele continuava com uma sensação poderosa de ambigüidade, como um homem prestes a dar um pulo que poderia ser a redenção ou o suicídio.

Entraram no subúrbio pouco depois do pôr-do-sol. Aquele dia não era sabá, mas isso não importava em termos de encontrar acomodação. Susan seguiu a rua Jaffa. Passaram pelos bloqueios habituais e entraram na Jerusalém propriamente dita, que era dividida em Cidade Nova, Cidade Velha e Jerusalém Oriental, predominantemente palestina, subindo a rua Davi, na direção do *souk* turístico.

— Para onde vamos agora? — perguntou Michael, distraído com o surgimento de pessoas de todo lado.

A Semana Santa estava começando, e a cidade estava coalhada de visitantes de bicicleta, a pé e de carro, desde os mais religiosos, até os mais desatentos.

— Para o bairro Judeu — disse ela. — Podemos ir direto para a casa. Não vamos conseguir um quarto de hotel, e é inútil perder tempo procurando.

Seguiram lentamente pelo *souk* apinhado de gente e chegaram a Cardo Maximus, a rua principal reconstruída, que os levaria até o bairro Judeu da Cidade Velha. Aos olhos de Michael, era a versão hollywoodiana da terra bíblica, em que construções baixas cor de terra davam para ruas estreitas de pedras, e placas em inglês e hebraico pediam que as mulheres estrangeiras fossem discretas no vestir. Ele viu um velho com roupa de gabardine puxando um burro carregado por uma rua estreita, ladeado por três soldados com metralhadoras Uzi. Tudo parecia meio falso, como se fosse uma versão esterilizada da antigüidade, fazendo o melhor possível para anular um mundo, glorificando o mundo como devia ser. *Não admira que centenas de pessoas vão para Jerusalém todos os anos e enlouqueçam*, pensou Michael, espiando pela janela. *É irreal e real demais ao mesmo tempo.*

— Aqui é o mais perto que podemos chegar — disse Susan, diminuindo a marcha e parando diante de uma porta de calcário.

— E o carro? — perguntou Michael, saindo pelo espaço estreito entre o carro e o muro.

Susan sacudiu os ombros, e pegou sua bolsa.

— Estará aqui quando voltarmos, ou não.

— O fatalismo faz você se sentir segura? — perguntou Michael.

— Mais ou menos isso — ela deu um sorriso largo.

Elizabeth Kellner, que todos chamavam de Bella, sabia que o marido estava ficando cada vez mais inquieto nas últimas semanas. Ele ficava em silêncio, melancólico, mesmo com ela, mas depois de meio século de casamento seria surpreendente se ela não soubesse o que se passava na cabeça do marido. Quando voltou para casa mais cedo, depois das preces daquela noite, ele fez um gesto com a mão quando ela o recebeu.

— Está querendo dizer que não quer jantar? — perguntou Bella.

— Talvez um pouco de sopa — Solomon respondeu distraído.

Era a sua mensagem telegráfica que significava *Não me incomode falando de comida*. *Tenho de pensar em coisas muito importantes.* Ela serviu um prato de sopa matzo e pôs na mesa entre os dois. Às vezes Bella ficava pensando, quando seu marido estranhamente introvertido ficava desse jeito, se podia dar-lhe um pote de água suja quente, se ele tomaria sem notar a diferença.

O casamento deles, desde o primeiro dia no Brooklyn, levou-os a muitos lugares estranhos, até irem morar em Israel. Alguns diziam que só o Messias podia criar o reino de Israel sobre o qual reinaria, e qualquer tentativa de apressar esse dia seria ímpia. Como os judeus podiam fundar uma nação no local que era sua antiga terra natal e chamá-la Israel antes de o Messias dar-lhes o direito e o poder para tal?

Era uma pergunta para os estudiosos, não para ela. Bella Kellner, nascida e criada em Borough Park, Nova York, tinha seguido o marido para aquela terra assustadora sem reclamar — pelo menos sem reclamar muito, depois que descobriu que ele falava sério sobre os estudos. Ela aprendeu hebraico com toda paciência. Estranhos na rua às vezes zombavam do iídiche que ela falava, chamando de *mamaloschen*, apesar de, na época, como agora, ser compreendido em quase todo o país. Acostumou-se a viver em eterno estado de alerta de guerra, aprendeu como fazer em caso de bombardeio, como usar máscaras de gás e como sorrir quando suas filhas, junto com seus filhos, foram chamadas para o serviço militar compulsório. Com tudo isso ela construiu um lar e conheceu as vidas de todos que moravam nele, por isso, como é que não saberia que seu marido estava profundamente abalado?

Ele contava tudo para ela, menos isso. Até os mistérios que os religiosos conservadores achavam que eram impróprios para as mulheres — o estudo da Criação e da natureza mística de Deus através da sua cabala sagrada — eram comentados normalmente à mesa do jantar, pois Solomon dizia que, se Deus tinha feito a mulher, e Deus tinha feito a cabala, como poderia ser errado uma conhecer a outra? Ela não conseguia lembrar de um tempo nos últimos vinte e cinco anos em que não houvesse pelo menos seis pessoas discutindo à mesa, comendo, rindo, enchendo a sua cozinha de alegria e argumentos.

Mas agora jantavam sozinhos, e Solomon ficava em silêncio. Bella não sabia que palavras usar para quebrar esse silêncio.

— Tem certeza que é esse o lugar? — perguntou Michael.

— Da última vez eu verifiquei — respondeu Susan, consultando uma página arrancada do seu caderninho de endereços.

Michael observou a rua, tão estreita, que, se abrisse os braços, podia quase tocar nas paredes dos dois lados. Dois postes distantes davam uma iluminação pálida e amarela, e havia também a luz fraca brilhando através de cortinas fechadas nas janelas. Os andares de cima das casas se projetavam sobre os primeiros, estreitando mais ainda o espaço lá em cima, e era quase como se Susan e ele estivessem passando por um túnel ou um desfiladeiro. As pedras gastas sob seus pés afundavam um pouco no centro como um velho colchão, moldadas por séculos de passos.

Susan bateu a aldrava na porta da casa número 27. A porta abriu, e Michael viu, por cima do ombro de Susan, uma mulher baixa e gorducha, que parecia ter mais de sessenta anos, com uma peruca loura tradicional, que as mulheres judias ortodoxas casadas deviam usar. Estava de blusa de manga comprida, um colete sem mangas e uma saia comprida.

— Posso ajudá-los? — perguntou ela.

— Bella! *Vos tut zich?* — disse um homem de dentro da casa.

— *Los mich tzu ru!* — ela respondeu e depois voltou a falar inglês. — Aquele homem não me deixa em paz — ela deu de ombros, sorrindo, e olhou mais atentamente para Susan.

— Eu a conheço, querida?

Susan fez que sim com a cabeça.

— Nós nos conhecemos numa conferência de direitos humanos na Suíça. Viemos para falar com o Dr. Kellner.

— Vocês sabem que ele não pratica mais? — informou Bella e depois disse, sem esperar resposta. — Mas entrem! O que aconteceu com a minha educação? Já íamos sentar para jantar, mas estou preparada para atender visitas. Há bastante comida. Venham, venham...

Sem dar chance aos dois de recusar o convite, Bella levou-os para o segundo andar, onde a mesa de jantar estava posta com dois lugares. Um homem idoso, com *kipput* e *payess* que todo homem judeu ortodoxo usava, estava sentado na cabeceira da mesa. Ele ficou de pé quando os três entraram.

— Susan, seja bem-vinda! — disse ele sorrindo, e depois olhou para Michael.

Michael, analisando o rosto do homem, viu a expressão de expectativa, como se o velho rabino aguardasse o resultado de algum acontecimento. Só isso já bastaria para avivar o fogo de sua inquietação. Mas os olhos do rabino eram os mesmos olhos do sufi na mesquita bombardeada.

— Você demorou muito — disse Solomon.

— Não sabia que tínhamos um encontro — retrucou Michael.

— Nem sei por que estou aqui.

— Não — objetou Solomon. — Você sabe muito bem por que está aqui. O que não sabe é se eu sei por que veio.

Susan ficou confusa.

— Será que perdi alguma coisa?

Nenhum dos dois homens respondeu. Depois de uma pausa tensa, Solomon falou.

— Não vamos perder tempo com bobagens, *nu*? Não há tempo para isso — ele apontou para a janela. — Jerusalém é uma cidade tão sagrada, que mais um milagre talvez nos mate a todos. Vocês querem morrer?

— Ninguém quer morrer — respondeu Michael, quase como um reflexo.

— Então muita gente está fazendo o que não quer — disse Solomon.

Lá fora a voz esganiçada de um orador de rua ficava mais alta e mais baixa. Mesmo sem entender as palavras, Michael sabia que a mensagem era universal — fanatismo, ódio e exclusão.

— Tudo bem. Sentem-se, vamos jantar. Depois eu explicarei e me chamarão de velho maluco. Vocês têm onde ficar em Jerusalém? Não? Meu genro administra um hotel na Cidade Nova. Ele terá quartos para você e para a dama. Ela é uma boa menina.

Contra a sua vontade, Michael achou graça da descrição de Susan. Solomon viu o leve sorriso e bufou.

— Sou um velho fraco. Estou a salvo do que qualquer mulher possa fazer comigo, menos vingança — ele pegou o braço de Michael. — Venha. Saboreie esses últimos momentos de paz antes de eu abrir um buraco na sua cabeça.

Bella voltou da cozinha, para onde havia se retirado silenciosamente. A refeição era simples, mas farta: repolho e sopa matzo, carneiro com batatas tenras, e uma enorme salada. Indiferente, Michael devorou sua porção com impaciência. Finalmente, depois de uma sobremesa de laranjas com mel e um chá forte de menta, Bella levantou, pediu licença e deixou Solomon sozinho com seus convidados.

Apesar do que Solomon tinha dito mais cedo sobre não haver tempo, a conversa à mesa foi leve e social, de propósito.

— Deus me disse que vocês vinham — Solomon anunciou subitamente. — Admito que não fiquei muito feliz, mas Ele disse que eu era um tolo.

— Deus disse? — Michael repetiu.

As palavras soaram frias e sem inflexão. Poderiam ter qualquer sentido.

— Isto é Jerusalém. Deus comanda um programa de entrevistas aqui. O filho do meu vizinho, Davi, resolveu no mês passado que o Messias só viria se nós todos demonstrássemos sinceridade suficiente. Ele está lá no Muro agora, dizendo para um bando de *kasniks* que o assassinato de infiéis é um sacramento. Será preso antes do fim desta semana, e aí o que os pais dele vão fazer? — Solomon suspirou. — Mas venham comigo. É hora de falar sério.

O rabino levantou e foi saindo da sala.

Michael olhou de lado para Susan, mas ela estava mergulhada em silêncio, desde o início do jantar. Sacudindo os ombros, ele seguiu Solomon. Foram para o escritório dele, no andar de baixo, nos fundos da casa. Era uma sala bem decorada, com luz indireta embutida nas paredes e grossos tapetes orientais. As paredes tinham estantes cheias de livros em dezenas de línguas diferentes, um tesouro de aprendizado. Nas estantes havia outros tesouros também: um *shofar* bem polido, uma taça *kiddush* de prata bem usada, uma antiga representação da deusa babilônica Anatha em terracota, que foi noiva de Yahweh, montada em sua totêmica leoa. Havia uma mesa com um atril num canto, e no centro uma outra longa mesa de madeira cercada de cadeiras. Mais livros empilhados sobre a mesa, como se quem estudasse ali tivesse saído havia pouco. Uma luminária longa de halogênio pendia sobre a mesa. Quando Solomon a acendeu, formou-se um círculo de luz forte e branca. Ele balançou a cabeça e apagou a luz.

— Assim é melhor, não é?

Solomon tinha ido pegar num armário uma velha lamparina de bronze com letras hebraicas em volta da base. Acendeu um fósforo de madeira e encostou no bico. Surgiu uma pequena chama branca. Apesar de pequena, iluminava quase tanto quanto a forte lâmpada pendurada no teto.

— Você conhece o Talmud? A lamparina a óleo é o símbolo do espírito humano. Se a lamparina apagar, o mundo acaba. Os judeus acreditam nisso. E como todas as crenças, é parte verdadeira, parte falsa. Sente-se e conte o que aconteceu com você.

Michael sentou num banco longo e estreito. Nem notou quando Susan chegou mais tarde e juntou-se a eles. O velho rabino ocupou o lugar do outro lado da mesa. Por um momento fez-se silêncio, enquanto Michael lutava para encontrar as palavras para começar.

— Ontem — ele disse sem jeito —, eu vi uma coisa engraçada.

— Engraçada ah-ah — perguntou Solomon calmamente —, ou engraçada estranha?

Dessa vez Michael contou os acontecimentos formando um todo coerente — tinha tido tempo para pensar em tudo. Não deixou nada de fora da narração, já que Solomon parecia ter uma inexplicável presciência.

— E? — disse o velho rabino quando Michael terminou.

— Isso não basta? Gostaria de pensar que só estou louco...

— Mas no seu coração sabe que não está — completou Solomon. — Aquele jovem com seus milagres, é pena tê-lo visto. Vão se encontrar outra vez. Deus apontou você para isso.

Michael fez uma careta.

— Não está gostando da idéia? — indagou Solomon. — Você está numa situação estranha agora, nem lá, nem cá. Já ouviu o ditado "não vá para o mar com um pé em dois barcos"? É assim que o vejo.

— Não compreendo.

— Quer dizer que você nasceu ignorante, e se continuasse ignorante, seria feliz e talvez estivesse em segurança. Com o tempo, vai se transformar numa pessoa sábia, e nesse caso também será feliz e provavelmente estará a salvo. Do jeito que está, fica no meio, e suas reações, portanto, não são confiáveis.

— Em que espera que eu confie? Em você?

Solomon levantou e ficou andando de um lado para outro, como se estivesse numa sala de aula.

— Deixe eu explicar algumas coisas sobre o mundo em que vive, mas primeiro tenho de explicar o mundo em que eu vivo: o mundo da cabala. Já ouviu falar?

Michael fez que sim com a cabeça.

— Mas sei muito pouco.

— A Cabala é o livro antigo de misticismo dos judeus. Ficou conhecido na história pela primeira vez na Espanha, no século XV, mas a tradição nos ensina que o Senhor passou esse conhecimento primeiro para Moisés. Você acredita no Senhor?

— É preciso?

Solomon sorriu.

— Vamos ver. O que é difícil acreditar, quando aparece nos cartazes por toda Jerusalém vendendo Coca-Cola, é que o hebraico é uma língua de magia. Cada letra tem um significado — *aleph*, "boi"; *bet*, "cadeira" — e cada letra também tem um valor numérico. Quando se escreve uma palavra em hebraico, a língua com a qual o Senhor criou o mundo, segundo o que acreditamos, automaticamente tem um valor numérico. E todas as palavras com o mesmo valor numérico são a mesma palavra. Esse é um conceito místico. Só na mente de Deus um cão e um pilriteiro podem ser uma coisa só e a mesma coisa, mas o fato é que os números são entidades espirituais. Anjos matemáticos, se preferir. O número quarenta é o número da inteireza. Quando Deus fez chover quarenta dias e quarenta noites, Ele estava dizendo: é isso, isso basta, pronto, isso é a minha palavra final sobre o assunto. E assim foi.

"Na numerologia da Cabala o número da Vida — L'chaim — é dezoito. Duas vezes dezoito, ou trinta e seis, é o número da Criação, porque de duas vidas, homem e mulher, todo o mundo surgiu. Em hebraico, o número trinta e seis é *Lamed Vov*. "A Bíblia conta a história de Sodoma e Gomorra. Por causa da desobediência e depravação, Deus se propõe a destruir as cidades da planície lançando fogo e enxofre do céu. Mas Abraão desafiou o Senhor, dizendo, 'como pode destruir os justos com os injustos, se é um Deus justo?' Esse é um bom argumento para debate, e Deus é levado a fazer uma promessa: se uma única alma pura puder ser encontrada, Ele conterá Sua ira."

— Essa alma pura era Lot — interrompeu Michael —, que nem era judeu, se bem me lembro.

Solomon balançou a cabeça concordando, satisfeito, mas sem querer ser interrompido.

— Mas Lot não salvou Sodoma e Gomorra. Deus destruiu as cidades e só pouparia a família de Lot se eles deixassem a cidade sem olhar para trás. Vamos pular o pilar de sal e a mulher desobediente. Essa fábula da alma pura não é nenhuma fábula, e sim outro símbolo místico. Desde a Queda, o homem foi corrompido pelo toque da morte, mas Deus poupa os impuros, que somos todos nós, permitindo que exista uma alma pura. E é essa alma pura, compreende, a única coisa que faz o mundo continuar, por causa do pacto que Abraão fez com Deus. A alma pura, como o cabalista, teria o conhecimento perfeito de Deus.

— Está dizendo que essa pessoa existe, tem de existir, para evitar que aconteça o Apocalipse?

— Detesto desiludi-lo, meu filho, mas não existe apenas uma alma pura — disse o rabino, abaixando a voz num tom de conspiração. — Há trinta e seis, o número da Criação. Isso sempre foi assim e sempre será. E vou contar um outro segredo: metade homens, metade mulheres e, normalmente, nenhum deles sabe que os outros existem.

Ele ergueu as mãos como se quisesse afastar as perguntas de Michael.

— Deus não criou tudo que existe, louvado seja? É verdade que os judeus são o povo escolhido por Ele, tamanha honra, nem sei

dizer, mas isso não quer dizer que só nós formaremos o número de almas puras. — Sejam quem for, elas não se encontram, elas se conhecem em seus corações, e eu gosto de imaginá-las assim: uma freira russa e um xamã australiano, uma sacerdotisa de candomblé brasileira, um cardeal católico, curandeiros da fé pentecostal, budistas tibetanos, padres xintoístas e, se Deus quiser, talvez um judeu.
— Já encontrou alguma dessas pessoas?
— Pessoas? Eu estudei os textos meses a fio. Como vamos saber que não são animais? Será que Deus não acha um gato vadio mais puro do que qualquer um de nós? — disse Solomon. — Não, eu nunca conheci um Lamed Vovnik, mas talvez você tenha esse prazer.
— Ele pode já ter conhecido — disse Susan.
Solomon ergueu as sobrancelhas brancas.
— Ah, é?
— As trinta e seis almas podem curar e fazer milagres? — disse Michael.
— Você está fazendo a pergunta errada — respondeu Solomon, balançando a cabeça. — Nada pode limitar as trinta e seis, e nada pode fazê-las executar qualquer coisa que não seja da vontade delas.
— Então podemos conhecer uma e não saber nunca, porque ele, ou ela, pode resolver não revelar sua identidade — disse Michael. — Por outro lado, o próximo Messias poderia sair desse grupo, certo?
— Você sabe que essa é a única parte da minha pequena aula que interessa a você. Estou certo? Bom. Uma verdade que a cabala jamais abandona: Deus quer ser conhecido. Portanto, esse Messias também deve querer ser conhecido. Mas será que ele faz parte dos trinta e seis? — o velho rabino parou de falar com uma sensibilidade para a dramaticidade que era produto de muitos ensaios. — Isso eu não sei dizer.

Os dois americanos ficaram desapontados.
— Talvez só um possa conhecer outro — disse Susan, quebrando o silêncio desapontada. — Quero dizer, talvez só um membro dos Lamed Vov possa reconhecer outro.
Solomon apontou um dedo para o alto.

— Finalmente, você pensou numa possibilidade nova. Estamos falando muito. Venham!

— Ouvi, ó Israel, o último aviso de Yahweh! Não reconheceis o vosso pecado? Reconheceis sim, não podeis escapar. Vossas novilhas estão marcadas e estéreis, vós caminhais na terra em que os vermes devoram os mortos sob vossos pés, e, portanto, morrereis também. Onde está a vaca vermelha que alimentará vossa alma com oferendas queimadas? Quanto tempo ficareis correndo com vossos Nikes sobre os túmulos de vossos pais? O Senhor não tinha Adidas!

Entre os mascates e os curiosos que perambulavam em volta do Ha-Kotel aquela noite, o menino com quem Solomon se preocupava, o filho do vizinho, Davi, assumiu seu lugar. Os olhos dele estavam vidrados de fervor, e enquanto ele gritava, recitando profecias ridículas e avisos inúteis, as pessoas riam ou andavam em volta dele.

A multidão reunida no Ha-Kotel, o Muro Ocidental, continuava lá depois do sol se pôr. A Páscoa é sempre um tempo em que tanto os homens quanto as mulheres se agitam da aurora ao poente. Centenas de orações são escritas em papéis dobrados e enfiadas nas fendas das pedras a toda hora, depois queimadas para a linha direta com Deus não ficar sobrecarregada de chamadas. As folhas de hissopo cobertas de orvalho nessas fendas são amassadas. Do lado de dentro da barreira que separa os devotos dos turistas, preces são murmuradas ou sussurradas. Mas fora dessa área há vendedores ambulantes, mascates, pedintes religiosos que incomodam qualquer pessoa, pedindo uma "doação" para a causa sagrada deles mesmos. Até o hasidim mais ortodoxo, com seu chapéu de abas largas e polainas grossas e pretas, fuma e come, apesar de as regras oficiais irem contra essa profanação daquele lugar sagrado.

A diatribe de Davi não era totalmente louca, porque, para muitos judeus ultra-ortodoxos, a vinda do Messias dependia de um estranho portento: o nascimento de uma novilha totalmente vermelha no estado de Israel. Alguns homens em volta de Davi ouviam atentamente e balançavam as cabeças, concordando. Como ele podia ser tão louco, se dedicava todo o seu coração à vaca vermelha?

Era um mistério que cérebros sábios nunca decifraram, por isso, por que não deixar um cérebro meio louco tentar?

O fato curioso é que aquele local, o ponto mais sagrado do judaísmo, não é sagrado em si, nem Muro das Lamentações é seu nome correto. Essa muralha enorme de calcário dourado, com cerca de dezoito metros de altura, é o que restou do Templo destruído pelos romanos. Portanto, é corretamente chamado de Muro Ocidental, mas é o próprio Templo, e não essa parede que sobrou até o fundo de seus alicerces, que é sagrado. Quando os judeus vão ali para rezar, o mais sagrado dos lugares sagrados, que fica perto do Muro Ocidental — uma câmara na qual só o sumo sacerdote podia entrar uma vez por ano —, é o objeto invisível de devoção. Depois da crueldade de arrasar o Templo, os romanos fizeram os judeus consternados pagar para poder visitar as ruínas, e quando viram os homens e as mulheres chorando desesperados ao entrar naquele lugar devastado, que um dia foi coroado com pilares de mármore e portões de prata e ouro, quem observava deu o nome de Muro das Lamentações. Se você é judeu, não usa esse termo meio ofensivo hoje em dia.

As preces são ditas aqui com esperança e lembrança, mas os dois mil anos de lamentações também continuam. O rabino entoa, "Por suas paredes, que estão caídas", e os fiéis respondem, "Sentamos sozinhos e choramos". O dia de lamentação mais importante é no mês de Av, no solstício do verão, o mês em que o Templo caiu, mas lágrimas não obedecem ao calendário. Na Jerusalém israelense, diferente da Jerusalém das cruzadas e mais tarde dos árabes, que muitas vezes restringiam o acesso dos judeus a um dia por ano, o Muro Ocidental está aberto para todos o ano inteiro.

Como é o caso de muitos esquizofrênicos, era difícil distinguir o olhar de Davi do olhar de um profeta, o que sugere que visões santificadas estão muito próximas de iluminação paranóica. Talvez a grande diferença seja que Davi estava iluminado pelo terror que só podia romper a superfície da sua mente na forma de baboseiras santas: "Eu falo as línguas dos anjos e dos homens, seus montes de pus hipócritas, lixo que Deus ama tanto que queimará vivos para não vê-los saírem do caminho."

Ninguém prestava muita atenção naquele último exemplo da síndrome de Jerusalém. Para a maioria, Davi era objeto de alguma desconfiança, porque a polícia sabia que os túneis por baixo do Muro, que tinham trinta metros ao longo dos profundos alicerces, eram alvos tentadores para os fanáticos. A mesquita de al-Aqsa ficava em cima desses túneis, e, apesar de a superfície do Monte do Templo ser muito bem patrulhada pela polícia árabe e israelense, jamais cessaram os boatos de que o tesouro de Salomão, ou as tábuas de Moisés, ou até mesmo a própria Arca estavam enterrados em algum lugar nos túneis. Uma noite, um louco Davi poderia dar um jeito de pôr uma bomba lá dentro, com o intuito de explodir a mesquita, enquanto seus fãs desejavam fomentar um movimento de massa para cavar em busca dos objetos sagrados profanados pela presença dos muçulmanos.

Contando as mais antigas, dez religiões têm alguma reivindicação a fazer, a maioria do tipo sangrento e doloroso, em relação a esse lugar. Ninguém de fora poderia compreender as intrincadas crenças belicosas escondidas na multidão de visitantes no feriado, quando Solomon se aproximou com Michael e Susan. Eles pararam a três metros da área em que as mulheres tinham de cobrir a cabeça com um lenço e os homens judeus tinham de usar o *tefillin* e aprender com voluntários a recitar as bênçãos.

— Por que estamos aqui? — perguntou Michael.

Solomon ergueu a mão.

— Espere.

Durante um tempo, nada aconteceu à luz do crepúsculo que se apagava rapidamente. Então ouviram um zumbido estranho que parecia não vir de nenhum canto especial. Um dos *hasidim*, um menino pequeno que usava calças curtas e polainas pretas para indicar que ainda não tinha feito o bar-mitzvá, começou a dançar sozinho. Seus cachos, que nunca foram cortados, balançavam enquanto ele rodopiava. As pessoas começaram a prestar atenção nele, não dava para saber por que, pois havia outras crianças barulhentas correndo no meio da multidão. Solomon franziu a testa e apontou para ele.

O menino incluiu algumas bananeiras em sua dança, então seus olhos começaram a ficar vidrados, e ele olhou para cima.

Michael ouviu o toque de um clarinete, à esquerda de onde estava, quando uma banda *klezmer* apareceu. O menino já estava muito agitado, mexendo os braços. Será que estava implorando a Deus, ou convidando os outros hasidim a participarem da dança comunitária, que era costume nos casamentos ou no sabá? A expressão de Solomon ficou sombria, e ele balançava a cabeça. As pessoas começaram a bater palmas e, subitamente, conforme o zumbido no ar aumentava, o menino atraiu um grande grupo de pessoas.

— O que está acontecendo? — perguntou Susan, mas o velho rabino tinha virado para o outro lado, segurando os braços dos homens atraídos pela dança.

— Não. Fiquem aqui. Não vão para lá — disse ele.

Alguns obedeceram, a maioria olhou para ele com espanto, soltou o braço bruscamente e se afastou.

O céu estava claro e Michael podia ver as primeiras estrelas aparecendo, mas não prestava atenção nelas — um facho de luz branca azulada tinha surgido, no início bem fraquinha, brilhando sobre o menino que dançava. O olhar dele ficou mais extático e ele começou a pular e a dar cambalhotas como um dançarino medieval, espalhando veneno de aranha numa frenética tarantela. Vendo o facho de luz ficar mais brilhante, Michael puxou Susan para longe.

— É incrível — ela murmurou, sem querer acompanhá-lo.

— Por favor, foi isso que eu vi com Yousef — avisou Michael, mas a multidão gritava tão alto, centenas de pessoas balançando em volta do menino, que Michael não teve certeza se Susan tinha ouvido.

— Não, voltem! — pedia Solomon para quem lhe dava ouvidos, mas o facho de luz estava ficando muito mais largo, e a cor ficou luminosa, hipnótica, e o ar criava uma música própria, zumbindo, já mais fresco, com uma brisa que levantava os lenços das mulheres e embaraçava o cabelo dos poucos homens com a cabeça descoberta. A dança comunitária envolvia a todos, e a banda *klezmer*, encorajada a entrar no ritmo, trocou as antigas melodias *shtetl* da Polônia e da Rússia pelo pop mais agitado do "rock hasídico", que se ouvia nos táxis que subiam e desciam a Via Dolorosa.

— Isso vai ser um desastre! — Michael gritou para Solomon. Era estranho só os dois serem os estraga-prazeres no meio daquele grupo que já ocupava toda a área, incluindo os homens idosos, que paravam de balançar a cabeça em suas preces diante do Muro e batiam palmas junto com a multidão.

— Precisamos ficar! — berrou Solomon. — Mas temos de nos proteger.

Ele apontou para as duas aberturas em forma de arco, à esquerda da seção dos homens, e começou a puxar Michael.

— E a Susan? — protestou Michael.

Nunca deixariam Susan passar pela barreira. Solomon, lembrando disso de repente, apontou para outra rota de fuga, pelos túneis. Os três começaram a abrir caminho no meio da multidão, que não estava muito compacta nas extremidades. Passaram bem depressa por baixo de uma abertura escura perto do Muro, onde alguns degraus íngremes levavam para os túneis.

— Parem aqui — disse Solomon calmamente, podendo ser ouvido com a voz normal pela primeira vez.

Quando Susan e Michael viraram para trás para ver a praça, ficaram atônitos. Não dava mais para ver o menino dançarino, porque todos que estavam no centro da roda, talvez quinhentas pessoas, tinham formado uma massa compacta em volta dele, agarrados uns aos outros, até virarem um único organismo oscilante e histérico. Mulheres e homens gritavam em hebraico, e o organismo começou a girar no raio de luz, totalmente envolto por seu brilho.

De longe parecia uma estranha comunhão de felicidade, só que nem todos conseguiam acompanhar a roda girando. Primeiro uma mulher idosa, depois duas crianças pequenas tropeçaram e caíram. Os corpos unidos não pararam e pisotearam os três, e o rock hasídico abafou seus gritos. Michael estremeceu e segurou Susan bem perto dele.

— Eu devia ter tirado você daqui — sussurrou ele.

— Não deu tempo — ela disse, sem conseguir desviar os olhos do espetáculo.

Como um monstro com muitas cabeças, a multidão começou a uivar. Mais gente caiu sob os pés dos dançarinos, e mesmo assim a luz atraía cada vez mais pessoas. Michael sentiu seu coração batendo acelerado, não só por causa daquela visão terrível, mas também de medo de ser puxado para lá. Pois o raio de luz era como a visão que todos tinham da luz de Deus, e, à medida que ia ficando mais brilhante, ele compreendeu por que as pessoas que estavam à morte ficavam angustiadas se não conseguiam ir para a luz, ao largar o fardo da vida terrena. Ali estava uma luz que não precisavam rejeitar — não podiam rejeitar —, e a massa de corpos continuava dançando, apesar do sangue sob seus pés.

Solomon pareceu ler a mente de Michael.

— Você não vai correr para lá — disse ele.

Por que não? O que me impede?, pensou Michael, mas não havia tempo para especulações. Conseguiu avistar o menino Davi de relance, sobre os ombros de outro dançarino, berrando para o céu coisas delirantes, que eram abafadas pela histeria ensurdecedora.

— Tem de haver uma outra saída — Michael gritou.

A luz estava se expandindo e chegando mais perto do lugar protegido em que estavam.

Solomon balançou a cabeça.

— Não estamos aqui pela nossa vontade. Esse é o começo do mundo, não o fim.

— O que quer dizer?

— Esse é o salvador deles, o que vai modificar a história.

Antes de Solomon poder explicar melhor, a dança mudou. Os rostos suados dos dançarinos, vermelhos e inflamados de emoção, começaram a se abrir com algum tipo estranho de erupção cutânea. Em algumas pessoas, depois mais e mais a cada minuto, feridas apareceram nos braços e nas mãos. Os afetados tentaram ignorar esses sinais e continuaram dançando — talvez achassem que Deus os estava testando, como Jó, ou que era uma purificação. Mas esse estágio passou rapidamente. Michael viu as feridas inchando e gritos de pânico se misturaram aos berros de êxtase. Rápido, rápido demais para escapar, a luz começou a queimar.

Não, não, ele pensou, sabendo que devia ter sido assim na aldeia. Abraçou Susan com mais força, sem olhar para ela, só querendo salvá-la da tentação louca de correr para o monstro. A luz celestial brilhava tanto que de fora não dava para ver o que estava acontecendo, mas a cada dois ou três segundos outra vítima saía correndo, toda queimada, com a carne pendurada em tiras sanguinolentas, ou então com as mãos nos olhos. A cegueira estava começando e não havia como evitar o massacre. Os dançarinos pisoteavam uns aos outros, escorregavam no próprio sangue e morriam ou matavam sem ver nada, só escuridão.

Mesmo horrorizado, uma parte da mente de Michael ficou de fora desse espetáculo e quis... *rir*. O absurdo do que estava vendo, todo aquele melodrama sangrento, tinha roubado sua sanidade, liberando a tensão da visão incrível por meio do riso demente, ou então a vontade de rir devia ser outra coisa. Michael não achava que tinha enlouquecido, e o riso não era a catarse que explode no rastro do fato, quando o sofrimento é imenso e a iminência da morte só pode ser combatida com uma dança alegre na presença do cadáver. O riso e a morte sempre foram companheiros de cama, mas ele sabia que, se começasse a dar risada, não seria uma espécie de hilaridade cruel. Nem imaginava o que seria.

Naquela hora não havia tempo para pensar nessa reação estranha. A luz assassina estava mudando — dava para ver que piscava um pouco e foi diminuindo aos poucos. A força que mantinha as pessoas indefesas dentro dela também deve ter diminuído, porque, de repente, dúzias de vítimas saíram cambaleando, algumas meio cegas, que conseguiam ver o caminho para um lugar seguro, outras andando aos tropeços, em ziguezague, desamparadas, berrando para alguém pegar suas mãos e guiá-las.

— Vem! — Susan gritou, pulando do abrigo do arco de pedra na boca do túnel. Ela foi para o meio da multidão, pegou uma criança pela mão e embrulhou-a com seu vestido. As roupas da menina estavam quase totalmente queimadas.

— Não! — Solomon gritou quando Michael partiu imediatamente atrás dela, mas a necessidade de cuidar dos feridos sobrepujou o medo do perigo.

Michael começou a chamar médicos e enfermeiras que estivessem ouvindo. Alguns se apresentaram, os que estavam fora da luz ou que tinham conseguido escapar do seu poder por alguma razão desconhecida.

— Onde fica o hospital mais próximo? — perguntou Michael.
— Temos de evitar que todas essas pessoas morram de choque, e precisamos iniciar a triagem das maiores vítimas de queimaduras. A metade deles estava prestes a desmaiar de choque também, mas alguns sobreviventes apontaram para as costas de Michael, para o Portão Jaffa e a Torre de Davi mais adiante.

— Oeste — alguém balbuciou ali perto, querendo dizer que a parte moderna da Jerusalém Oriental era onde havia os hospitais e as ambulâncias necessários. Michael sentia-se impotente. Não tinha material hospitalar, equipamento, nem mesmo cobertores à mão.

— Precisamos fazer alguma coisa. Será que conseguimos levá-los para dentro das casas nas ruas próximas?

A essa altura, vendo que a tragédia era muito maior do que qualquer coisa que ele e seu pequeno grupo de sobreviventes pudessem tratar, Michael olhou em volta, à procura dos outros. Susan estava abaixada no lado das mulheres, ajudando a levar as pessoas mais feridas para um lugar seguro perto do Muro, onde pudessem deitar. O chão estava cheio de livros de oração chamuscados ou pegando fogo. Os rolos do Torá, que eram guardados nas estantes no lado dos homens, estavam espalhados por toda parte, também em chamas. Michael não viu Solomon na confusão das vítimas, que agora andavam de um lado para outro chamando parentes e amigos. Então, por sorte, abriram um espaço, e através dele Michael avistou Solomon segurando Davi, o menino louco, que de algum modo tinha sobrevivido, com pequenas queimaduras no rosto e nos braços.

— Traga-o para cá — gritou Michael. — Ele pode estar em choque. Posso pedir para alguém levá-lo para casa.

Mas Solomon, se ouviu, não deu atenção. Ele não estava cuidando do menino. Michael notou que ele sacudia Davi pelos ombros. O menino parecia atordoado. O rabino começou a berrar com ele e depois deu-lhe um tapa no rosto. Isso provocou uma mudança dramática no menino, que balançou a cabeça, como se estivesse despertando de um sono induzido por drogas, e na mesma hora livrou-se das mãos de Solomon. Um segundo depois, já corria pela rua Al Wad, voltando para o centro do bairro Judeu.

Michael ficou confuso com aquela cena silenciosa. Sentiu que estava assistindo a uma peça com uma trama secreta. O espaço entre as pessoas se fechou de novo, e ele perdeu Solomon de vista. À direita, onde o Muro encontrava terra islâmica sob a mesquita Al-Aqsa, a comoção subitamente ficou mais intensa. Ele viu pessoas se amontoando em volta de alguém que caminhava na sua direção.

— Susan! — Michael chamou, mas antes de Susan virar e responder, o facho de luz, que continuava diminuindo sempre, começou a estalar como se estivesse carregado de energia. Ele sabia que era hora de correr, mas a multidão não parecia mais hipnotizada pela luz. Abriram um espaço, e no meio daquela massa de gente Michael viu o Profeta. Estava com o mesmo manto branco de antes, com o rosto virado para cima, falando com a luz, com voz de comando.

— Isso... não... pode... SER!

As palavras tinham um volume quase sobrenatural. As pessoas recuaram, cobrindo as orelhas. O Profeta avançava para a luz com uma expressão implacável e a luz pareceu tremer um pouco. Ele abriu os braços e surgiram lágrimas em seus olhos, como se suplicasse a um Deus que flutuava acima da cabeça dele.

— Jerusalém, que mata seus profetas e apedreja os que são enviados, não tema! Venha para a minha misericórdia.

Ele tinha passado de inglês para hebraico, e Michael percebeu que muitos espectadores ficaram abalados e outros profundamente comovidos. Ficou imaginando se a citação das palavras de Jesus era zombaria gratuita do Profeta. Mas a encenação dele não tinha nada de evasiva. A luz assassina diminuiu rapidamente, levando com ela o tenebroso zumbido, e o raio ficou tão estreito que funcionou como um holofote para o espetáculo do Profeta.

Michael não se surpreendeu com o que aconteceu depois, uma repetição das curas milagrosas sob as oliveiras na Galiléia. Vítimas cegas e queimadas corriam para serem tocadas, e cada vez que o jovem milagroso atendia, usando seu poder apenas com a ponta de um dedo, ou segurando dramaticamente o rosto de alguém com as mãos, a multidão reagia com gritos e berros de êxtase. A turba quase ficou frenética de novo, na ânsia de chegar perto dele. Apenas Solomon e seu pequeno grupo ficaram de longe.

— Então é esse — disse Susan. Ela parecia impressionada, apesar de desconfiar daquela entrada perfeita no último minuto. — Estou vendo por que Nigel está louco para apresentá-lo ao mundo.

— Agora haverá montes de Nigels, é questão de dias — resmungou Michael.

Ele virou para a direita e viu Solomon balançar a cabeça com desprezo antes de sair andando para uma das ruas estreitas.

— Espere, Rebbe, sabe o que está acontecendo aqui?

— Sei, eu tenho essa sorte — disse Solomon, e desapareceu nas sombras do bairro Judeu.

CAPÍTULO CINCO

Rumo a Regiões Desconhecidas

Eram dez horas, mas Bella estava dormindo no quarto no segundo andar quando ouviu a porta bater e vozes aflitas.

— Rápido, esconda-se!

— Ora, estamos a salvo aqui dentro, não estamos?

— Não, faça o que estou dizendo. Ele é um lobo, tem um bom olfato, e não quero provocá-lo.

Ela reconheceu a voz do marido e as dos dois americanos. Preocupada e curiosa, vestiu o robe, pôs a peruca e foi para o topo da escada. Não tinha resolvido se ia chamá-los ou não, quando o marido a viu lá em cima.

— Por favor, volte para a cama — disse ele, muito sério.

Mas, então, ela ouviu uma barulheira que parecia vir da rua. Abriu uma janela de treliça e viu uma multidão se espremendo na passagem estreita. Os sons de gritos e conversa animada chegaram aos seus ouvidos. Ela resolveu descer correndo.

— Vocês trancaram a porta? — perguntou ela, entrando na sala, apressada. — Nunca estive num *pogrom*, graças a Deus, mas estou com um pressentimento muito ruim agora.

Solomon ficou impaciente.

— Esses não são cossacos, mulher, e não vão arrebentar a porta com machados — mas o velho rabino parecia muito aflito e decidido quando virou para os americanos. — Tem uma coisa que vocês não podem presenciar, entendem? Bella, leve-os para cima.

— Estou completamente confuso. Esse falso Messias já me viu, e eu também o vi. Que tipo de perigo nos ameaça? — perguntou Michael.

Mas o vozerio da multidão estava muito mais perto, e já podiam ouvir as reclamações e os gritos dos vizinhos chegando às janelas, depois de serem acordados pelo barulho. Susan estava com uma expressão estranha e implacável. Balançando a cabeça para fazer Michael parar de protestar, ela segurou a mão dele e levou-o para o andar de cima com a mulher do rabino.

Sozinho, Solomon abriu a porta. Saiu da casa, mas quase na mesma hora foi empurrado de costas até a parede de fora, pelas primeiras fileiras da multidão. O grupo estava vindo do Muro, acenando com camisas à guisa de bandeiras, brandindo tochas improvisadas. Ele ia aparecer logo. Solomon esperou, tenso.

— Então era isso que esperava de mim? — ele resmungou baixinho. — Passei cinqüenta anos tentando compreender o que tinha acontecido com a minha gente, e agora pede o que não posso dar, nem mesmo para você?

A multidão estava mais compacta em volta do Profeta, tão espremida e unida como em torno do menino dançarino sob a luz. Solomon não podia se mexer, mas gritou.

— Impostor! Pare com essa maldade e mostre quem você é!

As pessoas perto dele olharam espantadas. Algumas riram e tentaram empurrá-lo. Mas o senso de oportunidade de Solomon foi impecável — o Profeta, apesar de rodeado de gente, estava quase na frente da casa dele.

— Não há nada de puro aqui. Ele está tentando enganá-los, todos vocês!

Achando que o velho devia ser louco, algumas pessoas se afastaram, e Solomon teve uma linha direta de visão do Profeta, que parou no meio da rua com uma expressão curiosa. O velho rabino deu dois passos para a frente, com a cara muito séria e furioso.

— Eu sou o rabino Solomon Kellner, um homem velho. Vivi tempo demais com meus segredos, mas agora não tenho escolha. Venha me enfrentar.

Entre assobios e gritos da turba, o Profeta pareceu confuso. Virou a cabeça de um lado para outro, como se fosse surdo de um ouvido, tentando descobrir de onde vinha o som misterioso.

— Quem é você? — ele gritou, e parecia estar falando com um fantasma.

— Sou muito mais que você, e muito menos — respondeu Solomon, com um tom de escárnio na voz. — Prefiro ser morto por

Sameel, o demônio consorte de Lilith, do que ser curado de lepra por suas mãos.

Esse desafio bizarro fez o Profeta dar uma risada. Ele levantou a mão ao ver dois homens zangados avançando sobre o velho rabino.

— Deixem-no em paz.

— Mas mestre, ele não merece estar na sua presença — disse um dos homens, um idiota com o rosto vermelho que ainda tinha algumas marcas de queimadura nos braços.

— Eles já estão chamando você de mestre? — zombou Solomon.

Outros elementos da turba começavam a ficar irados, e Solomon abriu a porta e recuou para dentro da casa, sem fechá-la. O Profeta, apesar de ainda parecer meio confuso, caminhou na direção da casa.

Dentro da sala, Solomon ficou firme, olhando intensamente para o Profeta parado na soleira. O milagreiro não entrou, apenas cheirou o ar, curioso.

— Tem mais gente do seu bando aqui, hein? — ele disse.

Em silêncio, Solomon continuou encarando o outro. Ouviu um grito abafado atrás dele, e a voz de Bella.

— *Der Teufel!*

— Fique quieta e não tenha medo — sussurrou Solomon sem virar para trás. — O diabo não está na nossa sala de estar.

Mas, no mesmo instante, o Profeta deu um passo, com cautela, e entrou na sala. Aparentemente Solomon era invisível para ele, mas ele viu Bella, de pé, com uma sopeira e uma concha na mão. Nervosa, sem conseguir ficar quieta, Bella havia corrido lá para baixo para lavar a louça do jantar, e saiu apressada da cozinha quando ouviu o marido entrar.

— Essa casa é sua, e está sozinha? — perguntou ele.

— Eu estava fazendo sopa — respondeu Bella, perturbada, e sem conseguir esconder o medo. — Por favor, leve essas pessoas embora.

Se tivesse dado mais dois passos, o milagreiro esbarraria em Solomon, mas ele parou de repente.

— Sinto cheiro de trapaça aqui — disse ele. — E quando sinto esse cheiro, jamais perco o rastro. Viva em paz.

Ele deu meia-volta e saiu rapidamente. Solomon fechou a porta, e Bella desabou num sofá forrado de chintz.

— Eu disse para você ficar escondida — reclamou Solomon com suavidade.
Bella não parava de sacudir a cabeça.
— *Der Teufel*, na minha própria casa. O que vamos fazer? E se ele voltar?
Ela parecia a ponto de chorar, amedrontada, com uma sensação que não tinha nada a ver com a presença inofensiva e até benigna que os outros viam no belo curandeiro.
— Se ele voltar — Solomon respondeu calmamente —, procure não oferecer sopa para ele.

Solomon estava muito falante. O desejo de transmitir todo seu conhecimento para eles ficou irresistível de repente. Antes de liberá-los para o hotel que havia prometido, ele insistiu em elaborar melhor o tema das trinta e seis almas puras.

— Tive de levá-lo para o Muro Ocidental, o Ha-Kotel, para ver pessoalmente, para avaliar se estamos chegando a um estado de emergência. Agora sei que estamos.

Michael estava esgotado demais até para sentir curiosidade, que dirá para se distrair com o estilo docente do velho rabino.

— Nada de introduções, por favor — disse ele. — Conte o que está acontecendo. Seja o mais direto e claro que puder.

Solomon ficou meio aborrecido, mas resolveu atender ao pedido de Michael.

— Eu disse para você algumas horas atrás que contaria uma coisa sobre o seu mundo, mas primeiro tinha de contar sobre o meu. Agora você viu um pedaço muito pequeno do que eu quis dizer.

— Então a cena no Muro... é uma coisa com a qual está acostumado? — Michael perguntou incrédulo.

— Sim, e não. Talvez ajude se eu explicar assim: "alma pura" significa muito mais do que alguém que lustra uma maçã e a deixa na mesa de Deus, e mais do que alguém muito virtuoso. Puro também significa "claro", e as trinta e seis são totalmente claras.

— Quanto a quê?

— Quanto a tudo. Não podem ser ludibriadas, o que significa que vivem a verdade. É isso que os textos sagrados querem dizer quando afirmam que alguém vê a luz. Elas não estão dormindo, nem são cegas como o resto de nós. Deus precisa dessa clareza para manter o mundo. Você acha que as estrelas, as montanhas e os mares existem por eles mesmos? São vagos e sombrios como sonhos. Para manter esse mundo intacto, Deus precisa de alguém que sonhe com ele, século após século. Sem um sonhador, tudo o que você vê desapareceria. Esse é o significado secreto que há por trás das histórias do Torá sobre Deus destruindo a terra.

Estavam conversando na sala de estar, todos juntos. Susan sentada no tapete, perto dos pés de Michael. Bella, com direito à melhor poltrona, tinha adormecido. Como Susan absorvia o discurso do velho rabino sem dizer nada, Michael ficou imaginando se ela também não tinha caído no sono.

Solomon continuou.

— Pense nas trinta e seis como uma cola que Deus usa para manter a criação inteira. A Cabala ensina que as Lamed Vov são o mecanismo capaz de ligar toda a consciência humana. Normalmente as trinta e seis simplesmente existem, o que poderia chamar de sistema passivo. Mas o poder da Criação flui através delas, e se elas resolvem assumir o controle desse poder, podem literalmente modificar a realidade. É nesse ponto que nos aproximamos do cerne do nosso problema.

Michael nem ousava olhar para Susan. Era complicado demais, vasto demais, confuso demais, e totalmente irreal. Estavam pedindo para ele acreditar num Deus que interferia na própria criação por meio de uma rede de agentes secretos anônimos.

— Tudo bem — disse Michael meio ressabiado. — Existem trinta e seis almas puras. Não vejo qual a relação delas com o desastre desta noite.

O rabino deu um sorriso amargo.

— Mas verá, meu filho. A Cabala ensina que cada uma das almas puras tem sua contrapartida, para tudo se equilibrar, como Chokmah compensa Binah e Kether contrabalança Malkuth. Dezoito pares. Pense neles como os cromossomos de Deus. Dizem que, se todo o resto da criação morresse, poderia ser recriado a partir dos ossos das trinta e seis.

O rabino instalou-se na cadeira diante de Michael e olhou com tristeza para a chama de uma vela no centro do parapeito da janela.

— Enquanto as trinta e seis existirem, o Pacto será mantido, mas se elas perderem o equilíbrio, a Criação ficará vulnerável, como acontece agora, quando o antigo inimigo do lado negro das trinta e seis aparece.

— Então é isso que ele é? — Susan perguntou subitamente, sem poder se controlar.

Solomon fez que sim com a cabeça.

— Porque ele está tão longe da luz quanto as trinta e seis estão próximas, eu o chamo de Mentiroso ou Alma Negra. Ele não é Satã, nem um demônio, e sim um ser humano que viu a luz e escolheu se afastar. Lembra quando mencionei que as almas puras têm certos poderes? Bem, eis um mistério: eles não devem ser usados. Seu poder é um subproduto do conhecimento que têm de Deus, nada mais.

Muito conveniente, pensou Michael, olhando para o rosto do homem idoso. Sentia o calor de Susan sentada ao seu lado. Mesmo ela e Solomon sendo amigos, não podia acreditar que Susan tivesse ouvido aquilo dele alguma vez.

— Então, com seu poder, as trinta e seis poderiam fazer muitas coisas. Poderiam afastar a morte. Mas nada em toda a Criação foi feito para ser eterno, a não ser a mente de Deus. Em vez disso, cada Lamed Vov morre na sua hora, e outra alma pura nasce para ocupar seu lugar. Agora vou apresentar um problema. Não há mais trinta e seis, no entanto restam trinta e seis.

— Isso é um enigma — disse Susan. — Se uma delas se foi, como podem restar trinta e seis? — ela parecia um pouco indignada.

— Uma traiu as outras. Ele não morreu — o velho estava muito sério agora. — Havia um jovem... podem chamá-lo de Ishmail, a Alma Negra, aquele que mente para Deus. Ele era um dos Lamed Vov. Chegou sua hora de morrer, mas ele não morreu. Usou o poder que tinha adquirido para ficar fora da Criação, fora do tempo. Para zombar de Deus da pior forma possível, recusando-se a ouvir.

"Estão vendo nosso problema agora? O Mentiroso não estava morto, por isso seu substituto não podia nascer. Mas ele não era mais uma alma pura, então o Pacto com Deus não podia ser mantido: as trinta e seis almas não eram mais trinta e seis. O que fazer? Tiveram de improvisar... trazer alguém do meio dos candidatos promissores, para a estrutura da Criação poder continuar inteira. É claro que, se escolhessem a alma errada, ela seria destruída pela Glória de Deus, em vez de partilhar do seu poder, e Ishmail ganharia um tempo precioso para concretizar a vontade dele, talvez até subornar outros Lamed Vov.

"Ele sabe disso, e por muitos séculos, toda vez que surge uma chance de ser substituído, ele volta para este mundo para provocar o desastre e o caos insuportável. E agora ele voltou. Ninguém conhece seus planos. Mas vocês viram o jovem fazedor de milagres arrebanhando seguidores. Ele finge ser bom, mas só fazer o que ele faz já é insultar Deus. Ele exibe seus poderes de transformação abertamente, sem se importar com os efeitos que produzem nas almas dos que não despertaram. E ele pretende destruir cada um que possa completar o número sagrado. Como Davi está sendo destruído."

— Davi? — perguntou Michael, espantado.

— É — disse Solomon com uma tristeza enorme. — Um bom menino, estudioso... ele poderia ter se purificado ao máximo, se tivesse tempo. E Ishmail sabia disso: ele chegou até o Davi e enviou visões do Apocalipse.

E fez o mesmo comigo, pensou Michael. Mas a comparação era monstruosa demais, egoísta demais, e foi descartada.

— Agora Davi caiu. E Ishmail já está bem seguro de que pode se apossar do mundo dos homens como bem quiser.

— Desculpe — disse Michael apressadamente, levantando, com o coração acelerado. — É que... tenho certeza que está sendo sincero... — ele parou, sem certeza do que ia dizer. — Eu não sou uma delas — finalmente conseguiu explicar. — Eu não sou puro. Nem acredito em Deus. Pode ser que até O deteste.

— E por que não? — perguntou Solomon, confuso, sem parecer ofendido. — Você pensa que nunca amaldiçoei Deus? Na América vocês pregam que o amor de Deus é fácil, que chove do céu como sopa, e que tudo que é preciso fazer é segurar um pote e encher. Então você segura o seu pote e... surpresa! Não tem nada lá.

E você chora enormes lágrimas de crocodilo. Pensa que qualquer coisa que não é fácil é impossível. Você se engana. O amor é como o ouro, não como sopa: você tem de cavar muito para encontrá-lo, mas ele está lá.

"Os livros sagrados declaram que cada Lamed Vov vê tanto sofrimento que seu coração congela e vira um bloco de gelo. Depois da morte, Deus tem de aquecê-lo em Suas mãos por mil anos. Só então a alma pode entrar no Paraíso. Quando você tiver sofrido tanto assim, venha a mim e conte o seu ódio a Deus."

Michael balançou a cabeça desesperado.

— Esse Profeta que você chama de Ishmail, basicamente está dizendo que ele é o Anticristo, mas quer que eu o enfrente e lute contra ele. Não diz exatamente como. Sou um homem comum, não um "candidato promissor".

Susan olhava para ele assustada.

— O que deu em você? Ninguém disse nada sobre você, nem sobre o que você tem de fazer. Acalme-se.

O velho rabino balançou a cabeça.

— Procure as respostas no seu coração. Deus não fica espalhando Suas intenções. Vou ligar para o meu genro no hotel.

Quando Solomon saiu da sala Michael virou para Susan.

— Mas o que eu devo fazer? — ele perguntou zangado. — Todo mundo diz para eu seguir meu coração. Bom, tenho um boletim para todos. Meu coração não diz absolutamente nada além de tum-tum-tum, na velocidade de um cavalo de corrida.

Susan deu um sorriso meio de lado.

— Ou você descobre o que tem de fazer, ou esse Ishmail vai encontrá-lo e definir tudo para você.

— É essa a sua idéia de consolo? — perguntou Michael.

Solomon voltou para a sala, segurando um pedaço pequeno de papel.

— Vocês conhecem a cidade? — ele perguntou, e Susan fez que sim. — Ótimo. Eu liguei para Yacov. Ele reservou um quarto para vocês. Aqui está o endereço. Vão com Deus, e não fique aqui mais de uma noite, Michael. Você pode não acreditar que é um dos eleitos, mas ele sim. E ele tem medo de você.

— Maravilha — disse Michael. — Quem sabe não é um poder de aprendiz... eu o faço tremer de medo de morrer de rir quando me vir de novo. Paralisia afeta algumas pessoas dessa forma.

O Hotel Nova Jerusalém ficava na periferia do bairro Cristão da Cidade Velha, perto do Portão Jaffa. Com cem anos de idade, tinha a mesma aparência gasta de grandeza decadente do Grande Hotel Sírio, em Damasco. Os dois eram um marco do império antigo, cada qual uma relíquia de um mundo incompreensível em termos modernos, tão inatingível quanto a Atlântida perdida.

Numa noite que parecia transbordar de tantos presságios, foi outro milagre o carro estar onde Susan tinha deixado. Usaram-no mais uma vez, e agora ele estava estacionado numa ruela alguns quarteirões adiante. A bolsa de viagem de Susan ainda estava dentro da mala, mas as coisas de Michael ficaram reduzidas às roupas que usava antes mesmo de iniciar aquela busca. Ele encostou numa coluna enorme de mármore falso, enquanto Susan, cujo domínio de línguas era muito extenso, foi até a recepção para tratar do quarto no hotel. Mesmo à meia-noite, o saguão do Nova Jerusalém estava apinhado com uma mistura cosmopolita de viajantes, carregadores do hotel, vendedores e guias, e Michael maravilhou-se com a habilidade de Solomon Kellner de arranjar um quarto para eles naquela época, a mais movimentada de todas, com genro ou sem genro. Em volta dele, no desgastado esplendor oriental do saguão, diversos estrangeiros se amontoavam com suas pilhas empoeiradas de malas, discutindo uns com os outros e reclamando com a equipe do hotel. Vendedores anunciavam tortas de carne e refrigerantes quentes, cruzes de folhas de palmeira e rosários de madeira de oliveira — junto com pedaços da verdadeira cruz a granel, pensou Michael com amargura.

Ele ouviu algumas vozes falando o inglês da América naquele vozerio. Depois de muito tempo sem ouvir a língua, o inglês pareceu alto demais, sem graça e sem entonação, como cães latindo. Mas não ficou tentado a se apresentar para nenhum compatriota. Seus olhos ardiam e estavam secos de falta de sono, e sentia um vazio indefinível na barriga, que não era fome.

Foi um alívio quando Susan voltou da recepção, segurando uma chave antiquada com um chaveiro de bronze entre os dedos.

— Nosso quarto está pronto. A aniquilação terá de esperar, pelo menos até eu tomar um banho.

O quarto ficava no quinto andar, com vista para uma pacata rua de fundos. Michael achou que devia ser o quarto especial que todo hotel mantém para emergências mais sérias. Era bom demais para estar desocupado durante a Semana Santa por qualquer outro motivo.

O lugar tinha um cheiro limpo e quente, como o de lençóis recém-saídos da secadora. A mobília era dinamarquesa moderna, dos anos 60, com suas linhas baixas e elegantes se contrapondo às proporções vitorianas do quarto. Uma porta semi-aberta dava para um banheiro com uma antiga banheira de ferro, com pés em forma de patas.

Susan foi até a janela e abriu. O vento da noite era fresco e cheirava a laranjas e temperos, escapando de um exaustor.

— Você acredita nele? — Michael perguntou para ela.

— Em quem, em Solomon? Acho que tenho de acreditar. A verdadeira pergunta é o que isso significa. Tenho certeza que vamos acabar sozinhos nessa história. Seu fazedor de milagres vai varrer o mundo feito um fogaréu, você sabe disso.

Michael concordou, balançando a cabeça. Afastou as mãos dela, ficou de pé e chegou à janela.

— As pessoas não atravessam ilegalmente a Linha Verde simplesmente para se divertir, especialmente administradoras de segundo escalão da OMS. Você sabia o que ele ia me dizer, não sabia?

— Tinha quase certeza — admitiu Susan em voz baixa. — Sabia que ele era um estudioso dessas coisas. Isso não é estranho à realidade de Solomon.

— A palavra *realidade* está aparecendo com muita freqüência nas nossas conversas — observou Michael, olhando fixo para um prédio árabe do outro lado da rua. Viu uma família discutindo em volta de uma mesa com pratos usados e garrafas de vinho. —

Acontece que, quando utilizada de modo apropriado, a palavra *realidade* refere-se a coisas que são reais.

— Nem sempre funciona desse jeito — disse Susan. — A mente humana tem a tendência de equacionar o desconhecido com o impossível. O que torna uma coisa real? No final das contas, apenas o fato de sabermos que existe. Mas milhões de coisas poderiam estar simplesmente escondidas, prontas para pular em cima da gente.

— Não consigo deixar de ficar aborrecido com o que Solomon nos disse.

— Por quê?

— Ele disse que ia contar uma coisa sobre o meu mundo, mas o que fez na verdade foi arrebentá-lo. Que mundo é esse em que trinta e seis pessoas, supondo que isso tudo não é uma fantasia, podem erguer apenas um dedo e resolver tudo?

— Era isso que você queria?

— Meu cérebro não está muito preparado no momento, mas você não gostaria disso?

— Não sei. Esses Lamed Vov, qual seria o efeito em pessoas comuns, se eles chegassem dançando nas nossas vidas, deixando tudo perfeito? Muitas outras coisas que nos tornam humanos, a luta, a esperança, o heroísmo, simplesmente acabariam, não é?

— Você não sacrificaria essas coisas para acabar com o sofrimento, a doença e as guerras?

— É isso que é estranho. Na maior parte do tempo os seres humanos não são definidos por coisas boas e nobres. Fazemos a sujeira para depois limpar, criamos inimigos e formas obscuras de ignorância contra as quais temos de lutar. Talvez as trinta e seis almas nos reduzissem ao esqueleto de nós mesmos, porque não restaria mais nada contra o que lutar. Nossas vidas seriam extremamente tediosas e independentes da nossa vontade.

— Então você está dizendo que todas as guerras valem a pena? — disse Michael. — Todas as pessoas que morrem de fome, que ainda morrem todos os dias de doenças que já sabemos curar há quase um século, que são chutadas até a morte por soldados só por estarem no meio de uma estrada poeirenta, fugindo da destruição... tudo isso vale a pena?

— Certamente — disse Susan num tom sarcástico, a voz cortando o escuro. — Dê-me a sua versão. Quando tiver o seu paraíso na terra, o que vai acontecer?
— O que você quer dizer? Você tem o paraíso na terra. O que mais poderia haver?
— As pessoas vão continuar morrendo — disse Susan. — Mesmo se só morrerem de velhice. E os novos Lamed Vov que nascerem... são eles que têm de manter o paraíso funcionando, certo? Talvez não possam fazer isso a não ser que nasçam num mundo que precise deles, e lá se foi seu paraíso em apenas uma geração, bem na hora em que as pessoas vão estar começando a esquecer. Ou digamos que as primeiras almas puras que criam o paraíso decidem usar seus poderes para acabar com a morte? O que vai acontecer então?
— Todos viverão para sempre?
— Isso simplesmente não levaria a um mundo senil para todo o sempre? E se resolver isso, a superpopulação vai se transformar no maior mal. Com o tempo não haverá mais opção nenhuma para ninguém, só para nossos ditadores de almas puras. Mesmo se os Lamed Vov fizessem milagres para alimentar cada boca faminta com maná do céu, quanto tempo até restarem apenas robôs sem almas para cuidar?
— Tudo bem — disse Michael lentamente. — Mas por que eles não podem fazer alguma coisa? Curar o câncer, ou a Aids, ou salvar a Amazônia?
— E como é que fariam para parar por aí? Quanta interferência é correta, e quanta é demais? Você sabe? — perguntou Susan.
Michael balançou a cabeça, frustrado.
— Mas não faz sentido. Eles são perfeitos, não são?
— Perfeitos bastante para conhecer seus limites, é o que parece.
— Você andou pensando muito nisso — disse Michael conformado, afundando mais na poltrona e sem se convencer da conclusão de Susan.
— Não tanto quanto você terá de pensar — disse Susan.

Depois de esperar tanto, fazer amor teve aquela intensidade especial que parece afastar todas as preocupações menores e que uniu os dois com a compreensão. O que quer que acontecesse em suas vidas, teriam um momento de honestidade e comunhão íntimas que seria o alicerce do futuro dos dois.

— Por que você gosta tanto de mim? — ele perguntou para ela depois. — Porque descobriu que sou um deus?

— Não — Susan riu. — Porque descobri que provavelmente nós dois estaremos mortos amanhã.

Veterano de muitos plantões longos, e noites sem dormir, Michael tinha virado um conhecedor das horas que antecedem a aurora. Cada uma tinha a sua textura, seu gosto peculiar. Mesmo num quarto sem janelas, dava para sentir a noite passar, cada fase indo embora, seguida por outra, como um desfile de criaturas noturnas sob um céu escuro.

Na cama, a respiração ritmada de Susan testemunhava seu sono calmo e tranqüilo. Ele a invejava por isso, mesmo que por uma noite não tivesse sido assombrado pelas visões.

Talvez não haja mais premonições, pensou Michael. *Não é mais necessário. Ele está aqui.*

Michael ajeitou o lençol em volta de Susan quando ela levantou e foi até a janela. A maior parte da Jerusalém moderna ficava ao norte e a oeste do hotel, e suas luzes criavam um brilho fraco e lustroso no horizonte. Jerusalém, a Dourada, tinha se transformado numa aura elétrica, modernizada, secular. Dois dias antes, se alguém executasse milagres ali, as pessoas dariam risada e iriam embora.

— Eu espero — Michael murmurou, bem baixinho, mas lá no fundo sabia que as pessoas jamais eram tão racionais assim.

Era muito mais provável que um milagreiro provocasse rebeliões do tipo que a cidade nunca viu. Especialmente ali, principalmente naquele momento. Com aquela fagulha, a guerra e o caos podiam se espalhar rapidamente, porque o que os crentes mais odeiam são milagres de alguma fé rival.

Era isso que Ishmail queria? Michael não achava que Solomon tinha contado tudo que sabia. Ele tinha afirmado que os Lamed Vov não mantinham contato uns com os outros, nem com leigos, mas, nesse caso, como sabia que Ishmail tinha caído e que não quis aceitar a morte? Michael apoiou a testa no vidro frio da janela. Apesar da discussão na frente de Susan, ele não sabia se queria conhecer alguma das almas puras. Michael era filho de um cosmo mecanicista, que funcionava sozinho, de um relojoeiro cego que não brinca em serviço. Que espaço havia nessa filosofia para homens e mulheres que detinham o poder da transformação em suas mãos finitas e mortais? Como médico, possuía apenas um eco longínquo desse poder, e os médicos, famosos por brincar de Deus, brincavam com mais freqüência de suicídio e abuso de drogas. *Nós não fomos feitos para ter o poder completo. Ninguém tem a sabedoria para usá-lo bem. Ninguém.*

Essa, então, era a posição dele: rejeitava os Lamed Vov e queria negar a sua validade. Assim que pensou nisso, o inferno das visões que carregava dentro dele diminuiu um pouco. Já sabia o que era a espada. Era uma escolha, era o comando, a liberdade de deixar a escuridão existir.

Agora não tiraria poder da pedra. A tentação tinha perdido. Na análise final, realmente não importava se as palavras de Solomon Kellner eram verdadeiras ou não, se os Lamed Vov eram reais, se o mestre da mentira caminhava pelo mundo com o apocalipse nas mãos. Nada disso importava diante do simples fato de que Solomon tinha oferecido para Michael a chance de dominar a mesma força à qual as trinta e seis almas já haviam renunciado.

Não vou entrar no jogo deles.

Pensou no jovem Profeta espalhando aquela bondade espetacular com desonestas e terríveis segundas intenções. Grande novidade. Pôncio Pilatos não disse que em Jerusalém havia sempre um novo profeta?

Diria isso para Susan de manhã, e os dois poderiam voltar para Damasco, e depois ele retomaria seu trabalho. E podia tentar esquecer as visões por completo, agora que sabia o que representavam.

Ishmail podia caçá-lo e matá-lo em Palmira, mas, se a Alma Negra tinha o poder que Solomon dizia que tinha, perceberia que

Michael não representava ameaça nenhuma para ele e para seus planos. O velho rabino tinha insinuado que muitos partilhavam do poder de Michael para ser uma alma pura. Que Ishmail e ele fossem procurar outro, que o candidato não fosse um médico que já tinha lembranças demais e muito a perder. Ele voltou para a cama.

Estava sozinho na cama vazia quando a luz do fim da manhã finalmente arrastou-o de volta à consciência. Michael rolou com largueza e então se atrapalhou todo para não cair da estreita cama do Exército, antes de se dar conta de que não estava na sua barraca no posto médico.

Um hotel em Jerusalém. Era onde ele estava. Mas onde estava Susan?

Sons de água no banheiro, atrás da porta fechada, deram a resposta. Pegando suas roupas, ele começou a se vestir. Sua vida tinha sido quase ceifada nos últimos dias, mas tinha encontrado o equilíbrio novamente. Havia coisas que não podiam pedir que fizesse, que provavelmente seria incapaz e indigno de até tentar. Tinha mapeado os limites do seu mundo, e era assim que as coisas eram.

Susan experimentou a água fumegante da banheira com todo cuidado. Talvez tivesse exagerado um pouco com a água quente, mas no Grande Hotel Sírio as opções eram uma chuveirada tépida no seu quarto, ou um banho de banheira problemático sob circunstâncias semipúblicas no porão.

Queria que pudessem ficar mais tempo em Jerusalém, mas sabia que não era seguro. O homem que o rabino Kellner tinha chamado de Ishmail estaria à procura de Michael, para destruí-lo antes de ele poder tornar-se um dos Lamed Vov. Qualquer escolha que Michael fizesse, Ishmail ia sempre considerá-lo uma ameaça e agiria para atacá-lo. Segundo o rabino, a tática dele era eliminar todos aqueles que poderiam ser um dos trinta e seis, antes de cuidar do próprio grupo.

Susan só suspeitava dos Lamed Vov quando arriscou-se a levar Michael para lá, mas sabia que Kellner era médico das doenças do espírito, e a mesma capacidade para curar existia em Michael. Como filha de médico, sabia que eles não eram santos. Mas Michael tinha demonstrado uma profundidade insuspeitável. Tinha tolerado o seu mau humor obsessivo. Quando ele passou por Alexandria a caminho de Palmira, classificou-o imediatamente como bom demais para ser verdade, o tipo de príncipe dourado que não duraria três meses nas condições primitivas de um campo de refugiados, ou um posto médico. Estava errada. Ele continuou lá e voltou querendo mais. Ela ficou bastante curiosa e quis investigar mais a fundo. Ele se transformou num enigma que Susan tinha de desvendar.

Ela descobriu que, por baixo da confiança de cirurgião, Michael podia ser tímido, frugal e viciado em cafeína. Ele vivia para o trabalho, igual a ela. Em algum ponto do caminho, parou de vê-lo como um enigma e passou a vê-lo como uma pessoa: bondoso, vulnerável, mas também dedicado, se estava sendo perseguido por demônios, a evitar que eles a atingissem. Michael tinha curado Susan de cicatrizes que ela pensava que carregaria para sempre, e ela sabia que ele provocava efeito semelhante nas outras pessoas ao seu redor. O único que não via isso era o próprio Michael.

No último semestre, eles lutaram mais do que nunca, brigando com a selvageria que Susan aprendera com a família. Michael começou a trabalhar loucamente, horas a fio sem descanso, expondo-se ao perigo sem cuidado. Quando ele resolveu rastrear a vítima da peste até o Iraque, ela teve medo de nunca mais vê-lo, de que ele finalmente enfrentasse a aniquilação que parecia cortejar com tanto ardor. Então ele apareceu na estrada como um cavaleiro branco numa limusine preta, e quando explicou as terríveis visões, o comportamento autodestrutivo finalmente adquiriu sentido.

A água na banheira esfriou, enquanto ela sonhava acordada. Susan saiu do banho e se enrolou numa toalha. O banheiro estava cheio de vapor. Foi até o espelho e usou uma ponta da toalha para desembaçar.

Alguma coisa que não era seu rosto olhava para ela na superfície do espelho.

Um rosto. Jovem, com a pele cor de oliva, o rosto de um belo rapaz cruzando a fronteira para a idade madura. Então Susan reconheceu, pelas fotos de Nigel. Ishmail. Ele sorriu para ela, um sorriso radiante, cheio de prazer.

Então ele estendeu a mão através do espelho como se fosse uma janela aberta e tocou no rosto dela.

Susan deu um berro.

O grito, que fez Michael agir antes de poder pensar, teve uma característica desesperada e inacreditável. Não era uma aranha surgindo num ralo. O grito se prolongou, não parava mais, arrancado da garganta de alguém com um terror mortal.

— Susan!

Ele jogou o corpo contra a porta do banheiro. Ela girava para dentro e as dobradiças eram velhas, devia abrir com um simples toque. Mas a batida foi como uma pancada em aço. Michael foi jogado para trás, chocado e sem ar, e caiu no chão do quarto.

— Não entre aí.

Michael virou para ver quem tinha dito aquilo.

Uma mulher idosa, de pé na frente da porta fechada que dava para o corredor. Sua idade podia ser qualquer uma entre sessenta e oitenta anos. Era o arquétipo da velhinha de tênis. Parecia ter apenas um metro e meio de altura, e tinha as costas curvadas pela deficiência de cálcio da idade. Os olhos castanhos e bondosos eram límpidos e alertas, num rosto marcado pela vida, e usava um lenço florido no cabelo ralo e grisalho. Estava com um cardigã cor-de-rosa e uma saia curta florida. Carregava uma sacola de compras de uma loja local e usava tênis que pareciam de corrida.

Michael observou tudo isso no mesmo segundo em que ainda reagia ao fato da presença dela ali. Ela parecia tão inofensiva, como a avó de qualquer um, mas não havia como entrar no quarto do hotel por aquela porta fechada... e trancada.

Enquanto revolvia essa idéia numa parte do cérebro, Michael se esforçava para ficar de pé para atacar a porta de novo. O berro parou de repente, e o silêncio que veio depois foi muito pior.

— Susan! — Michael gritou, e se jogou contra a porta novamente, preparado para encontrar resistência dessa vez.

— Não faça isso! — gritou a velha. — Estou avisando!

Michael ignorou aquelas palavras. A porta do banheiro rangeu e quando Michael bateu nela mais uma vez, cedeu. Não havia nada atrás da porta. O banheiro tinha sumido. O hotel tinha sumido. A cidade tinha sumido. Além da porta, onde antes era o banheiro, havia um abismo de três mil metros até o chão de um desfiladeiro deserto. A porta, arrancada das dobradiças, despencava no espaço, rodopiando no vazio, já pequena como uma folha, de tão distante. A queda tornou o absurdo impossível implacavelmente real. Um vento suave e seco soprou sobre Michael como se alguém tivesse aberto um forno. Michael cambaleou desequilibrado, sentindo o impulso levá-lo para a frente, através da porta, para o espaço vazio.

Onde morreria.

Dedos fortes, afiados como garras, agarraram o braço dele e o puxaram para trás. Michael caiu de costas no tapete gasto e empoeirado do Nova Jerusalém. Arrastou-se de lado para longe da porta até bater com as costas na lateral da cama.

— Quem é você — disse ele, continuando a olhar fixo para o buraco que tinha aberto de repente no mundo.

A mulher misteriosa estava ajoelhada ao seu lado, ainda segurando seu braço. Assim de perto, ele sentiu um cheiro fraquinho de talco perfumado e roupa recém-saída da lavanderia, típico de velhinhas. Ela era real, sem dúvida nenhuma.

— Uma amiga — disse ela.

Ele virou a cabeça para ver a janela do quarto e sentiu uma onda terrível de náusea ao notar que ainda refletia os telhados de Jerusalém. Janela e porta — uma delas era uma mentira.

As paredes do quarto começaram a pegar fogo de uma vez só. Num minuto era o papel de parede desbotado que ele já conhecia por ter passado uma noite ali. No minuto seguinte, tudo estava coberto de camadas de fogo, e por trás desse fogo ele via os quadros pendurados, intactos. O fogo deu ao quarto o brilho do sol do deserto ao meio-dia, e Michael ouviu o som que faz um incêndio monumental, o rugido e o vento do movimento incandescente. Com uma força de vontade tremenda, poderia ignorar as chamas como uma espécie de alucinação visual, a não ser pelo calor que pressionava sua pele como se as paredes estivessem se movendo para o centro do quarto. Era o calor mortal de uma tempestade de fogo, sugando o oxigênio do ar e matando em poucos segundos. Ele estava morrendo. Não havia como escapar do anel de fogo. Até a porta aberta estava cheia de labaredas.

Não havia nem tempo para avaliar a própria sanidade, para pensar, refletir e decidir o que era real, ou como essas coisas podiam estar acontecendo. Instintivamente, como um animal, Michael reagiu à irresistível evidência dos sentidos. Ofegante e lutando para respirar, só inalava calor, um calor apavorante. O suor despontava na pele e secava no mesmo instante, cobrindo-o com o sal do corpo.

— Fique calmo — disse a mulher ao lado dele. — Concentre-se. Ele não pode vê-lo. Ele perdeu a Luz e agora não pode mais vê-la. Ele está tentando adivinhar onde você está.

Michael tinha esquecido que a mulher estava lá. Olhou bem nos olhos dela. Não havia medo nenhum neles — nem medo, nem fogo. Ela estendeu a mão outra vez. Michael segurou. Os dedos dela eram fortes, secos e quentes.

As chamas desapareceram. A ausência de calor foi como um choque frio. Michael inclinou o corpo para a frente, apoiou a cabeça nos joelhos, ofegante.

— Sou Rakhel Teitelbaum — disse a velha senhora, falando um inglês com sotaque americano. — É a primeira vez que vem a Jerusalém?

Michael achou a pergunta bizarra. Não queria olhar de novo para a porta do banheiro, mas fez um esforço e olhou.

A porta estava lá, fechada e inocente. Ele sentiu sua capacidade de lembrar dos últimos minutos diminuir, como se o que tinha acontecido possuísse a imediaticidade vívida e perigosa de um sonho, que como um sonho não encontrasse lugar no mundo da vigília. Logo iria embora, e sua vida ia se recompor em volta do vazio. Ele ficou de pé e percebeu, surpreso, que Rakhel continuava lá. Ela fez uma careta.

— Agora você diz: olá Rakhel, eu sou Michael. *Shalom.* Da próxima vez sou eu que vou salvar a sua vida — disse a velha.

Choque. Estou em estado de choque. Michael sentiu a cabeça vazia e vontade de chorar. Os sintomas eram conhecidos: desorientação, confusão mental, incapacidade para se associar a tudo que o cercava. Alguma coisa muito ruim tinha acontecido, e com um desânimo cada vez maior Michael percebeu que não sabia o que era, e não tinha como descobrir.

— Susan? — disse ele com a voz fraca.

Por um momento pensou na possibilidade bem real de não haver Susan nenhuma — ou que, havendo, não tivesse ido com ele para Jerusalém. *Não. Ela estava lá. Ou esteve. O que tinha acontecido com ela?*

— Não quero apressá-lo, mas precisamos sair daqui — disse Rakhel.

Michael ficou olhando para ela sem entender.

— Sair? Mas precisamos encontrar Susan — ele deu um passo hesitante para a porta do banheiro e virou para a mulher de novo.

— Quem é você — ele perguntou.

— Rakhel... — ela repetiu, mas ele interrompeu com um gesto brusco.

— Quem é você realmente? — com a voz baixa e ameaçadora.

— Você é um deles, não é? O que vocês fizeram com ela?

Enquanto falava, com o canto do olho Michael viu alguma coisa se mexer.

— Adivinhe — disse Rakhel sarcasticamente. — Não temos tempo para isso agora. Confie em mim. É hora de ir. Já passa da hora, para dizer a verdade.

Michael virou para o lado do movimento. O espelho sobre a cômoda estava derretendo.

Não era bem isso. Estava tremulando como uma piscina de mercúrio que alguém tinha soprado, como uma poça d'água virada na vertical e pendurada lá, desafiando a gravidade. Diante dos seus olhos a superfície esticou e quebrou, a prata fluiu das pontas de dedos humanos. Mãos... braços... um rosto.

O rosto do Profeta. Ishmail virou a cabeça para um lado, depois para o outro, examinando o quarto enquanto saía do espelho como se fosse uma janela aberta. Estava vestido como Michael tinha visto perto de Nazaré, com o manto de andarilho do deserto. Por um momento o olhar dele cruzou com o de Michael, mas a expressão de Ishmail não mudou. Ele não enxergava, nem Michael, nem Rakhel.

Será que está cego? Michael pensou, num segundo de avaliação automática. Mas ele se movia como alguém que vê. *Ele não pode nos ver porque não vê a Luz.*

Rakhel puxava a manga da camisa dele, na direção da porta, sem dizer nada.

— Onde está Susan? — berrou Michael.

Ele ouviu Rakhel fazer psiu atrás dele.

Ishmail virou a cabeça de estalo, seguindo a voz de Michael. Olhou fixo, com uma expressão muito calma.

— Ela está comigo — ele disse. — Por que não vem comigo também?

Havia um certo humor naquela voz, que enregelava os ossos. Lembrava a fome irracional e egoísta de um tubarão.

Michael descobriu que não podia fazer nada por Susan naquele lugar. O melhor era escapar dali e voltar para a casa do rabino Kellner. Era ele que sabia como combater Ishmail.

— Você não vai querer que eu seja seu inimigo, Michael. Posso ser muito intolerante.

Armagedon. O bar onde todos sabem seu nome, pensou Michael, com uma irreverência desesperada. Deu um passo para trás, mas o olhar de Ishmail não seguiu o movimento. *Ele ainda não consegue me ver.* A mão de Rakhel o estava guiando de volta para a porta.

— Não vai enfraquecer agora. Imagino que queira fazer muitas perguntas. Posso respondê-las, você sabe. Michael? Você está me ouvindo?

O tom dele era muito sedutor e racional. Michael encostou de costas no lado do corpo de Rakhel. Quase dava para sentir nas próprias mãos quando ela segurou a maçaneta e lentamente começou a girá-la.

— Não me deixe! — gritou Ishmail bem alto, chegando para a frente.

Rakhel abriu a porta e, de repente, foi jogada para trás, para dentro do quarto outra vez, desequilibrando Michael, que deu um passo para a frente e quase caiu nos braços de Ishmail. Atrás dele Michael ouviu um clamor indescritível. Uma matilha de cães selvagens — pretos como carvão e maiores do que qualquer cachorro que Michael tinha visto antes — invadiu o quarto.

Se ele encostar em mim, está tudo acabado, pensou Michael com uma clareza sobrenatural. Pulou de lado, em cima da cama. Rakhel estava espremida contra a parede, imóvel. Os cães selvagens encontraram sua sacola de compras e brigavam por ela, fazendo-a em pedaços, mas parecia que não a viam. Com todo cuidado, Michael rolou na cama e desceu do outro lado. Viu que Rakhel o observava com expressão de aprovação.

Ishmail correu para a frente, tirando os cães do caminho, como se esperasse encontrar Michael embaixo deles. E apesar de parecer poder ouvir vozes humanas, o barulho da briga dos cães mascarou todos os outros sons, dando a Michael e a Rakhel algum espaço para respirar.

Mas o quarto não é tão grande assim. Ele vai acabar nos encontrando, a não ser que consigamos sair daqui.

Subitamente os latidos dos cães agressivos cessou. Michael deslizou para baixo da cama e ficou olhando para o chão. Só havia os pés descalços de Ishmail no tapete. Procurou os pés de Rakhel mas não os viu em canto algum. Arrastou-se sob a cama e mudou de lugar.

— Michael? Por que está fazendo isso? Junte-se a mim. Ajude-me. Nós somos iguais, você e eu.

— Não acredite nele, *bobbeleh* — Rakhel sussurrou no ouvido de Michael.

Michael estremeceu espasmodicamente, mas não fez nenhum ruído.

A maioria das camas de hotel são pregadas no assoalho, para que hóspedes arrojados não possam furtá-las. Mas ou o Nova Jerusalém atraía hóspedes mais finos, ou suas camas não eram suficientemente boas para serem roubadas. Olhando para cima, Michael viu que o colchão ficava apoiado em rodízios, e podia ser movimentado livremente.

Embalado pela adrenalina e por puro terror, Michael empurrou a cama para cima.

— Corre! — ele gritou, empurrando Rakhel na frente dele. Michael ouviu o grito de surpresa de Ishmail.

— Eu disse para correr! — ele berrou novamente.

A cama estava na vertical, apoiada no lado dos pés. Ele deu mais um empurrão nela.

Pela porta aberta dava para ver o corredor do hotel. Ele se jogou por ela, sem ver a velha senhora, quando virou para procurá-la, sentiu o chão se desfazendo sob seus pés e escorregou para baixo, como se deslizasse em areia invisível...

Para a escuridão.

CAPÍTULO SEIS

Fumaça e Espelhos

Susan deu um berro, afastou-se do homem no espelho. Escorregou e quase caiu, mas Ishmail esticou a mão pelo espelho e segurou o seu braço logo abaixo do cotovelo. O toque dele deixou-a apavorada, com um medo atávico e irracional. Ela cambaleou e tentou se equilibrar. Todo o seu peso foi içado pelo braço, quando Ishmail puxou-a para ele. Ela viu o braço dele saindo do espelho: a manga do grosso manto de lã, gasto de muitas lavagens, e a pele dele, macia e perfeita, levemente bronzeada de sol.

— Não resista — disse ele com uma voz assustadoramente calma, sem raiva nem urgência.

O rosto dele no fundo do espelho era sereno, sem envolvimento com o destino dela, concentrado apenas na tarefa imediata. Mas os dedos dele apertavam a pele de Susan com crueldade.

— Solte-me! — murmurou Susan com fúria.

Depois do primeiro grito, apesar de Michael estar ali perto, do outro lado da porta, ela percebeu que não adiantava chamá-lo.

Então Ishmail puxou, e os dedos dela encontraram a superfície do vidro frio e molhado, duro e resistente ao toque. Com a outra mão ela agarrou a borda da pia. Mas por mais que fizesse força para se soltar, o aperto da mão dele não afrouxava. Agulhadas de dor subiram pelo braço dela quando apertou a base da mão no vidro. Mais um segundo e quebraria.

Então ela sentiu seus dedos começarem a afundar como se os enfiasse num prato de galantina frio, envolvendo sua pele com uma pressão impiedosa e escorregadia. O braço entrou logo, e Ishmail pôde recuar completamente para o lado dele do reflexo. Ela não sentia mais a pressão dos dedos dele no braço. Era como estar presa em uma esteira rolante demoníaca que a sugava para o desconhecido.

Oh Deus, não... não deixe que ele me pegue. Não vou caber. Não vou caber. Ele está tentando me despedaçar.

A outra mão dela escorregou da borda da pia e foi puxada para dentro do espelho, até o ombro. Deu uma batida ardida com o rosto no vidro e sentiu novos pavores repentinos de asfixia, cegueira, de estar sendo enterrada viva numa cova estranha.

Não podia fazer nada. A tração sobrenatural a levantava do chão. Susan esperneou desesperadamente, virando para um lado e para o outro, lutando por mais alguns segundos de vida. Apertou o queixo no peito, mas quase ao mesmo tempo sentiu o beijo frio do vidro na nuca e a parte de trás da cabeça começou a afundar no espelho. Tentou pôr a cabeça para a frente, mas não conseguiu. A insistência fria começou a envolver seu cabelo, suas orelhas — e depois silêncio. Ela respirava com dificuldade, com os olhos fixos na janela a poucos metros de distância.

Do lado de fora daquela janela havia a manhã e a cidade, e todos os detalhes de uma vida normal, num mundo normal. Lágrimas saltaram dos seus olhos e escorreram pelo vidro do espelho. Ela fechou os olhos quando sentiu uma pressão nos cantos, e, quando mudou de idéia segundos depois, descobriu que não podia abri-los mais. Teve tempo para engolir ar só mais uma vez antes do frio encher sua boca, e quase sufocou tentando cuspi-lo, lutando inutilmente, enquanto o meridiano do vidro cobria seu corpo.

— Ele a está usando — disse Rakhel calmamente. — Esse sempre foi o maior perigo. O amor nos torna vulneráveis... mas sem o amor, não seríamos humanos. É um paradoxo, *nu*? Deus gosta de paradoxos, você já deve ter notado. Como charadas e quebra-cabeças.

— Nunca tive tempo para resolver charadas ou quebra-cabeças — disse Michael, fazendo uma observação totalmente irrelevante.

Ele estava numa escuridão completa, sentado em alguma coisa rija, apesar de não lembrar de ter aterrissado, só de começar a cair ao passar pela porta do quarto do hotel. Estendeu a mão e seus dedos encontraram uma superfície lisa, nem quente nem fria, meio macia, como borracha dura.

— Onde nós estamos? — ele perguntou, procurando controlar o medo e a forte náusea que sentia no estômago.
— Em lugar nenhum. Achei que seria o lugar mais seguro para trazer você — disse Rakhel.
Parecia mesmo lugar nenhum. Quando inspirava profundamente, não sentia cheiro de nada, nem mesmo de umidade. Não dava para saber se o espaço em volta era grande ou pequeno. Na escuridão absoluta, foi um alívio tocar no próprio rosto e sentir que os olhos estavam abertos.
— O que você vê? — perguntou Rakhel.
— Absolutamente nada — disse Michael.
— Ótimo. Agora talvez pare com toda essa bobagem, para podermos conversar.
— Eu? — perguntou Michael, indignado. — Eu só estava tentando continuar vivo.
Rakhel bufou eloquentemente. Ele sentiu uma pontada de irritação mas engoliu, sabendo que era uma emoção inútil. Tentou lembrar do que tinha acontecido exatamente, mas deparou com um muro impenetrável em sua mente.
— Você gosta de cinema? — perguntou Rakhel, aparentemente sentada à esquerda dele, a cerca de um metro de distância. — Sei que, quando contratam extras para fugir de alguma catástrofe, não fica convincente se todos parecem completamente apavorados. As pessoas são diferentes, mesmo numa catástrofe. Então dizem para algumas que devem demonstrar pânico de grau um, para outro grupo, grau dois, grau três, e assim por diante. É muito mais realista assim.
Ignorando Rakhel, Michael ficou de pé, mas a escuridão deixou-o desorientado. Tentou se apoiar numa parede inexistente para não cair.
— Cuidado — avisou Rakhel.
— Você pode me ver? — perguntou Michael, mal conseguindo se equilibrar.
— Essa é a sua escuridão particular — disse Rakhel calmamente. — É claro que a escuridão de todo mundo é particular de um jeito ou de outro, mas isso não vem ao caso aqui, não é?

Ele resolveu não responder, e em vez disso se concentrou em recuperar as faculdades mentais.

— O caso aqui é o pânico — Rakhel continuou. — Se você estivesse fugindo do gigantesco lagarto que devorou Detroit, diria que seu pânico seria grau dois. Quero dizer, no momento você está no grau seis, mas não demonstra bem.

— Vai ver que apenas disfarço bem — ao ouvir a risada de Rakhel, Michael lamentou ter sido tentado a responder. — Olha — ele disse, com a voz tensa. — Será que podemos sair daqui, ou você pode acender a luz, ou qualquer coisa assim?

— Eu não sei. Teria de confiar um pouco mais em você. Procure respirar.

— O quê?

Então ele notou que de fato não estava respirando. Mas essa descoberta não o fez inspirar de repente. Sentiu tontura e fez um esforço consciente para sugar ar para dentro dos pulmões. Não funcionou. O ar em volta dele, tépido e inodoro, era uma ficção plausível, nada mais. Ele estava vagando no vazio, e de repente a imagem mental que fazia daquele lugar mudou, e estava numa planície infinita, num universo sem luz.

— Não é você que decide viver ou morrer — disse Rakhel, a voz dela chegando fraca, de uma grande distância. — Se não respirar, vai simplesmente desmaiar.

Ele não estava ouvindo. A privação de oxigênio no corpo começava a afetar o cérebro, caminhando para o limite de quatro minutos que causaria dano cerebral. Michael consultou esse item das minúcias médicas com bastante clareza. Subitamente notou uma fagulha de luz na escuridão, e, no momento em que ela apareceu, o cosmos adquiriu três dimensões, orientado em relação à fagulha. *E Deus disse: "Faça-se a Luz."*

Ficou imaginando se estava morrendo, e se estivesse, quando tinha começado. Provavelmente Ishmail tinha afinal conseguido pegá-lo, e aquilo era algum tipo de luta contra a morte. Michael parou de resistir quando a luz aumentou. Não estava com medo de se queimar e de ficar cego, o que sabia que podia acontecer se Ishmail o manipulasse. Ou talvez logo estivesse flutuando sobre seu corpo, vendo seu último suspiro no quarto do hotel. A possibilidade deixou Michael curioso. *Resultados experimentais em testes duplo-cego, mas numa escala estritamente limitada, sugerem que o aumento da atividade neurônica no lobo temporal direito, consistente com o fenômeno das experiências na iminência da morte, pode ser induzido artificialmente através da...*

— Obrigada, muito bem, pode sair agora — disse Rakhel, falando perto dele.

Subitamente ele aspirou bastante ar e a luz desapareceu.

— A quem você agradeceu? — perguntou Michael, percebendo que estava deitado na mesma superfície dura em que tinha caído. Ele engoliu mais ar.

— Ao seu cérebro — disse Rakhel. — Vamos ter de desligá-lo por um tempo. Ele estava dando um show e tanto. E ninguém pode culpá-lo por isso. Eu queria que você tivesse uma história, uma explicação.

— Por que está fazendo isso? — perguntou Michael com a voz fraca.

Ele sentou e notou que a alucinação de pânico estava sumindo e a tontura diminuindo.

— Eu não estou fazendo nada — disse Rakhel. — Já disse que essa bobagem é toda sua.

Ele teve a sensação de que tinham voltado ao começo. Permitiu-se ceder à exaustão e ao torpor dos sentidos que acompanha uma excitação tremenda. Sem sentir, ouviu sua voz dizer.

— Susan. Ela está em perigo, e você disse...

— Que ele a está usando. Certo — respondeu Rakhel. — Vamos esquecê-la por enquanto. E você? Eu diria que voltou para uma versão da normalidade.

— Tão normal quanto se pode ser sem um cérebro. Será que posso tê-lo de volta?

Rakhel bufou outra vez.

— Não seja tão literal. Só quis dizer que precisa se desligar das coisas loucas que passam pela sua cabeça. Você é como todo mundo. Finge ter medo, ou pavor, ou raiva, quando na verdade são eles que têm você, sob o controle deles, quero dizer.

Ela ficou meditando em silêncio, e uma pequena chama de vela apareceu em suas mãos, que formavam uma concha. O brilho definiu perfeitamente as feições de Rakhel, e uma claridade rosada se espalhou por sua pele. Com aquela luz Michael pôde se ver, apesar de continuar sem enxergar nada em volta dos dois. Rakhel estava sentada na mesma superfície escura e indefinida em que ele se apoiava de pé, a cerca de dois metros dele.

— Pronto — disse ela. — Sente-se melhor?

— Sanidade seria melhor. Uma explicação seria melhor. Ainda acho que estou enlouquecendo — disse Michael.

— Ótimo — disse Rakhel vigorosamente. — Se a sua mente está tão confusa quanto a da maioria das pessoas, valeu a pena perdê-la.

Michael ficou quieto. Tinha de admitir que, já que não sabia nada sobre aquela bizarra velha senhora, devia parar de discutir com ela. No caos dos acontecimentos no hotel, ele havia registrado a impressão imediata de uma senhora idosa com uma roupa quase absurda, mas estava errado. Nenhuma primeira impressão poderia defini-la, fosse ela quem fosse.

No mesmo instante, a expressão do rosto dela, que só transparecia uma atenção aguçada até o momento, ficou mais suave.

— Eu não achei que você chegaria até aqui — disse Rakhel.

— Você pensou em escapar, mas isso foi apenas seu ego, seu invólucro. A melhor parte de você resolveu ficar. Provavelmente foi isso que *ele* sentiu, e por isso atacou tão depressa.

— Ele matou Susan? — perguntou Michael implacável.

O cérebro dele estava enviando imagens coerentes, e ele a viu lutando atrás da porta do banheiro, primeiro berrando, depois ficando quieta.

Rakhel balançou a cabeça.

— Acho que não. Ela é inteligente demais para isso.

— Inteligente? Quer dizer que ela passou a perna nele? Então precisamos encontrá-la. Onde é a saída?

Michael sentiu a exaustão desaparecer com a animação da esperança. Ele estava de pé, olhando a completa escuridão em torno da luz da chama. Sentiu a mão pequena mas firme de Rakhel em seu braço.

— Você é um bom menino — murmurou a velha senhora. — Bom, mas convencional. Eu disse onde estamos... em lugar nenhum. Não é um lugar *real*, não da forma que você entende essa palavra. Ele pegaria você na maioria dos lugares reais para onde eu pudesse levá-lo.

Ele ficou desapontado, mas era teimoso — não havia nenhum outro sentimento admissível naquele momento.

— Então vamos embora agora, e conversamos mais tarde — disse ele. — Já me acostumei com uma parte dessa mistificação, e posso dizer que você equivale a ele. Vamos resgatar Susan e depois nos preocupamos comigo.

Rakhel sorriu, sem um pingo de zombaria, e de repente Michael viu a menina que ela foi por baixo da desgastada máscara da idade. Naquele lampejo de intuição, ele teve a mais torturante visão dele mesmo e da vida que poderia ter tido, com a menina que ela foi um dia. O momento se espalhou como ondas num lago, e depois desapareceu sem deixar rastro.

— Olha, Rakhel... eu tenho esse direito?... enquanto estamos perdendo tempo aqui, ele está escapando. Isso não significa nada para você? Ele devia ser seu inimigo.

— Nós somos as trinta e seis — disse Rakhel, como se isso fosse uma resposta.

— Exatamente — retrucou Michael impaciente. — Você tem os mesmos poderes que ele, não tem? Então use-os.

Rakhel balançou a cabeça.

— Você devia ter prestado mais atenção quando o Rebbe estava dando a sua aula, *mein gaon kinder*. Somos testemunhas, nada além disso. Nós observamos. Você acha que Deus precisa de pistoleiros de aluguel? Bangue-bangue, igual ao Rambo? Se quer que o Mentiroso pare, descubra como fazê-lo parar.

Michael balançou a cabeça, odiando sua impotência.

— Eu não posso.

A velha senhora levantou, gemendo um pouco por causa do esforço.

— Você quer morrer por uma causa? Bastante sensato, se você a ama. Mas não pode tomar uma decisão sem conhecer todos os fatos. Olhe aqui.

A pequena chama inclinou-se e tremeu até ela ficar de pé, mantendo-a firme novamente. Michael percebeu com uma absurdidade remota que um dos tênis dela estava desamarrado.

Rakhel estendeu as mãos em forma de concha para Michael. A luz branca e firme cresceu lentamente, como se a brancura pura pudesse adquirir outra dimensão. Parecia reunir novas qualidades dentro dela mesma: de som, de textura, até Rakhel apresentar um exótico lótus branco azulado, que aninhava em suas pétalas uma história cativante. O que a história comunicava era inexprimível. Sobre vidas e épocas, cada vida uma pétala que despontava do centro do lótus, substituída quase no mesmo instante por outra. Michael achou que escutava vozes, que se misturavam, velhas e novas, cada nascimento ligado tão prontamente à morte que não conseguia notar a diferença das duas. A flor continuou crescendo a partir dela mesma, e embora as pétalas nascessem, crescessem e caíssem, nenhuma dessas mudanças danificava a flor brilhante, que permanecia linda e viva.

— Bonita, não é, a alma humana? — disse Rakhel atrás de Michael. — Você perguntou por que não lutamos, depois que vimos isso, não só nas pessoas boas, mas em todas as pessoas, por que deveríamos lutar? Está lá, você sabe. Em cada um de nós. Eu não disse para você que Deus gosta de um paradoxo?

A necessidade de ver outra vez invadiu Michael como uma saudade que não conseguia identificar o lar perdido, como se tivesse sido expulso de um lugar perfeito desconhecido. Mas se ele visse, se ouvisse, se acreditasse... ia modificá-lo.

— Isso não vai funcionar — disse Michael com a voz embargada.

— Você disse que não vai fazer nada contra o Ishmail... você disse que eu devo fazê-lo parar... e agora devo perdoá-lo em vez disso? Talvez fosse bom explicar como isso vai resolver alguma coisa para Susan ou para mim.

— Perdão — disse Rakhel simplesmente — nunca é de mais. Pense nele como a borracha de Deus. Sem ele, tudo o que você tem é um outro nível de culpa e de violência.

Michael fechou os olhos, concentrou-se no rosto de Susan, refazendo-o na memória. O perigo que ela corria era responsabilidade sua — Ishmail só estava usando Susan para chegar até ele. Até Rakhel tinha dito isso. A morte deixa de ser surpresa para um médico bem depressa, mas não podia suportar a idéia de Susan morrer por algum ato aleatório de terrorismo que ele podia evitar.

— Eu não sou um de vocês — a voz dele soou bem alta e tensa, e ele cerrou os punhos.

Estava tentando controlar as emoções, mas tremia com uma raiva distante e fria.

Rakhel estalou a língua, produzindo o som tisc-tisc.

— É surpreendente até que ponto as pessoas estão dispostas a sofrer, desde que permaneçam sempre iguais. Tudo bem, vamos fazer isso do seu jeito. Vamos salvar a sua *shayna maidel*.

Susan tinha caído de cabeça do espelho do banheiro, mas Ishmail estava lá para apará-la e pô-la de pé, como se não tivesse feito nada mais espetacular do que puxá-la através de um pequeno buraco na parede. Ele sorriu. Ela olhou para ele através de lágrimas de choque — nua, ofegante, incapaz de se orientar depois daquela terrível violação das leis da natureza.

Ishmail olhava para ela, com a mesma expressão intraduzível de quando a segurou pelo espelho. Não encostou nela nem fez nenhum movimento para se aproximar.

— Por que você lutou contra mim? — perguntou ele.

— O quê? — apesar de muito abalada, Susan percebeu que não estava apavorada. — Eu...

— Se pensou que era um seqüestro, olhe em volta.

Susan secou o rosto com as mãos, feito criança. Deu um passo para a frente e parou — ainda estava no banheiro do Nova Jerusalém. A escova de dentes continuava na pia, a toalha no chão, onde deixara cair. Mas o espelho estava do lado errado.

— Michael? — ela murmurou, com a voz rouca por causa dos gritos. Onde ele estava?

— Está vendo? Nada de ruim aconteceu — disse Ishmail. — Você foi simplesmente... reorientada.

Ela examinou tudo com mais atenção. Se ficasse de frente para a janela, o espelho devia estar à direita e a banheira à esquerda. Mas de alguma forma ele havia virado o banheiro do avesso.

Susan pegou a toalha do chão e enrolou em volta do corpo, bem apertada. Pela porta aberta via o quarto do hotel do jeito que tinha deixado, só que invertido. Michael não estava lá. Ela passou pela porta, só para ter certeza de que tinha examinado todos os cantos. A garrafa de vodca ainda estava sobre a cômoda, como os dois tinham deixado na noite anterior, só que as letras no rótulo estavam invertidas. Ela pensou que Ishmail fosse pegá-la e puxá-la de volta, mas ele nem se mexeu.

— Por quê? — perguntou ela.

O Profeta deu de ombros e pela primeira vez sorriu um pouco.

— Eu quis ter consideração. Essa é uma versão que você pode reconhecer, tão próxima do original quanto é necessário por enquanto. Poderia ser outras versões, é claro. Lembre-se disso. Na verdade, lembre de tudo.

A voz dele era calma e não continha ameaça, mas Susan mal notou isso, ou as palavras que ele dizia. Ela tremia, com frio e nauseada com o excesso de adrenalina. Mal conseguiu chegar até a cama antes de as pernas dobrarem de fraqueza, e ficou lá deitada, trêmula e enjoada.

— Não há pressa. Ande por aí — disse Ishmail.

Ele estava parado ao lado dela, mas sem demonstrar nenhuma intenção de encostar nela ou atacá-la.

Com a lentidão onírica de um pesadelo, Susan fez um esforço para agir. Levantou cambaleando, pegou suas roupas e embolou tudo num monte, desequilibrada como se estivesse bêbada. Só pegou o que precisava para se cobrir, abandonando todo o resto. Ia terminar de se vestir no corredor, no saguão, no meio da rua, mas precisava sair dali antes de a Alma Negra resolver brincar mais com ela.

Suas mãos tremiam quando destrancou a porta do quarto. Quebrou uma unha até a cutícula e deixou uma pequena mancha de sangue na tranca, mas a porta abriu finalmente. Correu pelo corredor sem interferência. O fato de não ouvir passos atrás dela gerou um medo pior que o anterior — agora compreendia como alguém podia literalmente morrer de medo.

Não havia ninguém no corredor. O terror fez com que parecesse enorme, como uma catedral. Susan correu até o fim, desceu a escada, chegou ao saguão e respirou fundo para gritar por socorro. O saguão também estava vazio. Vazio e silencioso como velório de cidade pequena. O sol da manhã entrava enviesado pelas janelas. Ela parou de repente, apoiada ora num pé, ora no outro, descalça, apreendendo aquela nova impossibilidade, então correu para a porta da rua. A toalha escorregou, e segurou-a com mais força. Ia sentir-se segura se conseguisse sair do hotel — sabia que ia.

Empurrou a porta e se viu diante do balcão da recepção, com a porta do hotel que dava para a rua nos fundos. Susan balançou a cabeça, choramingando, sem entender como podia ter cometido um erro tão estúpido e perigoso.

Tentou outra vez.

E a mesma coisa aconteceu, de novo, de novo, até ela perceber que aconteceria sempre. A porta só levava para um lugar: de volta ao hotel. Caminhou lentamente para a recepção.

— Alô? — ela sussurrou bem baixinho.

Ninguém.

Largou o monte de roupa que carregava e começou a remexer nas peças como se estar vestida fosse a única coisa importante no mundo. Para manter algum vestígio de controle, vestiu-se com o maior esmero: blusa branca e saia cáqui, armadura profissional, símbolo da vida normal executado mesmo sob circunstâncias exasperantes. O cabelo ainda estava molhado. Penteou com os dedos para longe do rosto, da melhor forma que pôde, e sentou no tapete para calçar os sapatos. Não os tinha perdido, uma pequena vitória.

— Ah, você está aí — a voz era leve, brejeira, animada.

Ela fez uma careta e não conseguiu olhar para ele.

— Susan — a voz era cheia de bom humor, pronunciando o seu nome, chamando sua atenção com gentileza.

Ela mordeu o lábio até sentir gosto de sangue, olhando fixo para as mãos que seguravam os cadarços do sapato.

— Se você não olhar para mim, vou ficar muito magoado.

Susan já tinha bastante experiência com o resultado de orgulho masculino ferido para saber que aquilo era uma ameaça. Ela olhou para ele. Ishmail estava de pé na base da escada, encostado no pilar central, olhando para ela. Ainda usava a mesma roupa do espelho, como qualquer nômade e membro desgarrado de tribo que enchia os campos de refugiados, mas havia algo muito alerta brilhando em seus olhos. A expressão dele era tão sagaz, o sorriso tão zombeteiro, quanto os de qualquer advogado de luxo que vende a justiça sem nenhum escrúpulo. O disfarce de Profeta tinha desaparecido, apesar de por fora continuar a mesma pessoa.

Dizem que o diabo é advogado...

Um humor desesperado cresceu dentro dela.

— Você não deve ter visto o aviso de "Não perturbe" — ela disse, levantando. — Dessa vez vamos deixar passar.

Ishmail jogou a cabeça para trás e deu uma risada.

— Vamos? Ora... temos muito chão pela frente, e muitos lugares para ir.

Ele desceu os últimos degraus. Ela ficou firme, estremecendo uma vez, quando ele passou o braço por seus ombros, mas não fez nada para impedi-lo.

De repente uma fagulha, mais brilhante do que mil sóis.

Michael estava diante de um muro de pedra, a lateral de um túnel escuro. O sol entrava um pouco por uma abertura a alguns metros dali, expondo as cores do calcário claro ao longo do caminho. Pela textura da rocha, ele percebeu que tinha sido escavada, provavelmente por mãos antigas.

— Rakhel? — ele chamou.

Tinha parado de ouvir os passos dela no escuro, mas não lembrava exatamente quando, como também não lembrava quando a escuridão indefinida tinha se transformado numa caverna. Pastores se abrigavam nesses lugares por todo o Oriente Médio, por isso ele não tinha idéia se estava na Síria, ou em Israel, ou até na Arábia Saudita. Coisas diferentes são românticas para culturas diferentes. Para os muçulmanos, um buraco escuro numa rocha evocava o romance do espírito, porque o profeta Maomé tinha encontrado o arcanjo Gabriel em um, na Noite de Qadr, no ano 610. Isso era descrito no sura 97 do Alcorão. Michael ficou imaginando se poderia ser transportado de volta para aquele tempo com a mesma facilidade que tinha sido transportado para "lugar nenhum".

— Não fique aí perdendo tempo — disse Rakhel atrás dele.

— O caminho certo é esse? — perguntou ele.

— Se você não sabe para onde está indo, que importância tem por onde começa? — respondeu Rakhel.

— Obrigado.

Depois da abertura, Michael viu a luz ofuscante cintilando numa encosta de pedra. Ele foi tateando para a entrada, impaciente para examinar em volta, à procura de pistas.

— Será que faria mal você me dar uma idéia de onde nós vamos sair? — ele resmungou.

— Não, não faria, mas obrigada por perguntar.

Era óbvio que Rakhel estava se divertindo, deixando-o ir na frente. Eles avançavam, às vezes em pé, às vezes de quatro, por passagens que inesperadamente ficavam molhadas por causa de goteiras do teto da caverna. As condições difíceis pareciam não incomodá-la. Só uma vez ela comentou que seria mais fácil se ele não empacasse, recriando mitos. Michael ignorou essa observação.

O túnel desembocava no que parecia uma velha pedreira. Michael ficou um tempo parado na abertura, olhando espantado para um vasto panorama vazio. O calor fazia o ar tremular sobre as pedras claras, irradiando das paredes em plataformas e subindo para o céu azul e vazio.

— Lá vamos nós — ele resmungou, virando para ajudar Rakhel a passar por cima das pedras empilhadas na boca da caverna.

Mas ela não estava atrás dele, e Michael tentou não fazer uma careta quando ouviu sua voz a uns dez metros de distância.

— Cuidado com as cobras.

Ela estava à sombra de uma tamargueira que Michael teve certeza que não existia da primeira vez que olhou para lá. Arrastou-se até ela, fazendo questão de mostrar que não prestava atenção em cobra nenhuma. Ficou enrolado entre o orgulho e a descoberta de que seus esforços heróicos, se já começavam daquela forma ridícula, provavelmente não melhorariam com o tempo.

Rakhel espanou uma pedra plana ao lado dela.

— Com sede? — perguntou ela.

Ela ofereceu um cantil e uma caneca de metal que tirou de um bolso da saia. Ele ficou espantado e ia dizer alguma coisa, mas Rakhel não deixou.

— Você sabe que não deve perguntar — disse ela. — Já chegamos a esse ponto, não é mesmo?

Michael não quis responder. Ele aceitou a caneca e bebeu, depois despencou no chão, olhando para o céu através da sombra rendada verde-clara.

— Você vai mesmo deixar que eu faça isso sozinho, não vai? — ele disse. — Por quê?

— Todo mundo faz tudo sozinho.

— Verdade? Você acha que os bebês nascem com carteira de motorista, por exemplo? Ou talvez a criação dos filhos não se encaixe na sua definição de ajuda?

— Não desperdice energia. Podemos discutir quando você estiver mais seguro de que pode vencer.

A segurança calma de Rakhel não era tão exasperante, agora que ele já estava acostumado. Mas Michael virou para o outro lado. Estava preocupado porque a voz dela, com a leve ironia, a graça que achava dos esforços dele, faria com que esquecesse o verdadeiro perigo que Susan e ele estavam enfrentando.

— Tudo bem, como é que chegamos a uma estrada? — perguntou Michael, buscando refúgio em coisas práticas.

Ele ficou de pé. Ainda estavam na metade da descida da pedreira, que bloqueava qualquer visão do horizonte.

— Vou fazer um reconhecimento — disse ele.

— É esse o nome que dá para ficar mais perdido ainda? — perguntou Rakhel.

Ele grunhiu. Havia uma trilha estreita que ia até o topo. Michael foi pé ante pé, com as costas grudadas na pedra clara e quente, procurando não olhar para baixo. Quando chegou na beirada, equilibrou-se bem na ponta, arfando. O cabelo e a camisa estavam molhados de suor, e a calça grudenta. Protegeu os olhos com a mão, examinando o horizonte. O terreno era cortado por sulcos nos quais não chovia havia tempos — esqueletos torrados de *wadis* que só fluíam no início da primavera. A vegetação esparsa do deserto testemunhava que a água um dia voltaria. Havia uma estrada de terra marcada no deserto e, estacionado à sombra de uma enorme pedra, Michael viu um jipe.

Olhou para trás e viu Rakhel subindo, com esforço, pela trilha estreita. Pedras soltas cascateavam sob a sola dos tênis dela, quicando na encosta até o fundo do precipício, mas ela nem notava, aparentemente descuidando da segurança pessoal. Ele esperou até ela chegar perto do topo, então apontou para o veículo.

— Muito agradecido — ele resmungou.

— O que é que eu tenho a ver com isso? — disse Rakhel inocentemente. Quase dava para acreditar nela. — Você precisa utilizar melhor sua *goyischer kopf* e não ficar tentando descobrir o que nunca vai descobrir.

— Não sei o que isso quer dizer, mas não parece um elogio — disse Michael. — Vamos. Talvez encontremos os donos daquele jipe.

Quinze minutos mais tarde, depois de uma tentativa frustrada de atrair a atenção de alguém nas proximidades — Michael sabia muito bem que não tinha ninguém mesmo —, eles rodavam pela estrada. O banco de trás do jipe confiscado tinha produzido mais um cantil, dois chapéus australianos e um rifle. Michael devia estar satisfeito. Em vez disso, sentia que zombavam dele em silêncio.

O humor não melhorou quando Rakhel insistiu, como condição para entrar no jipe, que quem ia dirigir era ela. Diferente da experiência com a temeridade de Susan na direção, Michael não tinha impressão de que sobreviveria àquela viagem. Rakhel mirava o jipe feito uma arma, escolhendo um ponto no horizonte e arremetendo para ele à toda velocidade. Parecia determinada a acertar todas as pedras e buracos do caminho.

— O que você está fazendo? — Michael quis saber, depois que uma pedra pulou do pneu do jipe e estrelou o pára-brisa com um monte de rachaduras horrorosas.

— Estou tentando matar nós dois — explicou Rakhel. — Batalha, assassinato, morte súbita, podemos muito bem entrar no espírito da coisa.

— Vá mais devagar! — Michael gritou quando deram um pulo, e o jipe saiu um pouco do chão, depois caiu com estrondo. Ele agarrou a direção e fez o carro parar.

— Deixe que eu dirijo — ele disse quando sentiu que podia falar. — Se tenho de correr o risco de morrer, não precisa ser desse jeito.

— Como quiser.

Rakhel desceu e Michael passou do banco do passageiro para o do motorista. Por um momento ele teve vontade de ir embora e deixá-la para trás, mas sabia que não faria isso. Esperou Rakhel subir de novo no jipe e então ligou o motor. Cuidadoso, retornou para a estradinha de terra, torcendo para não ter quebrado nada no carro.

— Ficar de mau humor não é a única alternativa — berrou Rakhel para superar o vento que passava por suas cabeças enquanto Michael acelerava em meio a nuvens de poeira.

— Não estou de mau humor, estou planejando — ele disse.

— Então, faça como quiser.

— Quer parar de ficar dizendo isso? O maldito problema é que estou fazendo do meu jeito. Não é isso que está tentando me dizer?

— *Mein kind*, chamando de mau humor ou não, existe uma outra forma de abordar a coisa, é isso que estou dizendo.

Ele percebeu que ela não passaria disso para apaziguá-lo, e que, se ele quisesse descer da sua torre de orgulho, Rakhel tinha posto um pé na escada para ele.

— Está bem — ele disse, virando a direção bruscamente para um lado e freando para o jipe parar no vasto acostamento deserto da estrada.

Mas o que Rakhel tinha para dizer nunca foi dito. Ela semicerrou os olhos e ficou de pé em cima do banco.

— Humm. Isso não é nada bom — murmurou ela.

— O que você está vendo? — perguntou Michael.

— Aquilo — Rakhel apontou.

No horizonte, crescendo rumo ao céu obscurecido, nuvens negras e esverdeadas se acumulavam como fumaça de um incêndio monstruoso.

— Leve-nos para lá.

Ao chegarem mais perto da tempestade, tudo ficou mais familiar. As placas na estrada voltaram a ser em hebraico. Quando passaram pela primeira, Michael percebeu que estavam rodando numa estrada asfaltada. Olhou para trás mas só viu asfalto, até onde a vista alcançava. *Eu não poderia ter simplesmente apagado isso.*

— Não percebi em que ponto a estrada de terra terminou — ele disse desconfiado. — Esse lugar é real?

— Tão real quanto uma coisa irreal pode ser — disse ela, sem sorrir.

Rakhel ficou muito séria com a massa cinzenta que rodopiava no horizonte. Olhava bem para a frente, atenta, como se pudesse ver através da fumaça espessa. A tempestade já ocupava todo o céu, e Michael podia sentir a eletricidade na pele, arrepiando os pêlos do corpo. Parecia aumentar a sensação de urgência que sentia. As últimas placas da estrada indicavam o caminho para Har Megido, uma colina proeminente à distância. Michael lembrou vagamente de ter visto o nome num mapa do Norte de Israel, na estrada para o mar da Galiléia.

— Então, estamos de volta no território favorito dele mais uma vez — gritou Michael, desacelerando o jipe para ser ouvido. — Foi mais ou menos aqui que vi o Profeta pela primeira vez.

Rakhel fez que sim com a cabeça.

— Ele gosta de símbolos.

Michael olhou para ela de soslaio.

— Você vai explicar isso?

Ela apontou para a tempestade, que estava concentrada bem em cima da colina. O jipe subia por um passo sinuoso e Michael sabia que logo depois ficavam os campos férteis do Vale Jezreel.

— E havia vozes, e trovões, e relâmpagos — recitou Rakhel. — E aconteceu um grande terremoto, como nunca houve, desde o início da existência do homem na terra, um terremoto imenso e poderoso.

Ela parou de falar e sua voz recuperou o leve tom de ironia.

— Não daria para imaginar que o mundo pudesse chegar ao fim, não com uma explosão ou um gemido, mas sim com um erro de pronúncia — Michael sabia que devia deixá-la continuar. — Diga "Har Megido" o mais rápido que puder — pediu Rakhel.

Ele tentou várias vezes, juntando as sílabas.

— Harmegido, Harmegido.

— Está quase lá. Tire o *h* e vai descobrir.

Armagedon.

Ela ficou satisfeita quando ele descobriu a palavra.

— Estranho, não é? As pessoas pensam que é um acontecimento, quando na verdade é um lugar. O famoso monte das Batalhas em que quarenta séculos de exércitos derramaram sangue para capturar... o quê? — ela indicou tudo em volta. — Se não soubesse que está num lugar lendário, prestaria atenção nesse lugar? Mas o estranho é não notar. Você está passando por cima de ossos e carruagens nesse exato minuto, mais antigos do que qualquer cultura que possa lembrar, ou até que tenha registro. Essa região foi Canaã por algum tempo, há meros dois mil anos, antes dos assírios, egípcios e israelenses não poderem viver sem ela.

— Você acha que ele a quer agora? — perguntou Michael.

Rakhel balançou a cabeça.

— Claro que não. Ele pode ver, não pode? É uma colina.

O céu estava tão escuro que ficava quase impossível saber se era dia ou noite. Rakhel tinha razão: Armagedon era apenas uma colina, um monte, na verdade. Tinha nascido de cidades enterradas, vinte ao todo, que iam até cerca de quatro mil anos atrás. Todo exército tinha derrotado um inimigo ali, construído uma cidade fortificada, para depois ser derrotado também. O monte das Batalhas era um local gravado na mente mais antiga, e o mundo suficientemente pequeno na época em que São João considerou um lugar adequado para o fim do mundo. Har Megido era maior que a Normandia, Moscou e o Vietnã seriam, se os empilhássemos num único campo ensangüentado. Har Megido era onde o sétimo anjo reunia todos os sobreviventes das primeiras guerras do Apocalipse, para formar o último bastião por Deus contra o Mal absoluto.

— Você não está pensando...?

Antes que Michael terminasse a pergunta, Rakhel bateu bem forte no pára-brisa.

— Que o mundo está chegando ao fim? Eu já disse, você é convencional — disse ela aborrecida. — Não vou dizer que você causou essa cena especificamente, mas estou começando a conhecê-lo melhor, e você pode estar infectado com um gosto por dramalhões baratos. Mais depressa.

A estrada sinuosa passava pelo *kibutz* local e chegava a uma área de estacionamento cercada de grade na base da colina.

— E agora? — perguntou Michael.

Rakhel olhou para ele como se só ele soubesse a resposta. Bem naquele instante, quando ia dizer para ela parar de confundi-lo, a tempestade explodiu. Foi como um petardo, e Michael voou do jipe, obedecendo ao reflexo de agarrar-se ao solo como se uma bomba tivesse explodido. Um segundo depois, as primeiras enormes gotas de chuva atingiram seu rosto e ele relaxou um pouco. Mas a luz da tempestade piscava em volta dele, e a sensação de que havia algo errado aumentou. Ele ficou de pé, já encharcado até os ossos. O estacionamento de terra estava rapidamente virando uma sopa de lama. A camisa e a calça de Michael estavam imundas.

Rakhel, de pé, do outro lado do jipe, esperava pacientemente. Tinha vestido seu cardigã cor-de-rosa e amarrado o lenço novamente no cabelo frisado, mas, fora isso, não fizera nenhuma concessão à tempestade. Completamente ensopada, a saia florida grudada no corpo, ela parecia uma babá náufraga.

— Espero que não tenha lido a Bíblia com atenção — disse ela.

Michael não entendeu bem o tom de sua voz.

— Vamos esperar que ele não tenha lido — disse ele.

— Não se preocupe, não é preciso lê-la se você faz parte dela.

Bufando baixinho, Rakhel afastou-se pisando forte. Michael olhava para o topo da colina. Uma coroa de relâmpagos, intensos, azul-esverdeados, cobria os velhos baluartes e portões de pedra lá em cima, dando uma aura definitivamente sobrenatural. Um bangalô era o único abrigo à vista, mas ele teve a impressão de que Ishmail estava lá.

Michael começou a subir correndo pelo caminho, Rakhel bem lá na frente, e percebeu que a segurança zombeteira dela tinha criado nele uma falsa coragem. Sentiu que ia escorregar dele como óleo do cárter se não ficasse bem perto dela, e foi dominado pelo sentimento de vergonha. Qual era a frase que ela usava? Isso é tão real quanto algo irreal pode ser. No meio de um estrondo ensurdecedor de trovão Michael perdeu a esperança de que ela estivesse certa.

O topo do Har Megido estava a poucas centenas de metros. No minuto em que ele atingiu o topo, a tempestade parou. Michael balançou a cabeça, adaptando-se ao silêncio repentino. O lugar estava estranhamente deserto. Hesitante, ele partiu para a maior das duas construções, o museu arqueológico. Mas, por alguma razão, não parecia a escolha certa, e quando viu que a porta do bangalô estava caída no chão como se tivesse sido arrancada à força, dirigiu-se para lá.

— Rakhel? — ele chamou em voz baixa.
— Aqui.

Estava escuro lá dentro por causa das pequenas janelas de alumínio, e do céu cheio de nuvens de tempestade. Mas ele viu Susan imediatamente. Ela estava deitada no chão, na entrada, de costas. A frente da sua blusa estava toda vermelha de sangue. Michael caiu de joelhos e rasgou o tecido manchado, recuando com o que viu.

Havia um buraco no meio do seu peito, do tamanho de uma moeda. Era impossivelmente limpo, como se tivessem usado um bisturi. A cavidade estava cheia de sangue. Muito tinha escorrido para a saia, mas a maior parte continuava dentro dela. Michael levantou Susan e aninhou-a nos braços carinhosamente. Mais sangue espirrou nas mãos dele. Ainda quente... ela devia ter morrido havia poucos minutos.

— Está vendo? Poderíamos ter feito a coisa do meu jeito — Rakhel disse calmamente.

— Que droga, você — gritou Michael, sem olhar para ela. — Você tentou me afastar. Tratou tudo como uma piada.

— Regra número um — disse Rakhel, com a voz bem ríspida, que fez Michael virar para ela. — Nunca se curve diante do poder dele, porque, quando faz isso, o está alimentando. Para jogar com Ishmail, precisa ser destemido, não ter dúvidas e nenhuma fraqueza.

— Jogar? — apesar de atordoado, Michael foi dominado por uma onda de raiva e amargura.

Rakhel não deu atenção.

— E tem de conhecer os planos dele. Susan esteve com ele. Agora ela sabe mais do que você ou eu. Pergunte para ela.

— O quê? — Michael não acreditava que estava ouvindo aquilo. — Ela está morta. Você não percebe?

Rakhel fez um som dúbio.

— Ela estava viva há cinco minutos, e o que são cinco minutos? Um doze avos de uma hora, só isso. Então tente. Veja o que pode fazer. Já teve provas suficientes. Tente.

Foi a primeira vez que ele ouviu Rakhel falar assim, com aquele estranho ritmo de estímulo. Olhou para o rosto de Susan. Estava relaxado, olhos fechados, como se fosse despertar se ele não ficasse quieto.

— Quer que eu ressuscite os mortos? — Michael perguntou com a voz neutra.

Ele não sabia se ria ou chorava. Com muita ternura, dobrou a blusa branca ensangüentada por cima do ferimento no peito de Susan.

— Será que faria algum mal tentar? — perguntou Rakhel. — Você não pode tornar as coisas piores, pode? Creio que ela pode viver. Talvez eu esteja certa.

E perguntaram para ele: Mestre, esses ossos podem reviver? Michael sentiu um medo estranho numa parte profunda dele que ainda não tinha sido atingida pelos acontecimentos. E se tentasse... e funcionasse? Em que esse mundo se transformaria?

— Susan — disse ele, sentindo-se um tolo amaldiçoado. — Susan, acorde. Preciso fazer algumas perguntas para você.

Nada aconteceu.

— Muito convincente! — zombou Rakhel. — Deve amá-la muito para querê-la de volta com essa intensidade.

— Cale a boca! — gritou Michael, com os nervos tensos como um garrote.

Então, sem aviso, toda a raiva, todo o medo, toda a frustração e a carência daquele dia fundiram-se num brilhante raio de determinação.

— Susan, acorde!

O tempo parou. A cabeça de Susan rolou sem força no braço dele... ou será que se moveu por vontade dela? Não. Não tinha funcionado.

Bem lá no fundo Michael sentiu alívio. Deixou Susan no chão e ficou de pé.

— Não posso participar da sua fantasia. Se é isso que quer que eu seja, como poderei ser melhor do que esse seu Ishmail? Eu simplesmente não posso... — ele engasgou e deu um passo para trás.

— Ah, pode sim — disse Rakhel balançando a cabeça. — Mas você tem medo de não agüentar, se minhas regras estiverem certas — ela se adiantou e ajoelhou ao lado de Susan, pondo as mãos no rosto dela. — Querida, é Rakhel — ela disse suavemente. — É hora de acordar.

Com um nó na garganta, Michael percebeu que não haveria mais milagres, nada de ir contra as leis da natureza, não naquele dia. Então o peito de Susan subiu e desceu, e ele viu, atônito, que ela respirava.

— Iááá! — Susan emitiu um berro inarticulado de medo e pulou para longe das mãos de Rakhel. — Não! Não toque em mim!

— Está tudo bem — sussurrou Rakhel. — Não é ele.

Mas Susan não compreendia. Ela se debatia, arrastava-se pelo chão.

— Não, não! — Susan gemeu.

Michael ficou imóvel feito uma pedra, querendo segurá-la, mas paralisado. Ela olhou para ele sem reconhecê-lo.

Rakhel deu um tapa bem forte no rosto de Michael e, quando ele se refez, Susan também voltou a si. Ela ficou de joelhos, ainda atordoada, mas levou poucos segundos para perceber onde estava, e quem estava ali com ela.

— Michael! — ela ia abraçá-lo quando viu o sangue. — Oh, meu Deus... você está ferido?

Aquilo era tão distante da realidade que ele não pôde evitar de rir.

— Não. Isso é... uma outra coisa.

Você está viva! Você está viva! A felicidade tomou conta dele como o terror tinha feito antes.

— Estou ferida? — Susan olhou espantada para a blusa ensangüentada. — A última coisa que eu lembro é de Ishmail apontando o dedo para mim, e depois... — ela pôs a mão no peito, sobre o coração, com os olhos arregalados, lembrando.

— Não pense mais nisso — disse Rakhel com firmeza. — Ele não machucou você. Como é que podia machucá-la, uma menina esperta como você?

— Não — disse Susan, parecendo confusa. — Acho que ele queria... que eu o amasse. Foi isso que ele disse.

— Então agora ele é um comediante — resmungou Rakhel, estendendo a mão. — Meu nome é Rakhel... *shalom*.

Susan apertou a mão de Rakhel automaticamente.

— Prazer em conhecê-la.

— Não terá tanto prazer mais tarde — disse Rakhel.

— Para onde ele foi? — interrompeu Michael.

As roupas dele estavam cobertas de lama e sangue, e não conseguia escapar da fatalidade do que o Profeta acabava de fazer. Era o seu jeito de jogar a luva. Mas Susan estava viva, e isso era um milagre muito além da compreensão — embora Michael soubesse, com certeza, que o milagre tinha um preço.

Susan balançou a cabeça sem dizer nada. Lá fora soou uma trovoada. A tempestade estava recomeçando, como uma peça, depois do intervalo.

— É melhor darmos o fora daqui — disse Michael. — Acho que ele pode voltar.

Enfatizando essas palavras, a casa começou a vibrar. Ouviram um barulho surdo pontuado pelo estrondo de coisas caindo das prateleiras, enquanto o frágil bangalô trepidava. Michael espiou pela janela. Armagedon, o erro de pronúncia que três religiões aguardavam impacientemente, como um noivo amoroso.

— Terremoto? — Susan perguntou, desnorteada.

— Michael — disse Rakhel aflita —, é você agora. Ele o convenceu. Não vi quando isso aconteceu, mas não tem importância. Você precisa parar de fazer isso.

— Fazer o quê? — Susan parecia amedrontada e confusa.

Rakhel segurou Michael pelos ombros, impedindo que ele desviasse o olhar.

— Aceite o que você é. Nada vai funcionar direito até você fazer isso.

— Eu sei o que eu sou — disse Michael um pouco alheado.

Sem esperar resposta de Rakhel, ele levou Susan para fora do bangalô, para a chuva.
— Michael, quem é ela? — Susan perguntou.
Ela parecia contente com a tempestade, usava a água para lavar o rosto e as mãos, e para limpar o sangue da blusa.
— Onde a encontrou?
— Ela é um deles, e foi quem me encontrou. Está tentando convencer-me a fazer alguma coisa. Agora não vamos mais falar, está bem? Vamos andando.
Ele calculou o tempo que levariam para cobrir os duzentos metros que os separavam do jipe. Demorou para perceber que Susan tinha parado ali na chuva, olhando espantada para ele. Naquele instante começou outro tremor de terra. A lama encharcada de chuva balançou embaixo deles. Michael cambaleou e Susan caiu.
— O que você está fazendo? Não pode se separar de mim — berrou Michael, mas ela já estava de pé outra vez, voltando decidida para perto de Rakhel, parada na porta do bangalô.
— Susan! — gritou ele frustrado. Um relâmpago explodiu no céu, ofuscante, acentuando a necessidade de fugir. — Não acha que sei melhor do que eles o que eu sou, ou o que deixo de ser? Vamos!
A tempestade estava crescendo, ganhando intensidade. Ouviram um estalo arrepiante quando um raio atingiu a casa em cheio. Ishmail estava voltando. Michael tinha certeza disso.
Rakhel disse alguma coisa para Susan — as palavras dela foram abafadas por outra trovoada — e deu-lhe um empurrãozinho. Susan deu um passo hesitante na direção de Michael, ainda zangada, balançando a cabeça e olhando para trás, para Rakhel.
O solo tremeu outra vez e Michael caiu, mas o tremor não parou. Ele ficou estatelado no chão. Ouviram o som de alguma coisa rachando. Ele sentiu a vibração através da terra, uma coisa separada da trepidação do terremoto. Levantou a cabeça, fazendo um esforço para ficar de pé na lama. Susan estava caída de barriga para baixo, se debatendo como se quisesse atravessar a nado a distância que os separava. Atrás dela a casa estava inclinada de lado, como um navio afundando. Michael viu Rakhel ainda parada na porta, apoiada na estrutura, com uma mão de cada lado. Uma fissura se abriu na terra e engoliu lentamente a casa, com

alicerce e tudo. Michael berrava no meio do estrondo que enchia o ar, como se os três estivessem dentro de um misturador de cimento gigantesco.

— Segure a minha mão! — ele berrou para Susan.

Ela tinha sido derrubada quando corria para ele. Estava engatinhando, tentando vencer a distância entre ambos. Michael viu com um arrepio de horror que ela tentava subir, nadando desesperadamente contra a inclinação da terra que ameaçava varrê-la para o buraco junto com a casa.

Mas a lama tornou-se aliada de Michael. Fez o solo ficar escorregadio, de modo que pôde puxar Susan sem enfrentar resistência.

— Corra... corra! — ele gritou quando ela passou por ele quase de quatro.

Ele ficou de joelhos.

— Rakhel... pule! — ele estendeu a mão.

A velha senhora balançou a cabeça. A porta estava bem acima dele, quase vertical.

— Acredite! — gritou Rakhel. — Confie! Nada vai funcionar direito se não fizer isso!

Num mergulho repentino a casa afundou na terra e sumiu. Michael levantou de um pulo e correu atrás de Susan.

CAPÍTULO SETE

Pedra da Fé

Levaram cerca de quatro horas de jipe, de Megido até Jerusalém. Michael perdeu completamente a noção do tempo e não se surpreendeu ao ver que o sol já estava se pondo quando chegaram. Nenhum dos dois falou muito sobre Rakhel. Não ficou claro se ela havia se sacrificado, ou se tinha morrido para ensinar alguma lição obscura que Michael precisava aprender — talvez fosse o seu jeito de desistir dele.

Será que tinha sido mesmo na manhã daquele dia que Ishmail tinha aparecido no quarto do hotel? Tanta coisa acontecera desde então, que até lembrar de tudo era exaustivo. Michael tinha perdido qualquer certeza que poderia ter sobre estar fazendo a coisa certa. Certo e errado estavam perdidos, vagando num nevoeiro. Ele não teve tempo para pensar em nada mais sutil do que simplesmente sobreviver.

Mas Ishmail não era a única fonte de perigo para eles. Tanto Michael quanto Susan estavam viajando sem identificação ou dinheiro. Sem essas coisas, não estariam a salvo em lugar nenhum, a não ser em Israel, e mesmo lá poderiam atrair as suspeitas da polícia. Precisavam recuperar suas identidades. O melhor lugar para encontrá-las — se tivessem sorte — era no Nova Jerusalém.

Michael ainda estava com a chave do quarto do hotel no bolso, apesar de não lembrar de tê-la posto lá. Servia para evitar pedir ao recepcionista que abrisse a porta, coisa que, levando em conta a aparência maltrapilha dos dois, não seria muito fácil.

— Não sei não — disse Susan, quando Michael abriu a porta.
— É um grande risco voltar para cá. Seu jipe não tem registro. E se pertencer a algum exército de algum lugar? E se a polícia local descobri-lo e ficar vigiando até voltarmos para pegá-lo?

Eram coisas reais, motivo de preocupação, mas, na verdade, falar sobre elas era o modo de Susan disfarçar um medo mais profundo: o quarto do hotel era o último lugar em que Ishmail tinha estado.

— Você pode ficar aqui fora enquanto dou uma espiada — Michael sugeriu.

Ela balançou a cabeça e entrou atrás dele. Os dois olharam para o quarto vazio, assustados como crianças numa casa mal-assombrada. Parecia totalmente inócuo. Até a cama estava arrumada.

— Acho que a camareira esteve aqui — disse Michael frivolamente.

Ele sentiu que Susan reuniu forças para andar pelo quarto. Movendo-se rápida e metodicamente, ela pegou sua mochila e começou a enchê-la de coisas: o passaporte, a carteira, as chaves do carro alugado. Pouco depois já estava com tudo o que queria e preparada para correr, com a mochila nos braços feito uma bola de futebol americano.

Michael enfiou a carteira e o passaporte no bolso da calça. Sentia-se moído e maltratado, queimado de sol, ressecado do vento, sujo e machucado. Desejava um banho, uma cama, roupas limpas. *Será que a mente humana foi feita para querer conforto físico antes de poder pensar em algo mais elevado?* Ele não conhecia a resposta, mas sabia que só podia continuar se nunca mais pensasse na vida comum outra vez.

— Quer a sua escova de dentes? — ele perguntou, pondo a mão na maçaneta da porta do banheiro.

— Não entre aí — disse Susan depressa, e Michael recuou.

Uma lembrança súbita e violenta, de uma queda num poço sem fundo, onde o chão do banheiro devia estar, ocupou a consciência dele. Como podia ter esquecido isso, mesmo por um instante?

Ele balançou a cabeça, afastando-se da porta.

— Tem razão. Vamos.

Michael tinha pensado em ir até a embaixada americana — um destino bem lógico para viajantes com problemas. Mas depois de pegarem o carro, se viu dirigindo para o centro da Cidade Velha.

Não tinha motivações heróicas, nem a curiosidade insaciável de um investigador. Das poucas coisas que Susan tinha contado sobre a aventura deles em Armagedon, havia uma frase que Michael não conseguia esquecer: "Ele perdeu a Luz. Não pode mais ver."

Acontece que quando Rakhel murmurou suas últimas palavras para Susan, logo antes de o terremoto engolir a cabana, essa mensagem cifrada, certamente destinada a ele, foi o que ela transmitiu. Por algumas horas Michael ficou pensando no que Rakhel tinha dito, se se referia a Ishmail ou a ele mesmo. Só sobrava uma pessoa para quem podia perguntar.

O tráfego estava pior do que de costume, e ainda levaram meia hora para chegar diante da porta conhecida. Susan bateu. Ninguém atendeu.

— Rabino! Somos nós. Por favor, responda — chamou Susan.

Depois de alguns minutos a porta foi aberta por um jovem cujos *payess* e barba farta indicavam que pertencia a alguma seita ortodoxa, uma das muitas escondidas em cada canto do bairro Judeu. Ele ficou olhando fixo para Susan, lá de pé com a cabeça descoberta, com a blusa rasgada e enlameada, e mal conseguiu disfarçar o desprazer.

— Solomon Kellner? Ele está? — perguntou Michael.

— Não.

O rapaz já ia fechando a porta.

— Precisamos falar com ele — insistiu Michael, chegando para a frente e encostando na porta. — Podemos esperar aqui?

— Eu já disse, ele não está — o homem repetiu em inglês com muito sotaque. — Essa é uma *bait kn'ne'set*, casa de oração! *L'ha'veen?* Estão compreendendo?

— Mas essa é a casa dele! — Susan protestou, atrás de Michael.

— Só se ele for Deus — retrucou o homem. — Agora deixem-nos em paz.

Um segundo depois, ele bateu a porta na cara dos dois. Michael e Susan foram embora.

— Isso pode ser verdade? — Susan perguntou atônita.

— Que é uma sinagoga? Acho que Solomon não ia mentir para nós, nem pedir para alguém mentir — disse Michael, analisando lentamente as possibilidades. — Acho que ele não está aqui. A questão é, será que foi embora voluntariamente? É estranho. Todo mundo quer que eu veja certas coisas, e outras não. Forçam-me a dar uma espiada, depois fecham a cortina de novo. Eu não entendo. Quem é que está do lado de quem aqui?

— Ainda não temos informação suficiente — disse Susan ressabiada. — Ishmail pode ter mudado as coisas. Não deve ser grande coisa para ele trocar um endereço.

Michael balançou a cabeça.

— Não devíamos estar prestando atenção nos detalhes. Até agora, o que sabemos com certeza? Participamos de alguns acontecimentos incríveis, mas não passam de mero espetáculo. São os acontecimentos invisíveis, os motivos ocultos, as alianças silenciosas, que todos estão escondendo de nós. Encare uma coisa, existem muitos tipos de realidade que temos de compreender, a partir de pouquíssimas pistas. É como tentar aprender uma outra língua com pedaços de jornal encontrados na rua.

— O que quer dizer com isso? Que alguém, provavelmente esse grupo de trinta e seis almas, está tentando ensinar para você aos poucos? Talvez relutem em querer que você se aprofunde mais ainda.

Michael fez que sim com a cabeça. Era praticamente impossível especular sobre uma sociedade secreta cujos membros não se conheciam e, mais ainda, que tinham assumido o compromisso de apenas observar, não interferir. A verdade nua e crua era bem simples: ele podia estar no fim do caminho. Tinha feito sua parte, ou não. Só "eles" sabiam.

Os poucos transeuntes na rua àquela hora olhavam curiosos para os dois, e Michael mais uma vez lembrou como estavam andrajosos. Precisavam se lavar e trocar de roupa, antes de serem presos como vagabundos, vítimas da síndrome de Jerusalém, ou coisa pior. Uma ida ao *souk* dos turistas a poucos quarteirões dali resultou em bonés, jaquetas, camisetas, e uma calça Levi's para Michael e uma saia para Susan, além de sandálias para substituir os sapatos arruinados. Descobriram um restaurante chinês ali perto e se revezaram no banheiro, lavaram-se e trocaram de roupa, até ficarem razoavelmente apresentáveis outra vez.

Enquanto esperavam o garçom servir um prato de frango picadinho, Susan continuou a lutar contra o dilema dos dois.

— Michael, tem uma coisa errada aqui. Não sei bem o que é, nem como traduzir em palavras, mas qualquer um desses personagens esquisitos poderia tê-lo ferido de modo muito pior... e a mim também.

— É — Michael fechou os olhos por um longo tempo. — Você quer voltar para o hotel? — ele perguntou meio relutante.

— Certamente que não — disse Susan na mesma hora. — Não sei o que devemos fazer, mas voltar não é a resposta, nem parar.

Os dois sabiam que ela estava dizendo uma coisa concreta, mas a mensagem subliminar era extremamente significativa — Susan tinha se recuperado bem do trauma de Har Megido e queria seguir em frente.

Sobre suas cabeças uma televisão velha e barata ficava ligada o tempo todo. De repente, as luzes azuis piscando e a sirene fantasmagórica de um carro da polícia apareceram na frente do restaurante, depois chegaram mais três. Michael olhou para Susan, e para a tela atrás dela. Já passava das oito e a programação tinha mudado de árabe para hebraico, mas subitamente uma voz familiar em inglês invadiu os pensamentos de Michael.

— ... aqui no Domo da Rocha. Parece ser um homem literalmente caminhando no ar. Enquanto as autoridades correm para a cena, observadores especulam se pode ser o mesmo homem que estava pregando, e até supostamente operando milagres, diante de multidões cada vez maiores, ao longo da Margem Ocidental e dos Territórios Ocupados...

Na tela uma imagem trêmula mostrava a fachada iluminada da mesquita Domo da Rocha. Com a teleobjetiva dava para ver a incrível figura flutuando. Usava calça preta e camiseta branca, e apesar de a imagem ser minúscula e estar muito longe, Michael achou que ele usava óculos escuros. Estava descalço.

— Meu Deus — disse Susan, virando para ver. — É ele.

— E o nosso amigo Nigel fazendo a cobertura — disse Michael, ficando de pé de um pulo.

Ele precisava sair dali, mas seus olhos continuavam grudados na tela.

— ... na cidade preparada para a celebração religiosa e também para a guerra, será que a aparição dele é o sinal que milhões de pessoas esperavam, nessa encruzilhada das três crenças, e no mundo todo?

A voz eletrônica de Nigel soava excitada mas controlada, preservando uma objetividade que não tinha sentido naquele momento.

De repente, como se a estação acabasse de descobrir o que estava transmitindo, a tela ficou preta e um segundo depois mudou para o fundo azul-claro com o logotipo de menorá e folha de palma da Televisão Israel, junto com um rabisco em hebraico que provavelmente dizia "problemas técnicos".

À distância, mais sirenes gemeram.

Michael jogou dinheiro sobre a mesa e arrastou Susan para a rua.

— Era assim que ele estava vestido em Megido — ela disse, enquanto corriam pelo mercado.

Os olhos dela cintilavam cheios de lágrimas, mas se eram de medo ou de fúria, nem ela sabia.

— Ele percorreu as salas procurando alguma coisa para vestir, e foi isso que encontrou. Mas não achou sapatos. O Messias descalço. Oh, meu Deus.

Normalmente eles poderiam ter ido a pé até o Domo em dez minutos, mas o movimento de pessoas nas ruas estava aumentando, e elas ficavam cada vez mais agitadas. Michael ouviu mais sirenes e o que pareciam tiros. A aparição de Ishmail no Domo da Rocha poderia destruir a cidade. Pela manhã haveria uma rebelião, se é que já não estava acontecendo.

— Se Solomon tirou a família daqui antes do tempo, ele foi esperto — disse Michael, tendo de levantar a voz para ser ouvido com toda a barulheira em volta. — Também sinto que ele poderia trocar de endereço com a mesma facilidade que o Profeta. Todos eles estão participando de um jogo muito profundo, cada um deles.

As ruas estreitas ficavam mais entupidas de gente à medida que se aproximavam do Domo, como ravinas transbordando com uma tromba d'água. Michael puxou Susan para dentro de um açougue com uma televisão em cima do balcão. Várias dezenas de pessoas se amontoavam para assistir, algumas segurando embrulhos de salsichas.

A imagem na tela era mais eletrizante que a anterior. O céu noturno sobre o Monte do Templo estava todo riscado por holofotes de busca, e dava para ouvir o ronco dos helicópteros em vôos rasantes. A qualquer hora o Domo coberto de ouro era uma vista espetacular, emblema da Jerusalém de todas as crenças, e símbolo inescapável do seu conflito. As três crenças diziam ter direito sobre o lugar e, para reforçar esse direito, atribuíam a ele uma dúzia de acontecimentos milagrosos e quase todos os marcos da história. Aquele era o ponto exato em que Abraão ofereceu Isaac no altar para Jeová, onde o rei Davi erigiu o próprio altar, depois de comprar tudo e alguns bezerros para sacrifício por cinqüenta *shekels* de prata. Foi bem ali que Salomão resolveu construir seu templo, e onde o segundo templo existiu depois que os judeus voltaram do exílio na Babilônia.

Segundo o Talmud, a pedra sagrada também cobre a entrada do Abismo, onde, se você for muito devoto, poderá ouvir o ronco das águas do dilúvio de Noé. Foi também chamado de Centro do Mundo, já que Abraão iniciou ali as duas religiões, o judaísmo e o islamismo. E a Pedra Fundamental, sobre a qual ficava a Arca da Aliança. E sob a qual a Arca continua enterrada, escondida desde a destruição de Jerusalém, que arrasou o primeiro templo. Na pedra sagrada está escrito o grande e indizível nome de Deus — *shem* — que foi decifrado por Jesus. Foi assim que ele conquistou o poder de operar milagres.

Nesse lugar, séculos depois, Maomé foi levado pelo arcanjo Gabriel e ascendeu ao céu num cavalo alado. O Domo da Rocha é chamado de Haram Ash-Sherif, em árabe, e *haram* significa "proibido". Mas, como não resta vestígio nenhum do templo sobre a terra, o lugar é proibido para judeus ortodoxos, além dos muçulmanos devotos, um solo marcado pela morte até a décima de uma seqüência de novilhas vermelhas — a nona foi oferecida por Davi — poder ser sacrificada para purificar os fiéis.

Na crença muçulmana, a própria Rocha não tem base. Fica apoiada apenas numa palmeira irrigada pelo rio do Paraíso, e a própria palmeira fica suspensa sobre Bir el-Arwah, o Poço das Almas, onde toda semana, se ouvirmos com devoção, os mortos se reúnem para orar, à espera do Dia do Juízo Final.

Mas naquele momento, enquanto observava a cena por cima das cabeças dos fregueses do açougue, Michael achou que era mais apropriado dar ao lugar seu outro nome lendário, Boca do Inferno. Não se via mais a aparição de Ishmail. Tinha se perdido no meio da multidão. Mas como as redes de televisão estavam passando a gravação a cada dez segundos, a levitação poderia muito bem ser permanente. Olhando em volta, Michael notou caminhões blindados descendo a rua lateral na direção do Domo.

— Ela disse que ele gosta de símbolos — resmungou Michael.

— Quem? — perguntou Susan.

— Rakhel — os dois estavam fora da loja, tentando mais uma vez abrir caminho na multidão, dando um passo de cada vez. — Ela só deu pistas sobre ele, essa foi uma.

— E quem precisa de pistas? Ele não é o testa-de-ferro do diabo, ou alguma coisa muito parecida? — disse Susan.

— Veremos.

Quando o rio seco de humanidade parou de repente, Michael percebeu que era má idéia ter ido para lá, mas era tarde demais para recuar — Susan e ele estavam espremidos no meio da turba composta de peregrinos, nativos e soldados nervosos com rifles automáticos, todos empurrando e berrando a plenos pulmões. A algazarra impedia qualquer conversa, tornava impossível até pensar. O som aumentava e diminuía como o barulho do mar.

Michael lembrou o que Solomon tinha dito para ele na noite anterior, meio em tom de brincadeira: *Mais um milagre talvez nos mate a todos.*

— Temos de sair daqui! — gritou ele no ouvido de Susan.

Ele viu Susan balançar a cabeça, mover os lábios, mas foi só isso. Os dois sabiam que haveria um grande tumulto.

Esbarrando e empurrando, eles acabaram conseguindo ficar de costas para uma parede. Se pudessem encontrar uma rua lateral por onde escapar, teriam uma chance de voltar para uma das ruas principais e recuar para o oeste. Não havia possibilidade de chegar perto de Ishmail — tampouco perto de Nigel Stricker. Michael ficou imaginando que tipo de sociedade Ishmail tinha formado com Nigel, e se era tarde demais para pôr um fim nela.

As luzes de busca faziam o céu brilhar sobre o Domo, mas ele estava mais brilhante, como se o próprio Domo estivesse em chamas. A multidão notou isso e ficou quieta um instante. Mesmo daquela distância, que Michael estimava ser de uns quatrocentos metros, deu para ouvir um estalido. Uma dor surda e agourenta bateu no peito de Michael. Por mais que gostasse de símbolos, talvez Ishmail achasse melhor ainda destruí-los.

— Você consegue escalar? — ele disse para Susan.

O silêncio tinha durado apenas alguns segundos, e a multidão estava à beira de um pandemônio. Ela fez que sim com a cabeça bem depressa. Michael se abaixou, tranço os dedos das mãos, e quando ela encaixou o pé, ele deu o impulso para cima, o mais alto que pôde. A arquitetura medieval da Cidade Velha foi a salvação deles: Susan conseguiu encontrar apoio um metro e meio acima, na parede em ruínas, depois mais outro. Michael ouviu o barulho de vidro quebrado quando ela bateu com a mochila numa janela, e fez o melhor que pôde para se esquivar dos cacos que caíram. Quando olhou de novo, Susan estava debruçada na janela aberta, segurando a correia da mochila para ele como cabo de segurança. Ele ouviu tiros de metralhadora ao longe, e gritos que pareciam o chamado distante das gaivotas.

Mais gritos na direção do Portão das Tribos. De repente a multidão desorganizada ficou apavorada, todos tentando desesperadamente fugir da calamidade celestial. Em segundos o pânico ia se espalhar e chegar até aquele ponto.

Michael conseguiu escalar até a minúscula sacada do lado de fora da janela em que estava Susan. A balaustrada de madeira cedeu sob o peso dele, mas ela puxou-o para dentro na hora em que a sacada despencou sobre a massa de corpos lá embaixo.

O barulho da rua já era indescritível, e provocava arrepios atávicos ao longo da espinha de Michael. Ele ouviu uma explosão violenta que poderia ser fogo de morteiros, mas, pelo ângulo da janela, não dava para ver nada que acontecia mais perto do Domo.

— Como é que você sabia o que ia acontecer? — Susan perguntou em voz baixa.

— Houve um clarão no céu... obra de Ishmail.

— Mas ele não está lançando raios da morte contra eles, não é como antes.
— Não — disse Michael. — Ficarão contra ele se fizer uma coisa dessas de novo.
— Não, se ele prometer salvá-los — observou Susan carrancuda. — Acho que depois desta noite ele vai parecer a única esperança.
— É — disse Michael. — Ele está experimentando um monte de coisas, mas há um único tema que engloba tudo. Ele vai salvar o mundo... dele mesmo.

Jerusalém, e com ela todo o mundo religioso, entrou em choque quando a imagem do Domo, destruído pelo fogo em questão de horas, foi divulgada por todo o globo. Escondidos no que devia ser um apartamento abandonado, provavelmente de estrangeiros ricos que só iam lá nas férias, Michael e Susan estavam sentados no escuro, assistindo à televisão.

O caos ficava ainda maior, porque tudo aconteceu à noite. As colunas que seguravam o Domo dourado se partiram mais cedo com o calor intenso do fogo, derrubando toneladas de metal e pedra, e soterrando por completo os lugares sagrados. Além da ruína da mais bela construção sagrada do islamismo, Jerusalém enfrentava o espectro do sacrilégio de alguém, ou o castigo lá de cima. Qualquer opção inflamava milhares de pessoas na cidade. Incêndios vingativos surgiram na Igreja do Santo Sepulcro (o segundo lugar designado pelos devotos como Centro do Mundo), e turbas percorriam a Via Dolorosa — a rua pela qual Cristo marchou para a crucificação —, saqueando e quebrando janelas. Os árabes já haviam destruído a maior parte das antigas sinagogas da Cidade Velha antes de perder a guerra de 1948, que tornou Israel um estado, mas, agora, até as relíquias que continuavam de pé, arcos e colunas estavam sendo derrubadas. Era a ação de ódio visível, que na verdade nunca deixou as mentes de muita gente — a não ser daqueles que tinham desistido da vida religiosa, ao que parece.

Michael só achou que os dois podiam se aventurar pelas ruas em segurança depois das três da madrugada. As ruas próximas estavam cheias de gente irritada, mas não mais enlouquecidas.

Havia policiais por toda a parte, usando sirenes para impor um toque de recolher para a cidade inteira. Quarta-feira transformou-se em quinta. O pôr-do-sol do dia seguinte seria o início da Páscoa dos judeus.

Quando finalmente voltaram para onde estava o jipe, descobriram que não estava mais lá, uma casualidade da baderna. Os documentos poderiam representar alguma imunidade para não serem presos, mas nenhum dos dois queria arriscar levar um tiro dos extremistas que perambulavam pela cidade. Jerusalém estava sob lei marcial, com barricadas em quase todas as esquinas. Nenhuma era da IDF, e o máximo que conseguiram foi ficar longe de todos que poderiam querer matá-los.

— A Cruz Vermelha deve ter um posto médico por aqui — arriscou Michael.

— Em Israel, você quer dizer Magen David Adom, Estrela Vermelha de Davi, mas espero que sim. O melhor lugar para procurar deve ser perto do Portão Jaffa. Provavelmente transformaram o Nova Jerusalém em centro de refugiados, e pelo menos poderemos ligar para a embaixada de lá.

Michael anuiu com a cabeça e partiu na frente. Os olhos ardiam devido à fumaça que pairava sobre a cidade, refletindo os inúmeros incêndios até todos os lugares sagrados serem banhados por um brilho vermelho. Patrulhas armadas de uma centena de facções belicosas estavam nas ruas, rugindo no meio de uma devastação surrealista. Havia pilhas de corpos nas sarjetas. Rixas antigas tinham sido acertadas com bombas e tochas, e a metade da cidade devia estar queimando. Depois do ensaio geral de Ishmail, Armagedon chegava a tempo para a Páscoa.

Michael e Susan levaram uma hora desviando e andando em círculos para chegar ao hotel, e, quando conseguiram, descobriram que o Nova Jerusalém estava em chamas. Tanques parados na rua larga na frente do hotel protegiam os caminhões dos bombeiros. Um jipe tinha um obus fixado na traseira. Soldados por toda parte, empilhando corpos na rua, tentando evitar as poças de água que escapavam das mangueiras. Enquanto Michael e Susan observavam, dois bombeiros saíram correndo do prédio incendiado, arrastando um terceiro. A cabeça dele rolava de um lado para outro. Michael foi abrindo caminho no meio da multidão e correu até eles.

— Sou médico! — ele gritou.

Os bombeiros largaram o fardo nos braços de Michael, que deitou o homem na calçada. O rosto dele estava preto de fuligem, o uniforme queimado nos braços e nas pernas.

— Você vai ficar bem — disse Michael. — Acha que está em choque?

O bombeiro balançou a cabeça, mas os olhos vazios diziam outra coisa. Michael abriu a túnica pesada. Ficou com a mão ensangüentada. Olhou para ela confuso. Alguém tinha dado um tiro naquele homem. Rasgou a camisa que ele usava por baixo. Um ferimento à bala, bem alto no ombro esquerdo.

— Pode salvá-lo? — alguém perguntou atrás de Michael.

— Arranjem um pouco de morfina — ordenou Michael.

Ele tinha lembrado de arrumar na mochila uma espécie de *kit* de emergência no apartamento vazio. Pegou um pacote de pequenas toalhas e começou a fazer pressão diretamente na ferida.

— Segure isso. Aperte com força! — ele disse para um homem que estava observando. — Podemos mantê-lo estável até a ambulância chegar aqui.

Susan apareceu. O bombeiro ferido começou a se debater sem força, gemendo de dor.

— Franco-atiradores estão ateando fogo e depois ficam de tocaia esperando alguém reagir — disse ela.

Michael sentia o pulso com uma das mãos e vasculhava a mochila à cata de uma tesoura com a outra.

— Meus homens disseram que você é médico? — alguém falou acima da cabeça dele.

— Sou, você trouxe a morfina? — disse Michael.

Uma mão invisível pôs uma seringa hipodérmica cheia na mão de Michael. Michael rasgou a manga do paciente e apalpou rapidamente à procura de uma veia. A pele sob seus dedos estalou. Ele enfiou a agulha e tirou outro pedaço de toalha da mochila.

— Preciso de uma maca aqui!

A aurora surpreendeu-os num posto médico provisório ali perto. As vítimas tinham sido empilhadas em cobertores, na falta de camas. Michael foi junto com seu paciente para lá e estabilizou-o da melhor forma possível antes de ser levado na traseira de uma picape recrutada como ambulância.

A noite transformou-se numa fila interminável de feridos. Susan trabalhava ao lado dele sem descanso, movendo-se como um segundo par de mãos, enquanto Michael cuidava de queimaduras, fraturas, ferimentos à faca, ferimentos à bala. Uma carga de suprimentos médicos e dois soldados apareceram, e ele comandava tudo. Ficaram sem luvas cirúrgicas em pouco tempo, e Michael teve de se contentar em lavar as mãos com vodca, atacando tudo o que podia com injeções de antibióticos e rezando para o deus da assepsia fazer com que isso bastasse para afastar a infecção.

Susan e ele foram evacuados horas depois para o posto Magen David Adom, na rua Mamilla. Michael apresentou os documentos e disse que Susan era sua enfermeira. Ninguém questionou a história. Enquanto trabalhava, alguém ficava levando sem parar xícaras de um café horroroso, mas a maré de sofrimento chegou quase como um alívio — pelo menos uma trégua — do outro mundo, pairando em volta dele, em que não tinha nem poder nem competência, e figuras sombrias jogavam os dados do seu futuro.

Em toda aquela confusão, a única informação precisa que alguém podia dar sobre o Profeta era que ele tinha desaparecido quando a baderna começou. Talvez reaparecesse no domingo, dali a três dias, se eles merecessem. Mas em meio aos tiros cruzados dos boatos, Ishmail já era Jesus ressuscitado. Ou era o verdadeiro Mahdi, o Imame retornando da "ocultação" para reinar num mundo perfeito, um anjo de Satã, um alienígena do espaço, ou um complô da CIA. Tinha chegado para salvá-los. Tinha chegado para matá-los. Era a única esperança.

Logo antes do sol nascer, Michael sentou ao lado de uma fila de macas, sem poder dormir, mas precisando descansar os pés por alguns minutos. Um major do Exército israelense, que parecia africano, já que era etnicamente marroquino, mas culturalmente judeu, juntou-se a ele. Conversavam com vozes cansadas e partilhavam a metade de um cigarro. Quando Michael resmungou algumas

coisas sobre seu encontro com o Profeta, o major ficou muito interessado no nome dele.
— Ishmail? Você sabe do que se trata, não sabe? — ele perguntou, e Michael balançou a cabeça, que não. — É um nome muito poderoso, o que foi dado para o Imame Escondido — explicou o major e, quando viu o ar confuso de Michael, começou a contar a história desde o princípio. — Não sei se o seu camarada realmente se chama Ishmail, ou se adotou esse nome visando um efeito dramático, mas a história é a seguinte: No islamismo, a linha de profetas, que começa com Abraão, deve terminar com Maomé. Os muçulmanos são oficialmente muito céticos quanto aos santos. Mas no meio do povo, e especialmente entre os muçulmanos xiitas, uma minoria poderosa que segue a fé, sempre existiu a crença de que uma espécie de messias, chamado Mahdi, um dia apareceria. Milhões de fiéis acreditam no sétimo Imame, um ser sobrenatural que está escondido desde o ano 757, quando o filho do sexto Imame foi destronado em favor do irmão indigno. O irmão indigno chamava-se Musa. O destronado era Ishmail.
"Então você percebe que isso é uma bomba-relógio. Até o Imame voltar de seu esconderijo, todo o mundo é impuro, caído, e privado de grandeza espiritual. Mas no dia em que Ishmail se revelar novamente, Deus assinalou o triunfo de uma religião em nome de Alá que superará todas as outras — um triunfo sangrento, devo acrescentar. E não é à toa que o islamismo deriva, até onde se tem notícia, de um filho de Abraão, também chamado de Ishmael."
Michael ficou sabendo que o major era na verdade um professor da Universidade Hebraica recrutado pelo Exército. Seu esboço resumido da luta religiosa no Oriente Médio fez Michael entender que estava chegando cada vez mais perto das intenções do Profeta. Contou tudo para Susan.
— Talvez ele seja mesmo o Imame Escondido — ela especulou, tirando a última guimba de cigarro da mão dele. — Solomon devia saber. Quero dizer, mesmo com a história das trinta e seis almas, ele enfatizou bem que as almas puras não precisavam ser judias, podiam ser de qualquer crença.
— Não acho que a pureza é a marca registrada desse Ishmail em particular — disse Michael. — É compreensível que ele esteja

incitando uma espécie de Jihad ou guerra santa em benefício de uma religião, mas aposto que o que ele quer é a maldade com oportunidades iguais para todos. Ele é um manipulador, magnetizado por qualquer um que ceda à manipulação.

O descanso de dez minutos terminou, e eles voltaram ao trabalho, até a Estrela Vermelha providenciar uma turma de profissionais de Tel Aviv para substituí-los mais ou menos às dez horas da manhã. Então, eles sucumbiram à exaustão, que mantinham à distância, e dormiram, encolhidos sobre camas turcas atrás do armário de munição, até as seis da noite. Quando Michael despertou, a Quinta-feira Santa estava terminando. Não sabia o que o termo significava, só que a véspera tinha sido Quarta-feira de Cinzas e que o dia seguinte seria Sexta-feira Santa. O significado da Semana Santa poderia dizer alguma coisa, se não tivesse como pano de fundo cinco vezes mais mortes do que numa semana comum.

A pele dele estava pegajosa, coberta de suor e fuligem. Ele ficou pensando se qualquer quantidade de água e sabão poderia limpar o que tinha acontecido na noite anterior. Será que aquilo também era culpa sua — conseqüência da sua recusa de lutar? Ou teria acontecido de qualquer maneira, não importa o que ele fizesse?

— Imprensa! Sou um jornalista, droga! *Capisce*?

Tinha alguém gritando do outro lado da barraca, uma voz inglesa rouca, estridente. Nigel. Michael correu para o lado do som, tropeçando nas cordas das tendas, até avistar o portão da frente. Na abertura, no meio de uma barricada construída às pressas com sacos de areia e arame farpado, estava Nigel, com um colete de safári por cima de um blusão listrado de rúgbi, um velho boné Tilley na cabeça. Atrás dele um cinegrafista com uma minicâmera no ombro.

— Você não entende.

Nigel estava falando com um forte guarda israelense que bloqueava a passagem para o posto de saúde.

— Quero entrevistar as pessoas que o viram. Olha aqui, quem é o seu comandante? Você ao menos fala inglês?

— Quase todo mundo aqui fala — disse Michael chegando ao portão. — Gostamos de considerar que é a língua da amizade entre os diferentes povos do Oriente Médio.

Do outro lado da rua, Michael viu uma van branca com o logotipo da BBC. A van tinha várias mossas e buracos recentes, como se tivesse levado tiros durante a noite.

A expressão de Nigel passou de choque para um prazer estudado.

— Michael, meu filho! Que bela visão você é. Será que pode dizer para essa gente me deixar entrar? Estamos sete horas antes de Nova York. Mal terei tempo para dourar mais um pouco a pílula antes de editar o filme da noite passada.

— Parece que pensa que terei boa vontade com você — respondeu Michael.

— E por que não teria?

— Eu não sei... culpado por conivência? Parece que anda se associando com tipos que instigam rebeliões e incitam o zelo religioso, tudo isso antes do café da manhã.

Nigel arregalou os olhos.

— Ouça, eu não precisei ir atrás dele, ele é que me encontrou. Simplesmente entrou no meu quarto de hotel em Damasco e disse que ia para Jerusalém. Vir para cá não foi idéia minha, sabe?

— Aposto que não. E acha que a presença dele aqui não é nem um pouco perniciosa? — Michael passou os olhos loquazes pelo horizonte de prédios incendiados, prova do tumulto que durou a noite toda. — Não esqueça de ficar de joelhos para transmitir sua reportagem, Nigel. Precisa dar às pessoas uma idéia do tipo de trabalho que você faz.

Nigel olhou Michael de alto a baixo, imaginando quanto do que ele dizia era sincero, e quanto era desabafo da tensão.

— Só uso joelheira para a deusa prostituta do sucesso, você sabe disso. Não cabe a mim esconder ou julgar um fenômeno.

Michael respondeu zangado.

— Pelo amor de Deus, cara, olhe em volta. O seu protegido deu início a uma guerra, sozinho. Milhares de pessoas estão mortas.

— Não foi culpa dele — disse Nigel rapidamente. — Extremistas distorceram a mensagem dele. Ele não teve nada a ver com...

— Ele começou tudo, deliberadamente — disse Michael.

— Você está sendo irracional. Ele tornará sua posição perfeitamente clara quando fizer seu discurso para o Knesset hoje, ao

meio-dia. Transmitido ao vivo, é claro, apesar de ter de ser retransmitido num horário mais decente para os Estados Unidos.
— Cristo! Ouça o que está dizendo!
Nigel parou de falar. Vendo que não ia ganhar nada, balançou a cabeça com ar de desprezo.
— Deixe eu lhe dar um conselho. Suas opiniões vão tornar essa cidade muito perigosa para você mesmo. Esse Profeta, se é que posso usar o termo sem que queiram arrancar a minha cabeça, vai servir para unir as três religiões, muito mais do que qualquer um nos últimos dois mil anos.
— E em troca, por divulgar essa bênção, qual é a sua parte... trinta mil peças de prata?
Michael sabia que estava parecendo um beato tão estúpido quanto Nigel, e sem a vantagem de estar do lado vencedor. Não tinha ilusão nenhuma quanto a isso.
— Olhe aqui — disse ele —, não tenho tempo para isso. Passei horas demais tentando costurar todos que o seu Príncipe da Paz jogou no rolo compressor à noite passada. Se estivermos todos vivos até o pôr-do-sol, imagino que estarei fazendo a mesma coisa essa noite. Faça o que tem de fazer, mas não me peça mais nenhuma pose para foto ao lado dos corpos.

A porta traseira da van se abriu, e Michael avistou, com o canto do olho, uma calça jeans preta e uma camiseta branca, antes do lampejo de reconhecimento. Os guardas reconheceram também. Recuaram, nervosos, do portão, e então um deles — Michael achou que podia ser um árabe cristão, em vez de israelense — caiu de joelhos quando o Profeta se aproximou.

— Levante, meu filho, e vá em paz — murmurou Ishmail, pondo a mão na cabeça do homem.

O soldado indefeso pegou a mão dele e beijou-a fervorosamente. Michael quis virar de costas, mas ficou fascinado com aquela nova persona — não conseguia associá-la ao torturador zombeteiro que havia levado Susan um dia antes.

Os olhos de Ishmail examinaram em volta por trás dos óculos escuros, ignorando Michael.

— Eu poderia ajudar muita gente aqui — disse ele. — Mas tenho a sensação de que minha ajuda seria rejeitada. Vocês conhecem as escrituras? Ó Jerusalém, que mata seus profetas...

— E apedreja os que são enviados — Michael completou. — Isso está ficando meio repetitivo, você não acha?

Ficou espantado com ele mesmo, de ousar enfrentar aquela criatura cujos poderes pareciam ilimitados, mas não foi apenas bravata. Não havia dúvida de que Ishmail já poderia tê-lo matado uma dúzia de vezes. E Michael imaginava que não era coincidência Nigel ter escolhido aquele posto específico para fazer suas entrevistas.

— Nigel? Com quem você está falando?

O Profeta falava um inglês perfeito e culto, mas Michael podia apostar que não sabia uma só palavra três dias atrás. A voz dele era doce e gentil, uma voz carinhosa e suave, do tipo que as crianças esperam ouvir na hora de dormir, ou que os amantes desejam na cama.

— Ninguém importante — disse Nigel de mau humor. — Venha, podemos dispensar o colorido local. Tenho muito o que fazer.

O tom de familiaridade casual na voz de Nigel beirava o descaramento, e Michael teve certeza que Ishmail notou. Se o rato estava seguro vivendo entre as patas do leão, isso não iria durar muito. Antes de voltar para a van, o Profeta avaliou os soldados e as barracas com curiosidade, mas seu olhar não se deteve em Michael.

Ele perdeu a Luz. Não pode mais vê-la. As palavras de Rakhel chegaram à superfície, arrancadas da memória junto com a briga no quarto do hotel, na manhã do dia anterior. Naquele momento, como antes, Michael podia ver Ishmail, mas Ishmail, ele sabia, não podia vê-lo.

Michael prendeu a respiração, rezando para Nigel não dizer nada que pudesse trair a sua presença. Mas Nigel simplesmente atravessou a rua batendo os pés furioso, com o câmera atrás.

— Se os maus se arrependerem de todos os pecados que cometeram, e seguirem os meus mandamentos, e fizerem o que é direito e justo, eles certamente viverão — disse Ishmail, dando meia-volta.

Michael achou que era um ensaio para uma platéia que não atualizava seus espetáculos religiosos havia vários séculos, mas ao mesmo tempo sabia, ao ver o Profeta desaparecer dentro da van, que o ato seria muito satisfatório.

Ele devia ter contado sobre o encontro para Susan, dada a intimidade cada vez mais profunda entre os dois, e a cumplicidade da guerra que os unia ainda mais. Mas não contou, achando que era ainda mais íntimo deixá-la sem saber por algum tempo, por respeito ao medo que sabia que ela continuava a nutrir. Era um ato de gentileza não interferir nisso.

Quando disse para ela que ia para a Jerusalém Ocidental arranjar suprimentos médicos e talvez alguns mantimentos para o café da manhã, se as barracas do mercado não tivessem sido saqueadas, Susan não pareceu se importar de ficar esperando. Deixou-a na sala de higiene da ala das mulheres e foi primeiro a uma feira no bairro Cristão para comprar pão e queijo, talvez algumas frutas, se encontrasse. A necessidade de comer lhe tinha sido arrancada pela sinistra excitação da violência da noite anterior, mas conseguia engolir alguns alimentos simples. O toque de recolher era ao entardecer, por isso tinha de se apressar.

As pessoas continuavam indóceis, apesar da forte presença militar. Michael prestou atenção por onde ia, por isso estava bem alerta quando viu o menino. A figura magra, vestida de preto, acabava de se esgueirar pelo meio de um grupo de soldados perto de uma quitanda.

— Ei! — gritou Michael.

A rua estava apinhada de gente, mas o menino soube, de alguma forma, que era com ele. Olhou para Michael com a expressão assustada e pálida.

— Davi, pare! — gritou Michael, mas, ao ouvir seu nome, o vizinho louco de Solomon virou-se e correu.

Em cinco segundos Michael partiu atrás dele. Viu o menino deixar cair o saco de compras. Uma garrafa de leite espatifou no calçamento de pedras. Davi não estava perto de casa, mas parecia conhecer as ruas e becos. Na perseguição, Michael esbarrava em pedestres furiosos, desviou de uma Vespa que freou cantando pneu, e quase derrubou um camelô. A multidão não abria caminho, nem olhava para ele com curiosidade. Todos ainda estavam fechados em suas bolhas de choque e desespero.

Depois de três quarteirões, Michael perdeu o fôlego. Sentiu fortes pontadas nas costelas e os joelhos doíam de tanto agüentar as batidas dos pés no calçamento de pedra. Davi correu mais depressa ainda, energizado pelo pânico. Michael achou que não o alcançaria, mas não era tão difícil mantê-lo sempre à vista, e talvez ele voltasse para as pessoas que tinham pedido que comprasse comida — essa era a única esperança de Michael.

Duas vezes o menino virou para uma rua maior, e quando se aproximou de uma barricada grande, Michael quase gritou, "Segurem-no!" Mas sabia que os militares provavelmente não acreditariam nele, contra um menino *hasid* amedrontado. Mas acontece que o medo não comprometia a inteligência de Davi. Quando pisou nos cacos de vidro da garrafa de leite, Michael percebeu que estavam correndo em círculos. Ele parou, bufando e ofegante, e deixou o menino escapar.

— A qualidade da misericórdia não se desgastou... ótimo.

Virando bem depressa, ele viu Solomon Kellner rindo, olhando para ele do outro lado da rua. O rabino segurava um repolho em cada mão, tentando escolher um numa barraca.

— Foi misericordioso deixá-lo ir. O pobre menino não fez nada de errado, além de perder o juízo em algum ponto do Talmud.

— Eu não queria o menino, de qualquer jeito — Michael bufou, recuperando o fôlego lentamente.

— Você queria a mim, *nu*? — disse Solomon, pagando ao vendedor da barraca e começando a se afastar.

Michael caminhou ao lado dele.

— Alguma coisa assim — disse ele. — Desde que possa me dizer o que preciso saber.

— É melhor eu contar o que você não deveria saber.

Michael ficou esperando o esclarecimento.

— Você não deveria saber quem eu sou, onde eu moro e o que vou fazer — continuou Solomon. — Você tem uma tendência para o melodrama, e isso é uma coisa completamente diferente.

— Sua amiga Rakhel também disse que eu gostava de melodrama — disse Michael.

— Que nome você dá para isso... jogar a isca, fazer com que eu me exponha? — resmungou o velho rabino.

Michael segurou Solomon pela manga.

— Não estou brincando. Ando à sua procura porque sei, com certeza, que não foi totalmente honesto comigo. Você é um dos Lamed Vov — Michael não parou de falar para deixar Solomon protestar. — Olha, por mim, tudo bem, se quer preservar suas confidências, mas revelou um monte de pistas. Pelo menos Rakhel fez isso por você, porque ela disse que ele não podia ver a Luz. O Ishmail. E quando estávamos escondidos na sua casa àquela noite, você ficou na sala de propósito, para ver se ele via você. Quem mais faria isso?

— Você estava espionando? — disse Solomon em tom de acusação.

— Eu desci por acaso. Queria ver se você estava em apuros — respondeu Michael. — De qualquer modo, não é mais hora de ficar disfarçando, não é? Porque o fato é que ele não consegue me ver também. E aí, o que vamos fazer quanto a isso?

Sem responder, Solomon apontou para cima.

— Venha comigo. Já deram o toque de recolher. Não estamos seguros aqui, e a sua bela namorada terá de esperar e se preocupar. Não tem jeito.

Cinco minutos mais tarde, depois de alguns desvios de patrulhas de soldados, estavam diante da velha casa do rabino. Solomon abriu a porta e ficou de lado para Michael passar.

— Mas já estive aqui — protestou Michael. — E não era mais a sua casa.

— Não me culpe. Acostumei-me com truques baratos.

Sem dar mais nenhuma explicação, Solomon empurrou Michael para a sala. Estava mal iluminada, com uma única vela, e as cortinas fechadas.

— Vou levar essa comida para Bella lá em cima. Espere por mim no meu escritório, está bem?

Quando ia sentar numa das velhas poltronas de couro de frente para as fileiras de velhos livros com capas de couro, Michael percebeu que sua consciência tinha mudado. Nenhum fato isolado tinha provocado isso, talvez nenhum pensamento ou decisão da parte dele. Mas de alguma forma ele havia entrado num barco e se afastado da vida normal, que parecia muito distante, num horizonte ao longe. Era isso que o tornava invisível para Ishmail, ou será que alguém o protegia?

Com a visão mental, Michael podia imaginar a violência se alastrando a partir da aparição do Profeta. Aquilo não era mais um sonho. Bastava fechar os olhos e lá estava ele andando por uma cidade em chamas, só que dessa vez os prédios que queimavam eram altos e modernos. O Profeta estava lá, e suas palavras eram fogo. Quanto mais pregava, maiores ficavam as labaredas, e Michael observava sem medo. Se isso era a essência de como havia mudado, não tinha certeza se era bom. Achava que ser destemido era uma atitude perigosa, quando, na verdade, a ignorância era total.

Ele saiu do devaneio ao ver Solomon de pé diante dele com uma arma apontada para sua cabeça. Michael deu um pulo.

— O que você está fazendo? Largue isso.

Solomon abaixou a arma.

— Chegamos a um ponto crítico. Só porque Ishmail não consegue vê-lo não significa que ele vai ignorá-lo. Pelo contrário. O invisível é a única ameaça para ele, e ele sabe como somos perigosos. A questão é, será que concordamos em ser um perigo, ou continuamos a observar e a confiar?

— Não vejo como podemos ficar parados. Se as trinta e seis almas têm algum poder...

— Você está se atrapalhando com as palavras, meras palavras. O que acha que é poder? — perguntou Solomon.

— Não vejo a importância disso. Ele é um dos seus, talvez um renegado, mas mesmo assim igual a você e diferente de todas as outras pessoas. Você disse que as trinta e seis almas puras tinham poder ilimitado.

Solomon balançou a cabeça.

— Ishmail é como nós, é verdade, mas o que o faz assim é o livre-arbítrio. Somos pessoas que sentiram o gostinho da tentação de alterar a realidade, apenas para renunciar a ela. Ele não renunciou, mas isso não quer dizer que possamos controlá-lo.

Michael ficou desapontado.

— Então você resolve ser fatalista, enquanto milhares de pessoas morrem, enquanto o caos explode por toda parte? Entendo. Ele olhou em volta, pensando taciturno se três mil anos de sabedoria resultavam nisso. Sentiu a cabeça virar quando recebeu um golpe do lado esquerdo. Atingiu o corpo todo e quase o arrancou do chão. Ao mesmo tempo ouviu um barulho enorme de coisas quebrando.

Ele me seguiu. Só teve tempo de pensar nisso. Rodopiando e evitando cair, Michael viu a parede do escritório que dava para a rua desabar inteira. Tijolos e poeira de reboco encheram a sala em questão de segundos. A parede ficou reduzida a uma pilha de escombros, e ele avistou a rua lá fora, quieta e escura, a não ser por um poste de luz distante.

— Fique onde está! — ordenou Solomon.

O rabino olhava furioso para a abertura na parede. Naquele momento uma figura escalou a pilha de tijolos, e, apesar da nuvem pesada de pó, Michael soube quem era na mesma hora. E sabia também que a invisibilidade não era proteção naquele momento. Ishmail podia fazer a casa toda desmoronar em cima deles. Michael deu um mergulho desesperado e jogou-se em cima da figura sombria, ao mesmo tempo aconteceu uma explosão bem perto da orelha dele.

Com a cabeça estalando de dor, Michael aterrissou sobre o corpo de Ishmail. Rolaram duas vezes antes de Michael perceber que seu oponente estava inerte. Não lutava, não se mexia. Solomon estava ao lado deles segurando a arma.

— Pode parar de lutar agora — disse ele secamente.

Michael sentou no chão e largou o corpo do outro. Ishmail rolou nos tijolos, de braços abertos.

— Isso é satisfatório? — perguntou Solomon.

Michael viu que Bella tinha descido a escada correndo, de camisola de flanela. Estava lá, parada com a mão na boca, chocada.

— Como pôde matá-lo? — perguntou Michael atordoado.

Solomon guardou o revólver na escrivaninha e trancou a gaveta friamente.

— Você quer dizer, como foi possível? Todo mundo é mortal. Nunca disse que ele não podia morrer. Você não devia fazer suposições.

Michael levantou depois de tentar sentir o pulso no braço que estava mais perto dele. O sangue escorria de um ferimento limpo que a bala de pequeno calibre tinha feito na testa de Ishmail. Uma náusea terrível misturou-se à incrível onda de alívio que Michael sentia.

— Ainda acho inacreditável — disse ele.

— Ver para crer. Não é essa a regra geral? — nessa hora Solomon já estava junto de Bella, segurando-a nos braços. — Por favor, volte para o seu quarto. Faça a mala — disse ele para ela baixinho. — Esse jovem ajudou a atrair isso para nós. Agora receberemos uma visita dos soldados. Quero tirá-la daqui.

As palavras do rabino viraram realidade quase na mesma hora em que foram ditas. Um jipe do Exército apareceu na rua escura, e dois policiais militares israelenses, de armas em punho, passaram por cima dos escombros.

— Para trás, ponham as mãos para cima — o da frente rosnou.

Bella começou a chorar, e Michael ficou lívido. No meio da alucinação e da violência, ele não se sentia mais real. As coisas aconteceram muito depressa nas duas horas seguintes. A polícia isolou a casa e fez todos ficarem do lado de fora, enquanto a equipe do médico legista era avisada.

Michael não viu quando embrulharam o corpo de Ishmail para levá-lo embora. Ele e os Kellner foram todos levados num caminhão para a delegacia Kishle, perto do Portão Jaffa. Aquela normalmente servia para a polícia de turistas, que lidava com batedores de carteira e cheques de viagem perdidos. Depois do escurecer, o lugar estava praticamente deserto, a não ser por alguns visitantes que tinham ficado sem seus passaportes e precisavam de autorização da polícia para voltar para o hotel. Esses visitantes olharam boquiabertos quando o sargento da recepção registrou os três, algemados e calados. Michael nunca soube o que aconteceu com os Kellner. Antes do sol nascer, Susan apareceu, pagou a fiança e tirou-o de lá. De qualquer maneira, a polícia avisou, quando assinava o recebimento da carteira e do cinto na recepção, que não seria acusado de crime algum. Já tinham a confissão do rabino, e, se ele se declarasse culpado na audição preliminar, Michael nem seria chamado como testemunha.

A provação do Profeta tinha acabado.

Como haviam matado seu testa-de-ferro, o diabo nunca apareceu. A morte de Ishmail não bastou para acabar com o tumulto em Jerusalém, não de imediato. O ódio e o derramamento de sangue prosseguiram por três meses, sempre diminuindo, ou pelo menos retornando aos seus antigos compartimentos secretos, até a erupção seguinte. Apesar das explosões espetaculares e isoladas de terrorismo que alimentavam as manchetes, Israel afirmava ser um dos Estados mais seguros do mundo. A polícia e as forças armadas estavam a postos, e tinham muita experiência. Antes de o mês terminar, tinham livrado Jerusalém de todos os estrangeiros, fechado as fronteiras da Margem Ocidental e envidado todos os esforços para restaurar a ordem civil. Até o Domo da Rocha foi recuperada — o processo de reconstrução era um sinal de que a cidade se recuperava.

Michael e Susan estavam entre os primeiros que foram mandados de volta para casa, e, no caso deles, isso quis dizer voltar ao trabalho. Tinham falado de Susan ser transferida imediatamente para Palmira, mas, quando abordaram o assunto casamento, certa cautela e frieza surgiram entre os dois. Ambos ficaram surpresos com isso. Não era como voltar ao antigo relacionamento, mas o impulso de seguir em frente desapareceu. Ishmail de certa forma modificou os dois, e agora ele não existia mais. Eram como soldados, irmãos nas trincheiras, que sabiam que não seriam mais irmãos quando a guerra acabasse. Era uma sensação estranha de intimidade verdadeira, mas provisória.

Por isso Susan acabou pegando o primeiro vôo de volta para Alexandria. Michael despediu-se dela no Aeroporto Ben Gurion, um dia depois do domingo de Páscoa.

— Tem certeza disso? — disse ele.

Com o olhar penetrante, Susan parecia acusá-lo de jogar a decisão sobre os seus ombros, mas tinham deixado de lado havia muito tempo aqueles jogos emocionais que escondiam os verdadeiros motivos. Ninguém estava sendo sabotado ali. Os dois sabiam que a simples readaptação ao mundo normal já seria bem difícil, sem tentar inventar mais complicações. Ela partiu em silêncio.

Michael voltou dirigindo um jipe novo que substituía o que tinha perdido com Yousef. Teve o cuidado de atravessar a pior parte do deserto à noite, passando o tórrido meio-dia em pousadas à beira da estrada, ou cochilando à sombra de palmeiras, quando avistava um *wadi* convidativo. Apesar de toda hostilidade, o deserto parecia um lugar confortante para ele agora. Precisava se recompor com a quietude absoluta. De sua parte, o deserto não demonstrava qualquer reação a tudo que tinha acontecido. Aceitava tudo e tirava as próprias conclusões em silêncio.

Ele contou tudo para Nikolai na noite em que chegou, acrescentando alguns detalhes às histórias dos noticiários que tinham chegado ao acampamento. As partes mais incríveis foram abafadas. Considerando os acontecimentos fantásticos que tinham de ser absorvidos por todo o mundo, a pequena porção de Michael tornou-se quase irrelevante. A tarefa imediata era levantar acampamento e transferir a equipe médica para a próxima missão perto de Aleppo. Perdido na sobrecarga de trabalho, mergulhado mais uma vez na rotina de tratar centenas de pacientes por dia, Michael conseguiu afastar seus fantasmas. Deitado à noite em sua tenda, ele ouvia o rádio, no princípio esperando que alguma espécie de maremoto espiritual varresse o mundo. Afinal, os milagres de Ishmail e a sua aparição sobre o Domo tinham provocado uma febre apocalíptica quase que imediatamente. Mas quando nada mais aconteceu, a humanidade voltou aos hábitos antigos, e, apesar do que os fanáticos pudessem ter concluído disso tudo, o homem comum adormeceu de novo.

Depois de nove meses, Michael recebeu os documentos de transferência para voltar para os Estados Unidos. Já que seu novo emprego não incluía cirurgias (davam-lhe um posto administrativo em Washington), ele optou pela demissão. Com o pagamento de dois meses no bolso, ele voou para Damasco, mas o vôo de conexão para Roma foi cancelado.

— Terá de esperar até amanhã — disse a funcionária da companhia aérea, apertando as teclas do computador, balançando a cabeça. — Acho que o senhor não vai querer, mas há um vôo mais tarde via Chipre, com troca de aeronave em Jerusalém e no Cairo. Não adianta, não é?

Sabendo que estava cometendo um erro muito sério, Michael pegou o vôo. Ficou de mau humor e passou as horas olhando para o mar azul lá embaixo, e depois para a terra marrom e vazia. Desceu meio hipnotizado em Jerusalém e pegou um táxi.

Solomon abriu a porta quase na mesma hora em que Michael bateu. Michael olhou espantado para ele. Esperava ver Bella.

— Já saiu da prisão? — exclamou ele.

Solomon não disse nada e ficou de lado para Michael entrar.

— E eu venho pedir perdão — gaguejou Michael. — Não consigo parar de pensar no que aconteceu àquela noite. Você atirou nele por mim, não foi? Fui eu que o incitei a fazer isso, com toda aquela conversa fantástica sobre você ter o poder para acabar com ele. Não sei expressar o quanto...

Tinha ensaiado o discurso centenas de vezes, pensando que estaria falando com Bella, mas jamais poderia prever a reação de Solomon. O velho rabino deu meia-volta e foi marchando para o escritório. Michael ficou parado, esperando, imaginando se Solomon ia reaparecer. Ele reapareceu, poucos segundos depois, segurando a mesma arma que tinha usado para matar Ishmail. Estava apontada para Michael.

— Isso é loucura — protestou Michael. — Deixe-me ir embora.

Solomon balançou a cabeça e fez sinal com a arma para Michael se aproximar.

— Venha para dentro e sente-se — disse ele.

Michael obedeceu, com uma náusea horrível. Era a náusea do medo, mas também algo muito mais assustador.

— O que está fazendo? — perguntou ele, logo que sentou na poltrona de frente para a mesa. Sabia que Solomon estava refazendo a cena da última vez que se encontraram.

— Se isso lhe dá alguma espécie de satisfação distorcida...

Naquele momento ele não estava com o rosto virado para as estantes de livros, como da outra vez. Olhava para a parede, a que Ishmail tinha quebrado aquela noite. Começou a ouvir um som reverberante, vindo daquela direção. Michael se empertigou na cadeira, querendo fugir dali, sem poder.

— Não se trata de satisfação — disse Solomon calmamente, desviando a arma de Michael. — É uma questão de aprendizado. Você acha que aprendeu alguma coisa?

Antes de Michael poder responder, o som surdo transformou-se numa explosão quando a parede ruiu numa chuva de tijolos e reboco. Uma nuvem sufocante de pó encheu o escritório e uma figura escura apareceu do lado de fora. Era a mesma figura, a silhueta contra a mesma rua escura iluminada à distância por um poste de luz solitário. Dessa vez Michael não ficou paralisado de medo, e nenhuma fúria raivosa o fez pular sobre o atacante. Ele observou com um interesse estranho e isento Ishmail subir na pilha de escombros e entrar no escritório.

Solomon apontou a arma para o Profeta, que virava a cabeça de um lado para outro, sem conseguir vê-los.

— Pare de se intrometer — ele gritou. — Entendeu?

— Acho que ele entendeu — disse Solomon baixinho.

Os olhos de Ishmail pularam rapidamente para o lado de onde vinha a voz. Michael ficou de pé, avaliando a situação.

— Devo atirar? — perguntou Solomon. — Ainda podemos fazer do seu jeito.

— Você foi bem claro, Rebbe. Tenho de aprender muito mais do que pensava — disse Michael... ou poderia ter dito.

Naquele momento, a casa toda mergulhou na escuridão e o último som que ele pôde lembrar foi o barulho do revólver de Solomon quando jogou a arma contra a parede com um gemido de completo desprezo.

CAPÍTULO OITO

O Poço das Almas

A luz não voltou, e Michael achou que tinha embarcado em outra viagem para lugar nenhum. A escuridão era absoluta também, só que dessa vez ele estava muito mais calmo, respirando sem precisar de ajuda, e o ar não possuía a umidade de uma caverna. Então percebeu que havia ruídos à sua volta, barulho de trânsito por uma janela fechada.

— Solomon? — disse ele.

Não obteve resposta, mas quase no mesmo instante Michael descobriu que não podia se mexer. Os braços estavam amarrados às costas e, apesar de não poder vê-los, sabia que os pés também estavam amarrados — preso a uma cadeira num quarto qualquer em algum lugar, na pose cinematográfica clássica de uma vítima de seqüestro.

— Fique quieto — ordenou a voz de Solomon atrás dele.

Michael tentou virar a cabeça, mas não dava para ver nada, e não tinha luz nenhuma para iluminar.

— Ei, tire-me daqui — ele protestou.

— Fique quieto. Vai aprender alguma coisa, ou não?

Solomon parecia muito severo e sério. Independentemente da transformação que o jogo estava sofrendo, Michael resolveu seguir as ordens. Ouvia lá fora sirenes distantes e buzinas. Mesmo sem a audição treinada, sabia que estava na América, apesar de não lembrar de ter sido transportado de um lugar para outro.

— O que chama de realidade comum é mantida por pensamentos — começou Solomon. — Quanto mais organizados os pensamentos, mais ordenada a realidade. Dá para você entender isso?

Michael ouvia o rabino andando em volta da sua cadeira, enquanto falava.

— Estou falando de pensamentos do dia-a-dia, nada excepcional, nem mágico. Em outras palavras, os seus pensamentos. Michael fez que sim com a cabeça.

— A sua mente está incrivelmente desordenada, embora isso não seja nada de mais, segundo os padrões normais. Temos observado o caos criado por todos que são iguais a você, e não interferimos. Não podemos entrar nas suas mentes e clareá-las. Como poderíamos? Uma mente comum é como uma câmara de aço com milhões de balas ricocheteando do lado de fora. Na melhor das hipóteses, se me deixasse entrar na sua mente, eu só poderia pegar algumas.

Michael estava ouvindo, mas não conseguia ficar parado na cadeira. Estar amarrado era desconfortável, e uma raiva animal subconsciente resistia àquele tipo de cativeiro forçado.

— Agora mesmo — disse Solomon. — Você quer lutar. Ainda não acredita que sou seu aliado em tudo isso.

— Aliado? — desabafou Michael. — Você distorceu minha vida a ponto de não ser mais capaz de reconhecê-la.

— Não, foi você que a distorceu, só porque não tem consciência do que está fazendo e tudo se move lentamente, por isso está sempre disposto a responsabilizar alguém ou alguma coisa fora de você por tudo que acontece. Tudo que nós fizemos foi trazer sua atenção de volta ao lugar que pertence.

— Tudo bem — Michael disse de repente, dominado pela futilidade de discutir com qualquer um deles.

Depois de alguns segundos, sentiu alguém grudar uma larga fita adesiva em sua boca. Aconteceu muito rápido. Ele mal teve tempo de soltar um grito abafado de raiva. Balançou a cadeira violentamente, tentando se jogar contra Solomon, talvez agarrá-lo com uma das mãos amarradas.

— Tem uma coisa dentro de você que precisa ser puxada para fora — agora a voz de Solomon estava próxima do ouvido de Michael. — E só você pode puxá-la. Você fala de poder? Nunca compreenderá o sentido da palavra se continuar a se esconder atrás de um escudo de medo e resistência. Você está entendendo?

Bastardo! Covarde! Michael gritava, por trás da mordaça. Com a clareza do terror, ele descobriu que Solomon ia abandoná-lo lá.

— Você compreenderá seu poder quando parar de lutar — disse Solomon. — É a luta que mantém o medo, mas você pensa exatamente o contrário. Então, agora vamos ver até onde o medo pode levá-lo.

Michael ouviu passos se afastando, mas o quarto ficou silencioso, a não ser pelo ruído distante do tráfego. Deu um tranco violento na cadeira, tentando arrebentar a corda dos pulsos, então caiu, batendo de lado no chão. Gritou o nome de Solomon. O berro abafado morreu no quarto. Ele resolveu parar.

Passaram horas, e ele quase adormeceu, apesar dos pensamentos acelerados. Então notou uma mancha de luz amarela entrando pelo quebra-luz de papel. Virou a cabeça naquela direção, levantando um pouco do tapete imundo. Cada detalhe confirmava que estava num cortiço. Via o papel de parede descascando, com manchas marrons escorrendo de cima a baixo. Havia uma janela, muito suja e rachada, que permitia a entrada da luz fraca do meio-dia. O quarto fedia a pobreza — urina, gordura rançosa e desinfetante industrial.

Era ali que devia estar, na opinião de todos, menos na dele.

Balançou a cabeça meio zonzo, tentando modificar o quadro que via. O corpo todo doía, preso numa posição só. Quase por reflexo, ainda se debateu um pouco, dando vazão ao pânico. Mas achava que não ia escapar dali à força, nem por meio de uma força de vontade sobrenatural. Perto da cama de ferro ele viu um relógio velho que marcava dez horas da manhã.

Um longo tempo passou e nada mudou. O quarto começou a ficar frio. Ele ouviu a descarga num banheiro comum no andar de baixo, e uma ou duas vezes passos pesados diante da porta. Michael tentou bater as pernas no chão para chamar a atenção de alguém. Aquilo devia ser o tipo de hotel em que a política era não dar atenção a nada, nem mesmo a mais um cadáver.

Passou a hora seguinte pensando em todos os cenários de vingança que conseguia imaginar. Canalizou seu ódio com facilidade para Ishmail, não tanto para Solomon. Não se importaria de ver qualquer um dos dois pagar pelo que tinham feito com ele — mas diante de qual tribunal? E estaria vivo para ver? A vingança perdeu a força. Só serviu para deixá-lo mais exausto ainda. Ele ficou lá deitado, imóvel, e cochilou novamente.

Quando acordou, não perdeu tempo nem energia com qualquer coisa estúpida. Fez sua mente trabalhar o tópico que Solomon estava ensinando: poder. O que ele havia testemunhado, desde que saiu do posto médico, senão uma demonstração apavorante de poder? Solomon lhe tinha dito — e Rakhel também — até que ponto podiam chegar. O poder da transformação, o poder de fazer e refazer a própria criação, por mero capricho. Transcender o tempo e o espaço, quem sabe a morte; reformar a realidade... todos os poderes que os mitos, as lendas e a ficção sensacionalista atribuíam essencialmente aos deuses.

Agora, pensou Michael, *estou descobrindo como é ter um deus furioso comigo. Somos para os deuses como moscas para meninos insensíveis. Eles nos matam por esporte*. Mas era essa a questão, não era? Ninguém o tinha matado, e Solomon até fez um favor, e matou seu inimigo bem diante dos seus olhos. Por que não foi real? O que estavam tentando mostrar para ele?

Ele percebeu que estava ficando com muita fome e sede. Mais calmo, ficou imaginando se podia arrastar a cadeira caída até perto da porta para chutá-la com os pés. Não valia a tentativa, mas tinha de provar isso. Depois de fazer um esforço enorme para avançar um centímetro, Michael resolveu pensar mais um pouco.

Adotou um novo raciocínio, esquecendo os deuses. *Vamos supor que as trinta e seis almas sejam apenas seres humanos, como parecem*, ele pensou. Era impossível imaginar como passavam da realidade comum da vigília para a realidade onírica na qual viviam, mas Michael tinha sido arrastado junto com eles. Então, tinha de supor que continuava dentro de uma dimensão humana. Não importava como, nem por que, aquilo tinha acontecido. Era um fato. Assim sendo, lutar para cruzar a fronteira de novo era inútil, tão inútil quanto querer retornar à infância. Se isso era verdade, então o único jeito de seguir era em frente.

A clareza desse raciocínio chocou Michael. Teve a estranha sensação de que esses pensamentos estavam praticamente se pensando sozinhos, como transmissões de fora do seu cérebro, mas a voz em sua cabeça era dele mesmo, não de algum estranho. Espere aí... estava desconcentrando. Respirou bem fundo e voltou para o ponto em que os pensamentos se perderam.

O único caminho era para a frente. O que isso significava? Tinha tentado não se envolver, mas os acontecimentos o perseguiam com uma precisão implacável. Tinha tentado lutar contra o inimigo, ser mais inteligente que ele, mesmo nos momentos de fraqueza, desistindo e deixando a catástrofe cair em cima da sua cabeça. Nenhuma alternativa tinha importância, a menor importância. Então, ou tudo era igualmente perigoso, ou tudo era igualmente seguro. De alguma forma, as trinta e seis sentiam-se seguras. Foi essa última possibilidade, completamente nova em sua mente, que atraiu a atenção de Michael.

De que modo inimaginável o mundo estava seguro, com Ishmail nele? Era como dizer que o mundo era seguro com o mal nele. Será que as trinta e seis conseguiram resolver o mal?

Alguém bateu à porta. A maçaneta fez barulho quando tentaram abri-la.

— Ei... está trancada. Quem está aí dentro? — perguntou desconfiada uma voz abafada.

Michael gemeu, mas quem estava à porta parou de mexer na maçaneta. *Tente outra vez*, pensou Michael. Esforçou-se para ficar calmo e não lutar. *Não está trancada. Está aberta.*

Ele viu a maçaneta balançar outra vez, e então girou. Um homem curvado e maltrapilho entrou e parou, surpreso. Usava tênis baratos, sem meia. Foi tudo que Michael conseguiu ver sem mover a cabeça.

— O que está fazendo no meu quarto? Por que está deitado aí desse jeito? Aposto que os tiras não sabem que você está aqui.

Michael resistiu à vontade de protestar ou se contorcer. *Você não está com medo. Está tudo bem.* Depois de uma longa pausa, os tênis chegaram mais perto. Erguendo a cabeça Michael viu olhos mortiços e avermelhados. A mancha da barba grisalha e hirsuta, por fazer, cobria o queixo dele, mais comprida em alguns lugares, resultado do barbear sem vontade muitos dias atrás. O homem parecia um mendigo, um dos párias do novo milênio — viciado, doente, fazendo a ronda de sopões e exaustores de ar quente pelas ruas. Mas falava com sotaque nova-iorquino, dando a primeira pista de onde Michael estava.

Michael fechou os olhos e aquietou-se por dentro. Depois de um momento, sentiu a fita adesiva desgrudando bem devagar da boca.

— Nossa, Mikey, você se machucou? Eu só fui até a esquina comprar... sopa, é isso. Eu te disse pra não tentar parar de uma vez, cara, você podia ter se machucado... — o mendigo parou de falar.

— Desamarra aqui, amigo — disse Michael.

Os dedos do homem se atrapalharam com os nós e lentamente soltaram os pulsos de Michael.

— Como é que você caiu desse jeito? — resmungou o mendigo.

— Foi por isso que você me amarrou, lembra? Eu disse que não iam ser só tremores. Foi um baita tranco.

Com a barba por fazer e as roupas baratas e sujas que usava, Michael se encaixava na história, fosse qual fosse. Logo que livrou as mãos, desamarrou os pés e se levantou, esfregando o ombro que tinha batido no chão quando caiu, esticando pernas e braços para acabar com as cãibras.

— Valeu, cara — disse Michael. — Fico devendo essa, fico mesmo.

— Ei, tudo bem, Mikey — disse o homem.

Mas ele tinha perdido o interesse por Michael. Mal conseguiu chegar à cama de ferro e logo apagou. Michael ficou olhando espantado para ele. Sentiu uma pontada de culpa, mas não podia ligar para a recepção. Tinha de contatar a EMS assim que encontrasse um telefone público. Em cima da cômoda velha avistou um objeto familiar: sua carteira. Estava cheia de dinheiro americano. Tirou duas notas de vinte e deixou-as na cama.

— Pronto, e boa sorte — sussurrou ele.

O corredor fedia a bolor e desinfetante, uma versão mais forte do cheiro dentro do quarto. Havia uma escada no fim do corredor. Michael desceu por ela. Estava só no primeiro andar. Atravessou o saguão sem chamar atenção de um empregado que assistia à TV atrás de uma janela com grades. Na rua ele viu carros estacionados com placas de Nova York. Podia apostar que tinha aterrissado na Cidade Alfabeto, no sudeste de Manhattan. O vento estava gélido.

Ele estremeceu, só de camiseta, e sentiu falta da jaqueta leve que comprou no bazar, quando Susan e ele fizeram compras lá. Susan? Teve a idéia repentina e louca de que, se andasse pela rua, esbarraria com ela em alguma esquina, saindo da Saks, abrindo um sorriso ao vê-lo. Mas, dessa vez, a magia que era um pouco desejo não funcionou, e Michael continuou a subir a rua, esfregando os braços para esquentar.

Inverno. Por que é inverno? Ele não perguntava mais "como". A capacidade de jogá-lo em algum lugar estranho no tempo, ou até de modificar o clima, agora era fato consumado em sua mente. Talvez fosse uma maneira de livrá-lo do perigo. Não, era mais provável que fosse um teste, ou um desafio. Tinham acelerado o tempo, ou pulado um monte de tempo, para ele chegar ao ponto central da crise, como virar as páginas depressa para chegar à ação. *Agora é o inverno do nosso descontentamento.* Combinaria com a predileção que Ishmail tinha por símbolos escolher essa época do ano que faz as pessoas lembrarem, mesmo que por pouco tempo, da solidão. Vinte minutos mais tarde, depois de vagar sem destino, ele atravessou a Bowery e se viu na Broadway, logo acima da Houston. O gerente de uma loja de artigos esportivos na esquina não gostou muito da aparência de Michael, mas vendeu-lhe um casaco de náilon comprido, um boné de vigilante e botas para substituir as sandálias. Num impulso, Michael experimentou usar seu cartão de crédito e descobriu que ainda funcionava. Curioso.

Voltou para as ruas e ficou pensando por que não via nada surpreendente. O lugar-comum parecia ameaçador nessas circunstâncias: anúncios do musical *Cats* e o homem do Marlboro nas laterais dos ônibus, funcionários da prefeitura passando por ele à toda, com máscaras de esqui no rosto, correndo para consertar um respiradouro fumegante na rua, táxis fazendo os pedestres de galinha nos sinais, sem ninguém se importar com os pára-choques a meio centímetro de derrubá-los no asfalto. Michael andava a esmo, olhando para os pés, imaginando o que poderia fazer.

Flocos de neve minúsculos caíam do céu de chumbo, mas nada permanecia. Ele viu uma banca de jornais do outro lado da rua. *Posso muito bem saber a má notícia de uma vez,* ele pensou. Mas, quando pediu o *Times* para o indiano congelado e todo encolhido na banca, não viu nada estranho em nenhuma manchete, nem mesmo uma menção ao Oriente Médio. Quando procurava dinheiro trocado, seus olhos bateram no *Post* e se arregalaram. A manchete dizia RUDY GRATEFUL NEGA ACUSAÇÃO DE ENCAMPAÇÃO. O resto da página era ocupado por uma foto de Ishmail apertando a mão do prefeito nos degraus do prédio da prefeitura.

— Aqui não é uma biblioteca. Quer esse aí também? — o indiano congelado resmungou.

— Vou levar um de cada, de todos os jornais — disse Michael.

Michael leu um jornal depois do outro. Segundo os cabeçalhos, era 14 de novembro. Tinha perdido seis meses da sua vida, e nesses seis meses o Profeta se projetou. Michael desdobrava cada página com cuidado, pondo uma ao lado da outra, como um quebra-cabeça. Tinha entrado num restaurante gordurento na avenida B. Pagando um prato especial que não tinha vontade nenhuma de comer, tentou entender o que tinha acontecido. O *Times* continuava parecendo o *Times*, mas ao ler com mais atenção, o conteúdo ficou surrealista.

O Oriente Médio não constava das manchetes porque, quatro meses antes, com a ameaça de guerra pairando sobre a região, as armas de todos os combatentes negaram fogo. Estourou um fusível do Apocalipse. As três religiões pediram trégua, dando-se as mãos em volta do Monte do Templo, dividindo-o em porções iguais, um novo Domo, uma basílica para a Virgem Mãe e o quarto Templo. Uma dúzia de novilhas vermelhas nasceu em Israel, gerando muita felicidade.

No Texas, as principais igrejas fundamentalistas fizeram um churrasco de convocação. No dia seguinte votaram uma atitude de esperar-para-ver quanto à vinda do Anticristo. Como era consenso geral dos que deploravam qualquer coisa diferente de uma leitura literal de São João, de que o Anticristo teria de ser judeu, e que seus planos de batalha consistiam em começar uma guerra que só pouparia 144 mil judeus na face da terra, a decisão de esperar foi saudada com alívio. "Qualquer adiamento do genocídio é sempre bem-vindo", era como citava uma fonte em Tel Aviv, que se recusava a ser identificada. Ishmail estava bem no meio disso. Sua aparição sobre a cúpula foi considerada como: (a) uma tentativa de salvá-la; (b) o que a destruiu, dando um toque de despertar mais que necessário para todas as religiões do mundo; ou (c) uma farsa completa. Os que tinham essa última opinião não foram convidados para aparecer diante das câmeras outra vez, e alguns de fato desapareceram de vez. Uma semana depois do desastre, Ishmail reapareceu, exigindo que as facções fanáticas em guerra fizessem a paz. Os que recusaram foram atacados por pragas devastadoras que massacraram metade da população da noite para o dia. (A ONU emitiu uma resolução deplorando essa retaliação, se partisse do Profeta. Como a cautela dominava a diplomacia, essa resolução não foi aprovada.) Agora, tudo desde a Turquia até o Egito tinha se transformado na "Comunidade Econômica Oriental", e todas as fronteiras tinham deixado de existir. A felicidade oficial reinava, enquanto ainda enterravam os mortos e reconstruíam o que havia sido destruído.

O Profeta não se declarou rei. Ele declarou que tinha vindo para trazer amor e para destruir para sempre qualquer um que resistisse. Não era uma mensagem que os países pudessem enfrentar. Ele não pedia nada, não dava ordens, simplesmente dizia para as pessoas que ele era um instrumento do seu poder. Quanto mais poderosas se tornavam, pela purificação das trevas que tinham por dentro, mais próximas estariam do paraíso na terra.

Em algum canto sombrio do Vaticano, acharam que os muçulmanos tinham se apoderado dos holofotes com o retorno do Mahdi, e houve um certo nervosismo. Afinal, São Pedro tinha a própria cúpula. Parecia terrivelmente vulnerável, até os cardeais reunidos desencavarem a doutrina do aquecimento do trono papal. Como o papado era um cargo meramente temporário, de um vigário à espera da volta do verdadeiro dono da Igreja, o trono de Roma podia ficar vago num segundo. Quem sabe o Profeta não gostaria de ocupá-lo? Com o recato afetado de uma estrela de cinema desistindo de um acordo de ouro, Ishmail recusou-se a ser transformado no Segundo Advento. Mas um suspiro de alívio percorreu toda a cristandade, quando ele anunciou publicamente que também não era o Imame. E só para provar que queria ser um messias com oportunidades iguais, ele estalou um dedo e destruiu todas as fortalezas secretas do Hamas e do Setembro Negro nos Territórios Ocupados (agora astutamente rebatizados de "Jerusalém expandida", para todos ganharem uma fatia da torta).

Michael folheou as páginas dedicadas à triunfante excursão mundial de Ishmail. Todas as histórias tinham uma semelhança monótona, como se todas fossem escritas pelo mesmo charlatão e ditadas pelo mesmo observador invisível. Como a antiga piada russa sobre o *Pravda* e o *Izvestia*: "Não há notícia na *Verdade* e não há verdade na *Notícia*."

Ishmail era saudado alegremente em todo lugar, talvez por amor, talvez porque os líderes nacionais soubessem muito bem o que aconteceria se contivessem as demonstrações de boas-vindas. Ninguém gosta de uma praga. Se houve tentativas de assassinato, todas falharam, e, se algum governo se opusesse a Ishmail, arriscaria uma rebelião dos próprios cidadãos. O Profeta ia para onde queria, pregando sua mensagem da vinda do Éden. Os humildes do mundo abaixavam a cabeça, os não tão humildes esperavam sua chance, com medo de nunca chegar.

O *Times* anunciava prosperidade mundial, desertos transformados em jardins, o fim das privações e da fome. Nenhum novo caso de Aids foi registrado desde o surgimento do Profeta, e os que sofriam da doença ficaram curados rapidamente. Uma incapacidade de mudar de HIV positivo para HIV negativo era considerada teimosia. Câncer, pólio, tifo, cólera, meningite... desapareceram sem comentários, depois de esquecidos os primeiros meses de incredulidade atônita.

Era um mundo perfeito, Michael refletiu.

— Um bife de panela com purê Yankee. Quer repetir, boneco? — quando a garçonete notou o que ele estava lendo, sorriu com afeto genuíno. — Eu bem que gostaria de ler isso depois que você acabar. Tenha um bom dia — disse ela.

Se ter Ishmail no mundo era um perigo, Michael pensou, a ilusão era perfeita demais para apresentar rachaduras.

Ele precisava resolver o que ia fazer. Se não tinha exatamente uma vida, ainda tinha uma profissão. Como um dos primeiros resistentes ele poderia não ganhar seu condomínio no Éden, mas não foi isso que aconteceu. Depois de vagar pelas ruas mais algumas horas, entrou no pronto-socorro do Hospital de Nova York. Foi até o balcão de recepção, onde três enfermeiras se apoiavam nos arquivos, tomando café.

— Por favor, eu sei que não é por aqui, mas podem me dizer onde fica o escritório do encarregado do pessoal? Gostaria de candidatar-me a um emprego — disse Michael.

As enfermeiras se entreolharam espantadas.

— Boa piada — uma delas disse. — Eu acho.

Deram risadinhas constrangidas, depois a mais empertigada falou.

— Estão à sua espera na trauma dois, doutor — Michael deve ter demonstrado a mais completa confusão, porque ela acrescentou depressa. — Desculpe, sou Rebecca. Não nos vemos desde que me mandaram para cá do Monte Sinai — ela deu um sorriso meio tímido, caso ele fosse do tipo lerdo.

Michael deu meia-volta e se afastou. Quando chegou ao cubículo com o número 2 no fim do corredor, empurrou as portas metálicas de mola. Um jovem residente estava inclinado sobre um homem numa mesa. A camisa do homem estava aberta e a roupa estava toda ensangüentada.

— Fique quieto um pouquinho, eu sei que dói — disse o residente.

O homem gemeu. Ao notar Michael, o residente cumprimentou-o com um movimento de cabeça e continuou a dar ordens para a enfermeira.

— Peça compatibilidade e tipo para mais cinco unidades, e diga ao centro cirúrgico para ficar preparado.

Michael sabia que era a hora da verdade, mas não sentiu insegurança, nem ficou assustado.

— Desculpe — disse ele. — Fui chamado no Bellevue na hora em que você chamou.

Ele estendeu a mão para pegar luvas de borracha e um jaleco. A enfermeira lhe entregou rapidamente as duas coisas, sem hesitar — ou será que ela olhou para o residente por um segundo?

Michael sentiu a segurança de que ia funcionar, e tinha razão. O residente mostrou algumas chapas de raios X.

— Sem problema. Acho que já o estabilizamos. Aqui estão as fotos dele.

— Deixe só eu dar uma verificada aqui — disse Michael. — Fratura bem feia daquela quarta costela.

O residente fez que sim com a cabeça.

— Notei isso logo de cara. Tem um fragmento perto demais do rim — ele apontou para uma parte dos raios X enquanto Michael fluía para dentro do cenário como se aquela peça tivesse sido escrita para ele, sabendo que, de certa forma, tinha mesmo.

Alguém jogou-o num mundo que sempre teve um lugar para ele. Ele só desejava que, quem quer que fosse, tivesse tido a idéia de inserir Susan na paisagem na mesma hora. Sem precisar raciocinar, ele sabia que aquele paciente, vítima de atropelamento e fuga no centro de Manhattan, era como um boneco num drama cósmico. Tudo que Michael precisava fazer era descobrir se era uma comédia ou uma tragédia.

— Não acho que a lasca esteja tão perto assim — Michael ouviu sua voz dizer.

— É mesmo?

O residente pegou a chapa de raios X de volta e olhou para ela espantado, meio confuso.

— Você achou que podia ter perfurado a artéria renal? — perguntou Michael.

— É. Isto é, o cara está sangrando à beça, e...

— Acho que é generalizada — ele virou para o paciente, que estava grogue, mas consciente. — Alguém já disse que seu sangue não coagula muito depressa? — ele perguntou, e o homem fez que sim com a cabeça. — Acho que devemos tentar mais um pouco de fator coagulante e ver se resolve o problema — disse Michael.

Ainda atônito, o residente deu as ordens, e a enfermeira foi até o armário de remédios.

— Eu poderia jurar... — o residente ia dizendo, mas Michael já estava tirando as luvas.

— Não se preocupe — disse ele. — Não esqueça de informar ao centro cirúrgico que não vai mais mandar ninguém para lá. Vejo você na ronda mais tarde.

Entrar num universo paralelo era uma das coisas mais fáceis que Michael tinha feito, ele pensou enquanto andava pelo corredor, voltando para o quadro das ocorrências. Já tinha uma identidade pronta, um cargo profissional, e todos já sabiam seu nome.
— Você é a April, certo? — ele disse para a enfermeira mais jovem na recepção. — Desculpe se não lembrei antes. Estamos sempre em horários diferentes.
Ela sorriu, satisfeita de ter sido notada. Michael pegou o próximo caso, um raro ferimento à bala resultado de problemas domésticos, e voltou ao trabalho.
O resto do dia fluiu com a facilidade aborrecida de uma reprise de uma peça medíocre com longa carreira na Broadway. Desempenhando seu papel, Michael imaginou se teria de tomar decisões de verdade, ou se todos os dias teriam aquele tipo de distanciamento. Ele já sabia de antemão o que havia de errado em cada paciente, e sem uma só falha, salvou-os do perigo. Alguém tinha resolvido concretizar suas fantasias, ou então zombar dele por trás do pano. O supermédico como marionete. Pelo menos assim tinha tempo para avaliar onde realmente estava, e resolver o que tinha de fazer depois.
Quando deu boa-noite e saiu do prédio, eram sete horas e já havia escurecido. As ruas estavam vazias. Podia andar a esmo de novo, mas sabia onde estava seu carro no estacionamento — já havia encontrado as chaves no bolso. Com a mesma certeza, seria capaz de dirigir até o apartamento no Upper East Side, que era dele havia seis anos. Quando chegou lá, viu que seu lar era mobiliado confortavelmente, mas sem luxo. Michael desmoronou na sua poltrona de couro favorita do escritório, a que o seguia, como um cão marrom e fiel, da faculdade de medicina a todos os empregos que ele teve na Costa Leste.
Se estivesse disposto a ficar impressionado — o que definitivamente não estava —, era incrível como tinham pensado em cada detalhe. Os cômodos eram decorados para combinar com o seu gosto. Ele gostava de tudo que havia na geladeira, e sua marca de *scotch* estava lá no aparador. Todos os livros na estante, todas as fotos no console tinham uma história para contar. Sua vida era coalhada de lembranças gratificantes. Mas ele só deu uma rápida

olhada em todas aquelas lembranças. O realismo de uma existência falsa não significava nada, apenas que o cenógrafo, quem quer que fosse, conhecia seu trabalho. Com o destino do mundo por um fio, e Susan desaparecida, Michael esperava que a brincadeira ficasse progressivamente mais amarga à medida que os dias em que era forçado a vivê-la fossem passando.

Será que *forçado* era a palavra certa? Solomon e Rakhel também sempre falavam de fazer do jeito dele ou de outro jeito. A resistência a Ishmail tinha falhado. Estava vendo com os próprios olhos que os trinta e seis existiam num plano em que o tempo podia se mover em círculos — e sem dúvida para trás ou de lado — e acontecimentos eram tão fáceis de manipular quanto sonhos.

Então era isso o verdadeiro poder, afinal. Cruzar a linha entre o sonho e a realidade, embora esses termos fossem totalmente inadequados. Um sonho é um sonho, e, quando você acorda, percebe a transição para a vida real. Ali as coisas não funcionavam dessa maneira. Toda vez que Michael olhava em volta, passava de um estado irreal para outro, como se despertasse de um sonho e se visse num novo sonho. A alucinação era ininterrupta.

Tudo bem, então isso era um fato consumado. E daí? Michael resolveu que não faria mal se servir de um pouco de *scotch*, talvez mais que um pouco. Ligou a televisão, que obviamente estava repleta de boas notícias. Dava para perceber que alguns apresentadores dos noticiários não tinham se adaptado muito bem aos relatos do último acordo de paz ou de uma cura milagrosa. Por trás da máscara sorridente e confiante havia uma ponta de pânico. Michael compreendia. *Quem dá também pode tirar.* Na verdade, qualquer sinal de desconforto era bem sutil e difícil de detectar. Ao navegar pelos canais, ele percebeu poucos distúrbios. Por que as pessoas haveriam de se revoltar se recebem tudo o que querem? Era só uma questão de transição e adaptação.

Ele pegou o final de uma tragédia, um homem que tinha pulado nos trilhos na frente do trem do metrô IRT. Se era alguém com um pequeno problema de adaptação, talvez um sentimento exagerado de culpa que o impedia de se sentir à vontade no paraíso, era um preço pequeno a pagar. Dava até para ver o lado bom: ninguém era forçado a aceitar o novo mundo. Ninguém podia ser acusado de ter sucumbido à hipnose em massa. Como Solomon tinha dito, a realidade é formada de pensamentos e desejos comuns, nada mágico. Depois de uma hora, Michael não tinha mais dúvidas. Estava num lugar em que o pior problema era a incapacidade de aceitar a felicidade perfeita. A idéia fez Michael resolver ficar completamente bêbado. Passou a noite esperando o álcool fazer efeito e desmaiou na sua velha poltrona, por volta da meia-noite. A última coisa que ouviu — e nem sequer sabia ao certo se tinha mesmo ouvido alguma coisa — foi um gemido, como almas gritando num poço muito profundo.

CAPÍTULO NOVE

Yetzer Ha-ra

Ali tinha dente de coelho. Michael passava os dias tentando descobrir o que era. O distanciamento ao se encaixar num cenário preconcebido permanecia. Ele nunca se envolvia por completo, nem mesmo nos procedimentos cirúrgicos mais complicados. Não que enfrentasse muitos. A medicina estava reduzida, em grande parte, ao atendimento de traumatismos no pronto-socorro — Ishmail não conseguia evitar que motoristas bêbados provocassem acidentes — e a servir de depósito para os doentes crônicos e moribundos.

Michael passou a não ir muito para casa. O ambiente perfeito para seu novo eu começou a causar arrepios depois de um tempo. O aconchego falso e o vazio de verdade só faziam Michael lembrar de tudo o que havia perdido — especialmente de Susan. Seus plantões às vezes eram de trinta e seis horas. A equipe ficava perplexa, já que os outros médicos formados davam menos de vinte horas por semana. Mas Michael disfarçava, dizendo que era o hábito de um viciado em trabalho, que precisava da viagem das cirurgias de acidentados. Todos acreditavam na história, como todos acreditavam em qualquer história. Paz e harmonia eram o novo conformismo.

Não havia como enfiar uma trave no olho de Ishmail. Rebelião sem objetivo parecia uma alternativa razoável por um tempo. Ele começou a fumar um cigarro atrás do outro e a ficar acordado a noite inteira na sala dos residentes, mudando os canais da TV, distraído e bebendo uísque. Mas depois de uma semana, a falta de objetivo superou a rebelião, e ele parou. Mas se consolou percorrendo as partes da cidade em que a pobreza e o crime mantinham seu último bastião.

Em uma dessas caminhadas, ele viu um mendigo remexendo numa caçamba de lixo. Correu para ele, imaginando em um breve instante que fosse o camarada do cortiço, que o libertou na primeira noite. Usava camadas e mais camadas de roupas gastas e fedidas, tudo cinza por causa das inúmeras lavagens ao longo dos anos.

— Ei, cara, lembra de mim? — disse Michael esperançoso, mas nem precisou ver o olhar confuso e vazio do mendigo para saber que era esperar demais.

— Não estou machucando ninguém — resmungou o homem, tirando a mão de Michael do seu ombro. — Só estou cuidando da minha vida.

— Certo, desculpe — disse Michael.

Já ia sair do beco imundo, mas aquelas palavras inofensivas foram como um clarão.

— Você só cuida da sua vida? — perguntou ele. — Eu tinha esquecido como é.

— Hein? — resmungou o mendigo.

— Você me deu uma pista — disse Michael. — Sabia disso? Aposto que não — ele olhou em volta e viu vidro quebrado e pedaços de papel pelo chão.

Michael estava tão cheio de energia que o fedor do beco nem incomodava mais.

— Alguém me disse que, se você não sabe para onde está indo, não importa onde comece. Então eu vou começar aqui.

Ele percebeu que o mendigo queria sair dali, mas Michael agarrou o braço dele.

— Ninguém vai machucar você. Só quero que dê um recado para alguém — disse ele.

Ele viu a embalagem de um chocolate Three Musketeers no chão e pegou-a.

— Que tipo de recado? Não sei ler endereços — resmungou o mendigo.

— Não tem importância — disse Michael.

Ele não estava só alegre, mas felicíssimo com o primeiro gostinho de poder. Sabia que o próximo passo faria a mágica.

— Aqui estão vinte dólares. Só tem de fazer o que eu disser, está bem?

Apertou o papel do chocolate na mão do homem, fechando os dedos dele em volta, como um mágico pedindo para alguém tirar uma carta do baralho. Olhou bem nos olhos do mendigo. Nada passou entre os olhares, nenhuma fixação hipnótica, mas quando abriu a mão, o homem olhava espantado para uma nota de vinte dólares. Ele deu um sorriso desdentado. Michael sorriu para ele, com o coração quase pulando para fora do peito. É!

— Eu tenho de lembrar alguma coisa? — disse o mendigo meio desconfiado, com medo de guardar o dinheiro no bolso.

Tinha passado pelos maus-tratos da polícia muitas vezes.

— Apenas ouça, preste atenção — disse Michael com pressa.

Michael transmitiu a mensagem com a voz cuidadosa de alguém que deixa um recado na secretária eletrônica.

— Eu sei o que querem que eu faça. Vou assumir a responsabilidade, a começar de agora. Nada de medo, nada de dúvidas, nenhuma ilusão. Obrigado por me darem essa chance — ele parou um pouco, pensando se devia acrescentar alguma coisa específica.

— Não sei bem quem vai receber isso, mas tenho certeza de que vai para as pessoas certas. Esse é o primeiro homem que encontro que cuida da própria vida, por isso, de alguma forma, ele deve estar indo para onde vocês estão. Sejam bons com ele, e... — ele percebeu que estava divagando, que até a necessidade de pronunciar sua mensagem em voz alta não era uma certeza. — Tudo bem, é só — ele disse.

Esperava que o mendigo parecesse atordoado, talvez até amedrontado de ter esbarrado num lunático bem vestido. Se era isso que ele achava, não poderia estar mais enganado. O rosto do mendigo exibia o sorriso de um cúmplice. Ele balançou a cabeça de leve. Michael teve a impressão de que o homem ia tirar o disfarce e virar um anjo ou uma das almas puras, que o cumprimentaria por sua inteligência. Em vez disso, o olhar sábio desapareceu na mesma hora, e ele se afastou.

— Boa sorte — gritou Michael.

O mendigo resmungou uma última frase sem virar para trás. Michael não ouviu, mas poderia ter sido "Deus te abençoe".

Ao chegar em casa, Michael jogou o *scotch* e os cigarros na lixeira. Era um gesto simbólico, assim como a mensagem para os trinta e seis, supondo que eles ouviriam, também era simbólica.

Mas a excitação ainda era real. Sabia sem dúvida nenhuma que seu paraíso de papelão era um palco, não para o poder do Profeta, mas para o dele mesmo — se é que tinha algum. Ou melhor, se queria algum. Deitado na cama, Michael lembrou de seus últimos pensamentos no cortiço, antes das batidas na porta. Ou Ishmail era totalmente perigoso, ou totalmente seguro. A escolha não era prefixada, estava em aberto. Fora isso, nada podia ser conhecido com antecedência. Michael estava na base do Everest, sem saber se ia desmaiar de medo no cume ou morrer de uma queda, ou até se ia ultrapassar o primeiro acampamento de base. Ele só sabia — e era a primeira vez que descobria isso — que queria escalar.

Alguém tinha ouvido. Michael teve certeza disso no minuto em que entrou na emergência. Eram seis horas da manhã, e normalmente o turno do cemitério já teria levado embora os três ou quatro casos transportados de ambulância para lá. A sala de espera só servia de abrigo para alguns sem-teto que os seguranças tinham ordem de deixar entrar. Mas àquela manhã a sala era um caldeirão pululante de doentes e feridos.

Ele ficou imóvel na porta. Mães segurando bebês e chorando, uma vítima de tiro desmaiou e caiu no chão, enquanto os serventes gritavam para ela agüentar, um diabético com overdose recebendo uma IV de emergência, enquanto a enfermeira injetava insulina — com uma passada de olhos Michael reconheceu a cena. Tinha enfrentado aquilo centenas de vezes durante seu tempo de residência, quando um pronto-socorro urbano era o mundo do sofrimento da cidade, todo comprimido numa sala caótica.

— Doutor! — uma das jovens enfermeiras chegou correndo, sem sequer esperar que ele se aproximasse do quadro dos casos. — Cirurgia geral na trauma quatro, precisam do senhor imediatamente. E temos mais pacientes fazendo fila nos corredores. É como se tivesse começado uma guerra de gangues.

Michael abandonou seus devaneios na mesma hora e entrou na briga. O ferimento à bala era de um hispânico de catorze anos pego num fogo cruzado na rua, voltando da escola. Seu peito estava quase rasgado ao meio, e Michael viu, no momento que entrou, que os estilhaços podiam ter atingido o coração. Em cinco minutos ele já corria ao lado da maca, enquanto preparavam o menino no corredor, a caminho da sala de cirurgia do pronto-socorro. Foi rosnando ordens, desde a sala de traumatismo até o elevador. Ele não sabia lidar com aquela mudança dos acontecimentos. Mas na hora seguinte notou que havia duas coisas com as quais não sabia lidar. A primeira foi a morte do menino na mesa de operação, com ruptura do ventrículo esquerdo. A outra foi que não houve nenhuma sensação de distanciamento daquilo. A comédia pré-escrita tinha acabado.

Alguém tinha ouvido, com certeza.

Ficou ocupado durante quinze horas extenuantes de cirurgias antes de conseguir dar uma parada na sala do segundo andar. Exausto demais até para descer um andar de escada para a sala de estar dos médicos, ele desabou diante da TV na sala reservada para as famílias à espera do resultado das cirurgias. Uma mulher negra mais velha, com duas crianças pequenas, ficou olhando para ele — deviam ser netos dela. Michael cumprimentou-a com um aceno de cabeça e pegou o controle remoto. Estava curioso para ver se as coisas tinham mudado no mundo lá fora.

Duas horas do horário nobre eram dedicadas ao Profeta todas as noites. Todas as redes transmitiam o show simultaneamente, já que não fazia sentido programar qualquer coisa para competir com ele. Uma hora era uma reprise dos milagres que tinha feito nas últimas vinte e quatro horas, a outra era um culto de adoração pelo próprio Ishmail. Ele aparecia em vários lugares indefinidos do mundo, dando conselhos e curando os presentes, assim como os telespectadores.

— O Dr. Jesus não quer que vocês fiquem mais doentes. Ele quer que vocês tenham um milagre pessoal — Ishmail dizia, com a voz untuosa como a de qualquer televangelista.

A mulher aos pés dele, que tinha subido ao palco completamente surda, deu um berro.

— Eu estou ouvindo! — gritou ela.

O Profeta sorriu. A piada de soar feito um pregador caipira não fez ninguém rir. Ele era levado a sério demais e era temido demais também. Michael inclinou-se para a frente para ver melhor.

O rosto não tinha mudado, a não ser, talvez, por um leve ar de tédio nos olhos.

— Mandei a escuridão acabar e o sofrimento cessar — declarava Ishmail. — "Vós caminhastes pelo vale do temor e da dor, mas, agora, o vinho da fé foi colhido e vossa taça transbordará."

A câmera mostrou uma platéia hipnotizada, e mais uma vez ninguém reagiu. Aparentemente a mudança para o jargão bíblico não causou impressão. Michael recostou na cadeira. Sabia que não tinha mais medo de Ishmail, mas isso não significava que o conhecia. O Profeta não tinha mais nada para provar, e estava se repetindo com paródias do seu primeiro espetáculo de cura. Será que isso provava alguma coisa? Ou nada?

E quem saberia? Michael apertou o controle remoto para mudar de canal, mas nada mudou. Apoiou a cabeça nas mãos. Mal conseguia manter-se acordado, mas tinha muito em que pensar. Não tinha provas de que outras pessoas estivessem no jogo a não ser ele, e possivelmente Ishmail. Mas qual era o jogo? Não era viável pensar nele como uma operação de guerra. O Profeta tinha salvado o mundo — pelo menos aquela versão do mundo — e nele reservou um lugar perfeito para Michael. O aumento repentino de pessoas sofredoras na emergência do hospital aconteceu porque Michael quis. Não, isso também não estava certo. Podia ser um outro teste, uma alucinação zombeteira, um desafio lançado pelo inimigo — ou nenhuma das respostas acima.

Não ia ser nada simples, e ele teria de descobrir sozinho.

Então deve ter cochilado. Quando levantou a cabeça, a mulher negra não estava mais lá, e a televisão chiava baixinho, a tela cheia de chuvisco. Quatro horas da manhã. Levantou com dor nas costas por causa da cadeira e pegou o elevador para descer. Os registros estavam empilhados na sala de enfermagem. O número exagerado de pessoas a serem atendidas não tinha diminuído nada. Ele assinou o fim do plantão, bocejando e sem falar com ninguém, depois foi desviando das pessoas doentes que aguardavam em pé, por falta de cadeiras para todos.

— Por favor, doutor. Espere.

Quando virou, viu uma enfermeira segurando uma prancheta diante do seu rosto.

— Desculpe, mas será que o senhor pode atender só mais esta? Ele concordou com a cabeça, esfregando o sono dos olhos.
— Tudo bem, já estou indo.
As pessoas se afastaram relutantes quando Michael abriu caminho no meio delas. Ele examinou a folha de admissão, supondo que aquela paciente, outro ferimento à bala, estaria em algum ponto do corredor. Não estava, e surpreendeu-se ao ver a luz apagada em cima da porta da sala de trauma dois, indicando que estava vazia. Abriu a porta.
A vítima era uma senhora idosa, só que ele mal podia vê-la. Duas enfermeiras lutavam para segurá-la na cadeira de rodas, bloqueando a visão, curvadas em cima dela. Ela gritava muito alto para alguém com uma bala dentro do corpo.
— Soltem-me! Vocês não sabem com quem estão lidando!
— Não, a senhora é que deve se acalmar. Fique quieta ou teremos de chamar alguém — disse uma enfermeira, obviamente cansada e exasperada.
— Experimente chamar um médico de verdade, para variar — berrou a mulher. — Você não sabe de nada, mocinha.
As outras enfermeiras avistaram Michael.
— Doutor, estamos um pouco sobrecarregadas aqui.
— Estou vendo — disse Michael, caminhando para a cadeira de rodas da senhora. — Madame, vamos ter de amarrá-la se não nos deixar cuidar da senhora.
Ele ficou pensando por que estava dizendo essas palavras, se tudo que queria fazer era dar uma gargalhada.
Um rosto enrugado e cinzento virou para ele, furioso.
— Pensa que vocês três conseguem me amarrar? Então experimentem.
— Podemos pedir uma avaliação psiquiátrica, doutor. Sei que estamos atolados, mas...
Michael, que estava lendo o prontuário, balançou a cabeça.
— Não acho que é isso que a Sra.... Teitelbaum, não é?... quer.
Como resposta, a velha senhora arrancou a agulha do braço e empurrou o suporte. O saco plástico com a mistura salina bateu no chão e os tubos serpentearam para longe. As enfermeiras já iam enfiar a agulha de novo, mas Michael ergueu a mão.

— Vão pegar as correias e uma arma também — disse ele. — Sinto muito, Sra. Teitelbaum, mas teremos de fazê-la dormir.

As enfermeiras ficaram paralisadas, boquiabertas. Michael precisou de muita lábia para convencê-las a sair dali. Quando se afastaram, ele encostou na parede e cruzou os braços.

— Quanto tempo pretendia ficar aí dando esse show? — perguntou ele.

— Rá! — Rakhel exclamou antes de sacudir os ombros com indiferença. — Uma velha senhora não pode sair para comprar peixe e pão de cebola sem que algum bandido dê um tiro nela?

— Não me diga que está mesmo ferida!? — disse Michael.

— Só porque você não ficou muito contente em me ver — Rakhel tentou fazer cara de triste, depois bocejou e se espreguiçou, levantando da cadeira de rodas. — Minha mãe dizia que eu tinha talento, que devia ter sido atriz. Mas boas meninas não faziam isso, não naquela época.

— Houve um tempo em que você foi uma boa menina?

— Não banque o espertinho comigo.

Levou só um segundo, mas todos os traços da irascível e canastrona Sra. Teitelbaum desapareceram.

— Então, *mein kind*, onde foi que nós paramos?

— Se bem me lembro, paramos na cena saborosa de você sendo engolida pela terra — disse Michael.

Apesar da calma, que era imitação da calma de Rakhel, Michael se sentia muito mais assombrado do que transparecia.

— Certo, aquilo foi uma cena de morte, com toda certeza — disse Rakhel satisfeita. — As coisas que você me faz passar...

Ele sabia que não devia protestar.

— Tudo parte do meu melodrama, não é?

— Nosso objetivo é agradar. Comparado com alguns, você não é tão mau assim. Tinha de me ver como anjo. Tive de beijar uns caras reais no leito de morte. Para eles sentirem que eram amados.

— Então eles não eram? — perguntou Michael.

— Não, é claro que não, mas pouca auto-estima tende a prolongar a agonia. O que se pode fazer?

Nessa hora eles estavam sentados lado a lado na mesa de exames, no centro da sala.

— Quanto tempo nós temos? — Michael perguntou. — Quero dizer, antes de elas voltarem com a sua camisa-de-força.
— O tempo é a menor das suas preocupações — apesar do tom leve de Rakhel, Michael ficou mais tenso. — Pare com isso — ela disse. — Daqui a pouco vou ter uma hemorragia. Melhor ainda, vou ter um bebê.
Michael não conseguiu conter o riso.
— Então alguém recebeu a minha mensagem? — disse ele.
— Todo mundo recebeu a sua mensagem — corrigiu Rakhel.
— Tudo bem, você não sabia — depois de toda a brincadeira, ela parecia pensativa. — Gostou desse lugar em que veio parar? — ela perguntou.
— O que há para não gostar?
— Não brinque com isso. Estou fazendo uma pergunta séria.
Michael balançou a cabeça.
— No início foi incrivelmente confuso. Tinha me acostumado a pensar em Ishmail como inimigo. Mas não posso condená-lo por destruir um estacionamento e construir um paraíso.
— Claro que pode. Não está feliz aqui, está? — Rakhel perguntou irritada, e Michael não teve de responder. — Exatamente — ela disse com um tom de triunfo. — O que é esse lugar? É gostoso, e bom, e limpo, e daí? Não que eu preferisse estar na Filadélfia — ela não resistia em manter um pouco a atuação.
Os dois ficaram em silêncio um tempo.
— Quer mesmo saber o que está errado? — ela perguntou, quase melancólica.
Michael fez que sim com a cabeça.
— O erro básico que você comete — começou Rakhel — é querer ser bom. Não o condeno, a maioria das pessoas fica pelo menos tentada a fazer isso. De todas as tentações, ser bom é a pior — ela levantou a mão. — Não me interrompa, por favor. Gosto de falar assim. Quer perguntar por que querer ser bom é tão ruim assim? É que não é humano. Essa é a resposta. Poderia dar uma resposta mais longa, podia mandá-lo até o sétimo céu e trazê-lo de volta, mas para quê? É uma longa viagem, e, quando você voltasse, essa continuaria sendo a resposta.
Michael não conseguiu se controlar.

— Não é humano?

— Claro que não. Humano é o que é. Pensamentos impuros, abusos na Páscoa e beliscar o coroinha. Desculpe, você está muito chocado? Então vou usar outro exemplo. Humano é roubar da caixa de coleta e ir para a cama com a organista. "Quem se importa se isso tudo continua ou não? Deus não, pelo menos não que se note. Mas dá para imaginar que Ele está muito zangado. Pecado original, a Queda, Adão e Eva forçados a procurar uma vizinhança não tão boa. Que escândalo! Só que, se quiser a minha opinião, não faz sentido nenhum."

Michael não sabia quando ela estava falando sério ou quando se escondia de novo atrás da máscara da Sra. Teitelbaum, a *yenta* meio louca do Brooklyn. Ficou ouvindo e esperando.

— Naturalmente, o seu erro foi detectado por esse outro personagem — ela disse.

— Ishmail?

— Vamos chamá-lo assim. Ele tem o mesmo idealismo ridículo que você. Ele adora a bondade. Não suporta ver sofrimento. Então o que acontece? Ele perde o controle como um louco e, por mais que tente fazer o bem, nada além do bem, cria uma enorme confusão.

Michael ficou atônito.

— Ele está tentando fazer o bem? Mas...

— Eu disse, ele é igual a você. Quantas vezes eu disse que você é responsável por tudo isso? Graças a Deus resolveu parar para ouvir. Foi esse o seu recado, não foi? Não precisa responder. Ele agora está grudado em você, e tem de livrar-se dele. Acho que sabe disso.

— Não, eu estava justamente tentando entender isso.

— Então entenda logo. Você tem uma praga de bondade nas mãos, e foi você que provocou.

— Eu não poderia ter provocado. Teria que ter criado um mundo inteiro.

Ela levantou as mãos.

— Certo. Está vendo qual é o problema? Acredite em mim, já existem mundos suficientes por aí. Isso acontece com o que gira em volta de você.

— Mas isso não pode ser verdade. O que foi que eu fiz para merecer...
— Nada, essa é a questão. Todo mundo vive preso em seu mundo pessoal. Ninguém percebe. Não conseguem admitir para eles mesmos, porque assumir a responsabilidade por um mundo inteiro parece avassalador, se mal podem administrar as próprias vidas.
— Você está dizendo que na realidade...
— Na realidade você cria o mundo simplesmente por viver uma vida. Acha que é um emprego separado para o qual tem de se candidatar?
Agora ele ouvia com toda atenção. O cenário daquela conversa era muito diferente do que havia imaginado, mas percebeu com certeza que esperava ouvir aquilo havia muitas e muitas vidas.
— Você devia ver a sua cara — disse Rakhel achando graça. — Você está tão sério... Acho que gostava mais de você quando brandia um machado e decepava cabeças dando risada.
— Não faça isso.
— Acha que estou brincando? Você praticamente bebia sangue no café da manhã e usava um colar de crânios em volta do...
— Pare com isso!
— ... pescoço. Ou será que era na cintura? Meu filho, o destino de qualquer pessoa que ama o bem com essa intensidade obtusa é terminar, muitas vezes, sendo muito mau. Quanto tempo acha que vai continuar abafando isso aí dentro?
Michael levantou e começou a andar de um lado para outro.
— Então, basicamente, é isso que está acontecendo com Ishmail? Ele está a ponto de explodir?
— Ele é um santo tão enfurecido contra o mal do mundo que está prestes a explodir com ele. Foi por isso que você conseguiu o emprego. Os dois são iguais — Rakhel olhava para ele com mais do que interesse passageiro. — O problema é que você não quer mesmo fazê-lo parar.
Michael percebeu que ainda não estava imune a surpresas.
— É? E por que não?
— Não sei ler mentes. Essa é a sua missão. Mas tenho uma palavra para você. Na verdade, foi por isso que eu vim. Você anda

desperdiçando muito tempo, e, embora isso tudo seja um jogo, é o jogo mais sério que existe.

— Quer dizer que alguma coisa verdadeira está em jogo. Qual é a palavra?

— *Yetzer ha-ra*. Não precisa decorá-la. Em hebraico significa "impulso maligno", a compulsão de praticar o mal.

— Está certo. O que devo aprender com isso?

— A não se meter com Deus. Acho que essa é a lição do dia. Quando os humanos foram criados, eles receberam uma natureza dupla. Um lado bom, outro mau. De cada lado existe um impulso vital. O impulso bom é chamado em hebraico de *Yetzer ha-tov*, e o mau é *Yetzer ha-ra*. Até onde se sabe, isso faz parte do negócio, no que diz respeito à criação. Não há como escapar, a não ser...

— A não ser...?

— A não ser que ninguém force você a se aceitar. A escolha é sempre sua, e algumas pessoas, sou educada demais para mencionar nomes, não se sentem bem de serem simplesmente humanas. Querem ir a outros lugares. Ficam sentadas tentando descobrir o que é tão terrível para só poderem esperar da vida continuarem a ser apenas seres humanos. Em algum lugar alguém disse: "Arrá! Descobri. O problema é o mal."

— E está dizendo que não é?

— Vamos torcer para que essa descoberta não tenha acabado de ocorrer a você. É claro que é isso que estou dizendo. Se você tentar acabar com o mal, só poderá fazê-lo atacando a natureza humana. Olhe para dentro e lá está ele — *Yetzer ha-ra* — o impulso de comer, e ganhar dinheiro, e enganar, e fazer um monte de besteiras. Que horror! De onde saiu isso? E bastou isso. Bang.

— A guerra entre o bem e o mal.

— Rapaz inteligente. Satã nasceu quando todos acreditaram no absurdo que ser bom os levaria para mais perto de Deus.

A lógica era tão simples que Michael quis dar risada e chorar ao mesmo tempo. Ele percebeu, na metade do discurso de Rakhel, que ela era algum tipo de espírito mestre, um ser que ele não reconheceria em sua forma pura, e que tinha adotado a forma quase engraçada de uma judia velha e meio rabugenta. Se isso era verdade, o disfarce funcionou. Ele continuava se sentindo à vontade. Não ia sair correndo apavorado, nem estava tremendo diante da visão de uma espada de fogo prestes a trespassá-lo.

— Cavaleiros Templários — Rakhel observou casualmente.

— O quê?

— A imagem da espada de fogo lhe foi posta na cabeça quando você veio para a Palestina com os Cavaleiros Templários. Não quero me intrometer, mas você está se desconcentrando.

No tempo que ela levou para dizer essas palavras, Michael repassou tudo — o ataque a Jerusalém onde ele foi morto e a angústia em seu coração, de não estar vivo quando os cruzados capturaram o Monte do Templo. Foi esse fato, a derrota dos judeus infiéis de todos os tempos, que inspirou os soldados a se chamarem de Templários — e agora ele sabia por que o símbolo do Monte do Templo o atraía sempre. A perda do mais sagrado dos lugares sagrados fez sua alma em pedaços, e o conhecimento do seu profundo pecado, a mancha do mal que impediu que ele entrasse no Templo novamente, era seu estímulo para continuar, aparentemente para sempre.

— Mas acaba — disse Rakhel calmamente. — Tudo acaba um dia.

Ele estava deprimido demais para notar que o café era ruim. O homem do balcão estava sempre enchendo a caneca rachada de louça branca, e Michael bebia sem parar, perdido em seus pensamentos. Ishmail, que no início era o símbolo do puro mal na cabeça dele, tinha se transformado na sua sombra irmã. Rakhel tinha dito muitas coisas, mas não livrou-o disso. Parecia incrivelmente injusto.

— Você gosta mesmo de café — disse o homem. — Não me surpreenderia se pulasse da cadeira.

— É.

O tempo que Michael teve com Rakhel acabou quando as enfermeiras chegaram correndo com as correias e um psiquiatra junto. Deu algum trabalho, mas a Sra. Teitelbaum foi liberada com um assistente social para levá-la para casa. Só Deus sabe o que aconteceu naquela breve caminhada. As imagens passaram pela mente de Michael. Ele viu o menino dançarino diabólico que deu início ao tumulto no Muro Ocidental. No meio da revolta e do pânico, quando a luz queimava a carne das pessoas até os ossos, Michael viu o menino fugindo, ileso e com um sorriso maligno.

O que Rakhel diria quanto a isso? Será que ela se importava da maldade sair impune? Será que era suficiente agitar as mãos e considerar tudo apenas humano? (A única pista que ela deu sobre esse assunto foi que para alguns *hasidim* as crianças não são nada inocentes. Dadas a mentir e a enganar, à desobediência, crianças pequenas são o exemplo perfeito do *Yetzer ha-ra*, e portanto, de um modo peculiar, devem ser mais temidas que os adultos.) Em apenas uma hora Rakhel tinha terminado o trabalho de virar o mundo de Michael de cabeça para baixo e de pisar em cima dele, só para garantir, sem nunca perder aquele sorriso consciente e irônico por mais de um minuto.

O telefone perto da caixa registradora tocou e o homem atrás do balcão atendeu. Um sorriso beatífico espalhou-se pelo rosto dele.

— Eiiii... Manny, que ótimo! Maravilha! Obrigado por me avisar. Eu te devo essa.

Ele desligou o telefone, abaixou a grade e começou a apagar as luzes.

— Ei! — disse Michael, assustado.

— Oh, desculpe, companheiro, achei que você tinha ido embora — disse o homem, vestindo o casaco. — Olha, a comida é por conta da casa, está bem? Preciso ir.

— Para onde?

— O Profeta está transmitindo de Nova York hoje. Times Square, daqui a uma hora.

O homem pegou seu chapéu e saiu correndo do restaurante escuro, deixando a porta da frente destrancada.

Michael levantou e vestiu o casaco de náilon. Se queria saber o que ia acontecer, não havia maneira melhor do que confrontar seu duplo espiritual cara a cara. Se não ajudasse a descobrir como impedir o que o Profeta estava fazendo, poderia dar-lhe uma pista de como escapar do mundo horrível que a bondade tinha criado.

Michael deixou uma nota de dez na caixa para pagar a refeição. A disposição do proprietário de abandonar seu negócio só para ouvir as palavras direto da boca de Ishmail deixou Michael perturbado. Encontrou um chaveiro perto da porta e trancou-a quando saiu, depois devolveu as chaves pela abertura do correio, de forma que caíram no chão de linóleo creme e verde. Era o melhor que podia fazer.

O ar estava frio e úmido, mesmo sem neve. Michael dirigiu-se para a Broadway, à procura de um táxi. A Times Square ficava a mais de quarenta quarteirões para o sul, e seis para o oeste. Ele não queria andar aquilo tudo, ainda mais que estava escurecendo.

As ruas em volta do Central Park estavam tão desertas quanto a Wall Street num domingo, e todas as lojas fechadas. Devem ter espalhado a notícia do aparecimento do Profeta em breve. Depois de meia hora, Michael finalmente desistiu de encontrar um táxi — parecia que não havia nenhum nas ruas — e foi andando até a estação do metrô. Mas, quando chegou e desceu a escada, viu as grades fechadas com cadeados. Até o metrô estava fechado.

— O metrô não está funcionando, cara. Você não é daqui?

A voz soou atrás dele. Michael deu meia-volta, semicerrando os olhos por causa da luz, para ver a figura de pé no topo da escada.

— Estive fora algum tempo — disse Michael.

Ele começou a subir os degraus. Talvez fosse mais fácil pegar um táxi na Sexta Avenida. O homem, que tinha cabelo gorduroso tipo Rasputin e usava um paletó xadrez vermelho por cima de um blusão, deu uma risada áspera.

— Se as coisas mudaram? Mais do que imagina, Aulden.

Michael ficou paralisado no último degrau. Um instinto o fez olhar para baixo e ver a garrafa quebrada na mão do homem.

— O que você está fazendo? — Michael disse bem devagar, tensionando os músculos para poder se desviar do primeiro golpe.

O homem chegou gingando, com o rosto contorcido por uma espécie de ânsia desesperada.

— Expurgue o ímpeto! — ele berrou. — Expurgue o ímpeto, Aulden! Deixe a escuridão sair!

Era o mesmo slogan que Michael estava vendo em cartazes por toda cidade, e não precisou de nenhum malabarismo da imaginação para saber que a origem era o Profeta. Michael adivinhou corretamente e pulou de lado ao primeiro vôo da garrafa. Golpeou seu atacante na barriga e avançou para cima dele quando ele se curvou, arrancando-lhe a garrafa da mão, que saiu rodopiando em pedaços pela rua.

Michael se encolheu na defensiva, aguardando o próximo movimento.

— Você não vale a pena — cuspiu o atacante, recuando.

— Expurgue o ímpeto — disse Michael, ofegante. — O que isso significa de fato?

— Trate de descobrir, cara — num segundo, o atacante desapareceu, atravessando a rua aos tropeços no meio dos carros que eram poucos.

Se aquele era o tipo de evangelho que Ishmail estava pregando agora, Michael tinha a impressão que estava se transformando na figura descrita por Rakhel, uma alma perdida pega no ritmo maníaco-depressivo entre a luz e as trevas. A imprevisibilidade tornava Ishmail muito mais perigoso. Negar seus demônios e ao mesmo tempo satisfazer seus desejos era a receita da aniquilação. O ganancioso e o míope apostariam em cada estado de humor dele como um atalho para os próprios fins, mas, no final das contas, o que significavam era a morte e a destruição de tudo e de todos.

Será que Michael precisava disso para sair dali? Ele respirou fundo. Só podia esperar que estivesse certo.

Quanto mais Michael se aproximava da Times Square, mais gente ele via. Ressabiado por causa do ataque, manteve-se o mais afastado possível das pessoas. Foi ficando cada vez mais difícil perto da rua 42. O telão que dominava a Times Square tinha sido transformado num cronômetro gigantesco, marcando os minutos que faltavam para a chegada do Profeta. Não havia nenhum carro. A Broadway e as ruas laterais estavam coalhadas de gente esperando — uma multidão enorme, ansiosa, carente, que estava lá para ver o salvador. O desespero deles era palpável como a eletricidade de uma tempestade chegando.

Então o fluxo de pacientes no pronto-socorro era só um aperitivo. O mundo perfeito de Ishmail estava se desfazendo aos poucos.

O domínio do Profeta sobre as pessoas ia se transformar numa coisa primitiva, elementar como o amor ou o ódio. Caberia a ele orientá-la. Michael teve certeza que a multidão em volta ia se matar — ou matar uns aos outros — ou destruir a cidade, tijolo por tijolo, se Ishmail usasse a paixão deles para isso.

Ele está aqui. O clarão surgiu para Michael um segundo antes de ouvir o rugido do centro da cidade — um som frenético, de certa forma desesperado e satisfeito ao mesmo tempo. Minutos depois, Ishmail apareceu de pé na carroceria de um caminhão rodeado de franjas douradas como um carro alegórico. Acólitos de longos sobretudos negros, de óculos escuros apesar do brilho das luzes, parecendo mafiosos de desenho animado, andavam ao lado do veículo, cercando-o e impedindo a multidão de chegar muito perto. Mesmo com a presença deles a turba avançou, fazendo uma algazarra danada, e Michael viu os seguranças de casacos pretos manuseando cassetetes curtos que lançavam para trás todos em quem encostavam, tendo espasmos como peixes eletrocutados.

Enquanto o caminhão prosseguia a quatro quilômetros por hora, sem parar, o Profeta começou a falar.

— Meus amigos, todos os dias venho até vocês na esperança de que este será o dia, mas nunca é. Faço o melhor possível. Faço isso tudo por vocês. Tudo sempre foi por vocês, curei os doentes, ressuscitei os mortos, alimentei os famintos, alegrei os desanimados e perdi. Faço isso porque vocês me deram o poder. Estão entendendo?

As pessoas na rua pareciam confusas. Ficaram quietas de repente, enquanto o carro alegórico passava. Não era o discurso que esperavam ou para o qual tinham se preparado. Michael viu medo em volta dele. A ira inarticulada do salvador deles, até então reservada, mostrava suas presas.

— Nós teríamos um mundo perfeito, um segundo Éden. Era isso que eu queria para vocês, para cada um de vocês. E vocês têm o poder! Eu tenho o poder! Então por que ainda existem trevas?

O Profeta apontou para o céu, que estava mais escuro do que simplesmente a noite — uma cobertura pesada e plúmbea de nuvens tinha baixado quase ao topo dos arranha-céus. Estranhamente, não refletia as luzes brilhantes da cidade, em vez disso as absorvia com seu negrume.

— Por que não temos a luz final e perfeita à qual temos direito? Vou dizer por quê. Você... você, e você — Ishmail apontou ao acaso para a multidão. — Vocês continuam cheios de escuridão. Ora, isso é egoísmo. Isso não é egoísmo?

O carro alegórico estava tão perto dele que Michael pôde ver a satisfação suarenta e devota no rosto de Ishmail. Era a máscara perfeita para a risada que, sem dúvida, estava escondida atrás da demagogia barata.

Algumas pessoas, não mais atordoadas, gemiam e oscilavam, achando que estavam num culto de renovação no meio do mato. Outras berravam "É!", como se a obediência fosse exigência do Profeta, mesmo quando ele as aviltava.

— E o que nós fazemos com o egoísmo? — perguntou Ishmail, apertando o microfone nos lábios como se fosse mordê-lo.

— *Expurgamos!*

— O que nós fazemos?

— *Expurgamos!*

— Como fazemos para destruir tudo que nos impede de avançar para o reino dos céus?

— EXPURGAMOS!

— Não estou ouvindo — ele provocou, e a multidão explodiu em uníssono com um grito rouco de lealdade estupefata.

O amor ensandecido no ar era tão surrealista que Michael se sentiu completamente isolado de qualquer elemento humano da cena. Não estava com raiva. Não tinha medo, era só uma espécie de deslumbramento remoto.

O Profeta balançava as mãos como um maestro, e todos cantavam, gritavam, berravam, com o único propósito de fazer barulho. Através da gritaria, Michael ouvia Ishmail falando — baixinho, intimamente, como se sussurrasse diretamente no ouvido de cada um.

— Não me importa o que você fez, ou quem você é. O que está tentando esconder de mim? É ilegal, imoral, degradante, depravado, excludente, envelhece ou engorda? Não me importa. Você tem de pôr isso para fora. Pôr toda a escuridão para fora para a luz poder entrar. Não importa se você quer matar, desejar ou gratificar sua fome pecaminosa. Você precisa escolher. Aqui é o parque de diversões de Deus, ou de Satã? Jamais descobrirá, até fazer isso, até o fim. Faça agora! Com aquela sensação de isolamento Michael lembrou da hora — quanto tempo atrás? — em que Yousef apontou para o *wadi* lá embaixo e depois disse que era preciso haver um lugar em que Deus e o diabo pudessem lutar sozinhos. Agora Ishmail tinha estendido aquilo para o mundo inteiro.

Michael olhou em volta. Algumas pessoas cantavam em êxtase, algumas choravam, outras estavam de joelhos, completamente embevecidas. As pessoas rasgavam suas roupas e depois agarravam e rasgavam as dos outros. A três metros de distância ele viu atos de violência, socos, facadas e chutes. Ouviu uma criança gritar, num tom agudo e alto que parecia não acabar mais. O desejo de machucar alguém estava na mente de todos. O ódio ganhou a corrida, era o primeiro ímpeto a ser expurgado.

Preciso dar o fora daqui! Michael despertou do estado de torpor, mas uma dúzia de mãos já o agarravam. Rostos enraivecidos lhe cuspiam veneno por meio de olhos vidrados. Ele se contorceu, tentando escapar dos dedos que afundavam em seus braços, ombros, pescoço. Deu um grito animalesco para assustá-los, mas a cada mão que o soltava, outras duas o agarravam. A adrenalina devia estar atuando, porque, sem pensar, ele soltou o braço e socou as duas caras mais próximas. O sangue espirrou do nariz de um homem, ele gritou e soltou Michael, caindo para trás. A visão do sangue assustou os outros temporariamente, e eles relaxaram o suficiente para Michael escapar e furar a massa de corpos mais próximos dele.

Ninguém partiu no seu encalço. Contentavam-se em extravasar seu ódio em qualquer vítima. Numa clareira na multidão Michael conseguiu correr uns seis metros. Viu uma esquina logo à frente, onde a rua 42 virava para o leste. Abaixando a cabeça, ele investiu naquela direção, rezando para a turba rarear. Sabia que isso não ia acontecer, mas não tinha escolha.

Atrás dele o som da voz de Ishmail ia ficando mais fraco à medida que a carreta prosseguia em seu caminho. Michael não prestou atenção. Sentiu a cabeça bater num corpo sólido. Era um homem corpulento, cuja massa o fez pular para trás. Ele se endireitou, preparado para um ataque.

Nada aconteceu.

O homem atarracado ergueu os punhos, pronto para lutar, mas seus olhos dardejavam em volta, aparentando confusão.

— Apareça para me enfrentar! — ele gritou.

Dois outros brigões, ouvindo isso, puseram-se ao lado dele. Michael estava abaixado a menos de um metro e meio de distância, e, no entanto, os três ficaram olhando em volta com seus olhos raivosos, sem vê-lo.

Alguma coisa deixava Michael invisível, e ele aproveitou essa vantagem. Avançou direto para o pequeno grupo e passou por eles. Mãos tatearam e chegaram a agarrar sua camisa quando sentiram Michael em cima deles, mas ele não teve dificuldade de passar. O mesmo aconteceu com o grupo seguinte que encontrou, e com outro. Virando a esquina, Michael continuou correndo para o leste até chegar à Quinta Avenida. A atmosfera de loucura não ia tão longe. Sentiu-se seguro para diminuir o passo e caminhar normalmente, recuperando o raciocínio.

Por alguma estranha razão, apesar da cena apavorante da qual mal conseguiu escapar, ele teve uma sensação emocionante de poder, quase tão forte quanto a que teve quando mandou a mensagem pelo mendigo na caçamba de lixo. Aquilo não era o mundo verdadeiro. Não o controlava através de acontecimentos aleatórios e forças além do seu controle. Não, aquilo era um jogo — o jogo — que os trinta e seis jogavam havia séculos. Ele ainda não sabia quais eram todas as regras, mas já havia descoberto algumas.

Número um: as coisas mudavam quando ele mudava.

Número dois: o mal é cego, e isso faz com que sinta medo.

Número três: se ele não tivesse medo, podia ficar no jogo.

Desde o princípio, quando Michael correu imprudentemente para a aldeia devastada, sem nem mesmo se importar de ser contaminado por uma peste desconhecida, ele esteve sem controle. Toda a pose de não sentir medo foi uma tentativa desesperada de esconder o medo que realmente sentia. Não só de todas as coisas que as pessoas sensatas acham que devem temer — ele sabia bem lá no fundo que o medo governava tudo. Era a máscara que o impedia de ver o próprio poder.

E esse poder era desconcertante. Capaz de criar um mundo, apenas com o ato normal de pensar, e desejar, e viver. Solomon tinha dito isso para ele — todos tinham dito —, mas ele teve de arrancar o escudo do medo para realmente sentir.

Uma satisfação completa tomou conta de Michael. Nem notou que o vento estava ficando mais forte, nem que o céu cheio de nuvens negras estava abaixando, como um nevoeiro envolvente.

De repente uma mulher, desequilibrada por causa de uma poderosa rajada de vento, caiu em cima dele.

— Desculpe, eu não tive a intenção de... — a mulher parou no meio da frase, olhando em volta, frustrada.

Como os outros, ela não podia vê-lo. Outra rajada foi soprando os pacotes que ela havia deixado cair. Aos berros, a mulher recolheu tudo e seguiu pela rua. Michael virou e ficou observando. Viu uma dúzia de pedestres erguendo os braços, enquanto o vento, como mão insistente, os empurrava e fazia cair. Em meio minuto virou uma ventania uivante, e toda a rua ficou coalhada de lixo das latas viradas, sacos plásticos voando e jornais rolando como bolas de amaranto nas ruas.

Ishmail estava reagindo.

Michael não se surpreendeu de ver que seu gêmeo alienígena sabia quando fazer a próxima jogada, mas a velocidade desse ataque pegou-o desprevenido. De lugar nenhum surgiu uma nuvem de poeira. Ela desceu a Quinta Avenida e o tráfego parou. Os carros batiam uns nos outros, mas, em segundos, a tempestade ficou tão densa que nem se viam mais os veículos.

Michael abrigou-se num vão da portaria de um edifício. Um por um, os outros pedestres por ali juntaram-se a ele. A maioria bem vestida. Alguns tentaram abrir seus guarda-chuvas, e o vento sempre virava do avesso antes de jogá-los longe. Ninguém se esforçou para parecer calmo — o modo nada natural com que o vento surgiu do céu provocava medo, mesmo nos ricos.

Ninguém o viu. Michael tinha o cuidado de desviar para o lado quando alguém chegava mais perto. Ficou imaginando por que aquela mudança de cenário, cada vez mais escuro e ameaçador, o tinha tornado invisível. Será que era uma arma que ele podia usar, ou uma maldição lançada por Ishmail para ele virar um homem inexistente, um fantasma urbano à solta, que podia invadir os melhores restaurantes em busca de comida, os melhores hotéis à procura de um quarto, mas, fora isso, deixar de ser?

O vento uivou mais alto, para não deixar dúvida do que ia acontecer. Michael resolveu não lutar. Saiu de novo para a calçada e deixou a ventania levá-lo rua abaixo como um dos guarda-chuvas negros que rolavam e nunca voltariam para casa.

Nada mudou durante cinco dias.

A tempestade era sem precedentes, vinda do Atlântico e chegando até Ohio, além de pegar toda a costa ao sul. As costumeiras explicações sobre mudanças de correntes e aquecimento global não foram usadas. Sem usar as palavras específicas "ira de Deus", todos conheciam a origem das imensas explosões de relâmpagos que acabavam com a energia elétrica em todo lugar, e os distúrbios atmosféricos caóticos que impediam toda comunicação. As pessoas se encolhiam na escuridão fria e esperavam passar o ataque de Ishmail.

Quando a tempestade passou e o sol apareceu novamente, desvendou alguns toques oníricos. No céu claro a luz parecia fraca, e a olho nu dava para ver enormes manchas negras na face do sol. Pareciam cancerosas, aumentando ou fundindo-se com as outras todos os dias, criando novos tumores amorfos. A linha negra de nuvens não se desfez, ficou pairando em alto-mar como um criminoso de aluguel aguardando ordens.

Mas o mais estranho de tudo era o silêncio de Ishmail. Seu rosto não reapareceu na televisão. Não fez discursos públicos nem declaração alguma. Era como se tivesse dado o último aviso e agora coubesse ao mundo reagir. O pior da violência diminuiu com a tempestade, mas a trama social não podia ser costurada de novo. Foi se esgarçando cada vez mais.

Michael vagava pelas ruas, depois de ter descartado a idéia de sair da cidade. Ainda usava sua capa invisível, por isso, que importância tinha estar aqui ou acolá? A sensação de segurança ficou abalada momentaneamente, mas até ali não o abandonara. Não estava com medo, nem tinha perdido a esperança. Saber que aquilo não era um mundo real possibilitava encarar tudo com a mesma compaixão, mas também com a mesma desconfiança. Conforme Rakhel tinha dito havia muito tempo, aquilo era tão real quanto qualquer coisa irreal podia ser.

As ruas, depois que as pessoas adquiriram coragem de voltar para elas, estavam cheias de neuróticos de guerra. A campanha "Expurgue o ímpeto" continuou, mas sem tanta histeria. Andando pelas avenidas, Michael viu saques constantes. O ar estava cheio de sirenes dos carros da polícia, que sempre chegavam tarde demais à cena dos crimes. Porteiros transformavam-se em vigilantes, exibindo seus rifles descaradamente, se qualquer pessoa chegasse mais perto de algum prédio elegante. Michael procurava abrigo bem cedo todas as noites, já que os estupros começavam cedo também. Assassinatos eram assunto de dia claro.

A preocupação apareceu no sétimo dia. Não acontecia nada com ele. Ele andava e andava, esperando que mostrassem o próximo passo, mas só encontrava vazio. Nenhuma inspiração, nenhum ímpeto de agir, nenhuma mensagem chegando do lugar distante onde Rakhel e Solomon viviam. Ele era uma espécie de Robinson Crusoé, perdido e sozinho numa ilha deserta, com cinco milhões de pessoas que não sabiam que ele estava lá. A possibilidade de se transformar num fantasma começou a ficar real.

Para se animar, Michael passou a sétima noite na suíte presidencial do Waldorf, numa imensa cama de nogueira que presumivelmente foi ocupada por TR, FDR e JFK antes de os árabes poderem pagar. Já que ninguém o via, não podia pedir serviço de quarto, por isso roubou caviar e uma Dom Perignon da geladeira trancada perto da cozinha e esperou os *chefs* virarem para o outro lado para poder pegar um frango assado e um pouco de aspargos cozidos no vapor. Foi uma refeição gostosa que um fantasma não poderia comer. Despertou na manhã seguinte com o tipo de depressão que acabaria se transformando, se não tomasse cuidado, em pânico e desespero.

Ele sentou na cama, quase desejando que tudo virasse um pandemônio de novo, e foi então que a viu. Uma menina, de talvez catorze ou quinze anos, parada no meio do quarto. Estava de costas para ele, e segurava a garrafa de champanhe nos lábios, bebendo o resto que ele deixara.

Ela cantarolava de boca fechada, bem baixinho, para si mesma. Michael se endireitou e afastou as cobertas. Uma ponta bateu na garrafa de vinho sobre a mesa-de-cabeceira, que se espatifou no chão de mármore. A menina parou de cantarolar e olhou para trás. Seus olhos encontraram os de Michael sem a menor preocupação.

— Ei — disse Michael.

A menina virou para ele, mais atenta. Ela chegou perto da cama, sem dizer nada. Quando estava a trinta centímetros, olhando bem nos olhos dele com toda calma, os dois descobriram na mesma hora o que estava acontecendo.

— Pare! — gritou Michael.

Mas ela partiu feito um raio, correndo pelo quarto. Michael pulou e ficou de pé. Tinha adormecido de roupa, por isso só teve de calçar os tênis nos pés descalços. Mas, nesse momento, a menina já estava do outro lado do quarto, indo para a porta aberta.

— Volte aqui! — Michael gritou. — Não me faça ir atrás de você.

Ela não tinha intenção nenhuma de parar. Quando Michael chegou à porta e saiu pelo corredor, ela já estava virando a esquina para o elevador. Mas a vantagem era dele, porque levava algum tempo para o elevador chegar ao qüinquagésimo andar.

Michael correu pelo corredor, mas ela manteve a dianteira. Os botões do elevador não tinham sido apertados. A porta da escada estava fechando. Michael pulou para ela na hora em que ouviu o estalido de uma tranca. Diferente das outras portas do hotel, aquela podia ser trancada. Aquela podia ser trancada para proteger o presidente.

Droga!

Ele não teve escolha. Precisou socar os botões e ficar esperando o elevador. Levou alguns segundos para chegar. Pareceu uma hora. Felizmente estava vazio. A menina não teria coragem de pegar o elevador, por isso talvez tivesse tempo para chegar ao saguão antes dela.

Não teve essa sorte. Enquanto o elevador descia, Michael percebeu que ela provavelmente conhecia o hotel muito bem, e que havia vários elevadores de serviço. Quando pulou do elevador no térreo, do lado da rua Peacock, sabia que ela continuava na dianteira. Correu para a entrada da avenida Lexington, porque era a mais distante e a menos usada. Se ela fosse uma menina esperta, não correria para a saída mais próxima, mais pública.

Depois de correr dez metros na rua, ele descobriu que estava certo. A menina já estava na próxima esquina, continuava correndo, mas teve de parar devido ao sinal vermelho e ao tráfego pesado, a maioria carros da polícia.

— Pare, preciso falar com você! — gritou Michael.

Ela virou para ele e hesitou. Era óbvio que ele podia vê-la, e que ela podia vê-lo. Mas ninguém mais via os dois. Ela contava com isso quando invadiu o quarto dele. O que a única pessoa invisível em Nova York faria quando descobrisse que havia outra?

Ela pulou para a frente. Com o sinal para pedestres vermelho, a menina mergulhou no tráfego. Ziguezagueando pelas pistas, ela perdeu velocidade e Michael cobriu a metade da distância entre eles. Ela virou para a esquerda na calçada e seguiu para o norte. Foi uma má escolha. Devia ter ficado na rua. Depois de colidir com dois pedestres que não a viram — naturalmente —, a menina ficou a poucos passos de Michael.

Ele alcançou-a logo antes da rua 52.

— Solta, me solta, ou chamo um guarda! — ela se contorcia como um peixe nos braços dele, um peixe que morde.

Michael levou algum tempo até conseguir grudar os ombros dela no chão.

— Escute, apenas ouça — ele disse enfaticamente. — Podemos ficar aqui no meio da calçada até as pessoas começarem a tropeçar na gente, ou podemos sair em paz e conversar sobre isso.

— Não temos nada que conversar — ela sibilou, lutando com mais força.

— Pare com essa histeria, eu sou médico — disse Michael.

A absurdidade daquela observação pegou os dois desprevenidos. A menina quase explodiu numa gargalhada.

— Tem muito serviço para um médico invisível? — zombou ela.

— Se eu fosse um advogado invisível você poderia me processar por atacá-la — Michael sentiu a menina parar de lutar embaixo dele. — Tudo bem, isso foi para quebrar o gelo — ele disse, com toda calma possível. — Se eu soltá-la, vai se comportar?

A menina fez que sim, e ele a soltou.

— Mentirosa! — ele berrou quando ela saiu correndo de novo, dessa vez tendo a boa idéia de ir para o meio da rua.

Foram mais dois quarteirões de perseguição antes de Michael conseguir pegá-la outra vez.

— Isso não foi legal — disse ele. — Você é uma delinqüente juvenil invisível?

— Eu? Olha quem fala. Como se você pagasse por tudo... *não*!

Dessa vez, quando ele a soltou, depois de algumas negociações, ela não fugiu. Ele estendeu a mão.

— Eu sou Michael.

Ela não apertou a mão dele.

— Char — ela disse emburrada. — Se pronuncia como *shark*, mas é apelido de Charlene. O que você quer?

— Nada, não quero nada de você, pelo menos. Mas é claro que estamos no mesmo barco. Isso não nos torna aliados naturais? — Char encarou essa proposta desconfiada. — Você pode ficar zangada — disse Michael —, mas parece que partilhamos a mesma preferência em relação a acomodações. Será que não vamos nos encontrar de novo?

— É uma cidade grande, lembra?

A hostilidade de Char era apenas uma formalidade, um hábito adquirido havia muito tempo, tentando sobreviver. Michael resolveu seguir essa suposição.

— Tenho a impressão que você anda por aí há algum tempo. Talvez até antes de ninguém poder vê-la, não é?

Char balançou a cabeça.

— Só uma semana.

— Uma semana pode ser muito tempo. E um tempo duro, assustador.

Ela poderia ter resistido mais, mas a simpatia dele era óbvia demais.
— E você? — ela perguntou.
— A mesma coisa. Estou na rua há mais ou menos uma semana também. Mas posso ter uma idéia do que está acontecendo, se você quiser ouvir.

A curiosidade, ou a necessidade de parar de viver sozinha, resolveu por ela. Os dois caminharam para o norte, ficando quase todo o tempo no meio da rua, enquanto Michael relatava um esboço da sua história. Ele deixou de fora a maior parte do que antecedeu o capítulo em Nova York, dizendo que tinha sido transferido de um posto em outro país. Mesmo assim a história era bem comprida, e já estavam na metade das oitenta quando ele terminou de contar. Michael perguntou qual era a história de Char.

— Você quer mesmo saber? Então venha.

Ela levou-o na direção do rio, por uma das ruas transversais sombreadas por árvores que preservavam a ilusão de que Nova York é um plácido refúgio. Pararam na frente de uma velha casa de pedra bem conservada.

— É sua? — perguntou Michael.

Char fez que sim com a cabeça.

— Nunca volto para cá. Pode não ter notado, mas as pessoas também não podem nos ouvir — ela evitava olhar para a porta da frente. — Começou assim mesmo. Um dia eu estava normal, no dia seguinte derreti, só que ninguém foi limpar a poça.

— Você entrou em pânico?

— E como! Derrubei um monte de coisas e, quando minha mãe começou a olhar em volta como se fosse enlouquecer, agarrei as roupas dela. Ela gritou e saiu da casa correndo.

Char parou de falar, muito emocionada. Michael percebeu que a família não tinha voltado mais. Ele olhou de novo para as venezianas Nova Inglaterra, para as cortinas de renda e os gerânios nos vasos, agora derrubados pelo vento e murchando.

— Vamos — disse ele baixinho. — Não é bom para você ficar aqui.

— E o que é bom?

— Apenas venha comigo.

Comida roubada dos melhores lugares é saborosa demais. Eles se esconderam num canto do Oak Room do Plaza, abaixados sob um piano. Ainda havia uma certa ostentação no salão, mas os hóspedes pareciam nervosos. Jantavam em grupos pequenos e separados e conversavam bem baixinho. O piano era um esconderijo seguro. Michael supôs que ninguém ia querer dançar ou ouvir Cole Porter naquela noite.

— Como está a sua comida? — disse ele.
— Boa. Então isso é mesmo galinha d'angola? O que é isso? — perguntou Char, lambendo os dedos.
— É igual a frango assado, se você é dono de uma empresa — disse Michael.

Os restos de um banquete estavam espalhados em volta dos dois. Era estranho que ninguém notasse os pratos e copos, mas os garçons apressados estavam muito ocupados, mantendo a ilusão de ordem, dado o medo enorme que espreitava logo abaixo da superfície.

— Posso beber um pouco do seu vinho? — perguntou Char.
— Claro que não.
— Como se fosse comprometer o meu crescimento — ela reclamou. — Eu poderia roubar um até melhor em cinco minutos.
— E não ficar mais comigo.

Considerando isso uma ameaça ou uma promessa, Char ficou quieta. Ela estava ruminando alguma coisa. Michael imaginou se tinha a ver com Ishmail. Ela não lhe associava aquela provação.

— Você está tentando descobrir o que está acontecendo? Acho que não vai conseguir — ele disse. — Precisamos concentrar nossas energias em sair daqui.

— Da cidade?

Ele balançou a cabeça.

— É mais complicado que isso. Não quero dar-lhe falsas esperanças, mas sua família não está perdida de verdade, eles só deixaram você para trás.

— Eu já sabia disso — disse Char. — Você só está enfiando o dedo na ferida.

— Não, quero dizer que eles a deixaram para irem para outro mundo. Isso tudo parece real, mas não é. É uma imagem, uma versão das coisas que está grudada em nós. Ou nós estamos grudados nela. De qualquer maneira, devemos poder encontrar uma saída. É uma questão de descobrir poder suficiente para fazer isso.

Char ficou de pé.

— Obrigada por essa revelação.

— Para onde você vai?

— Para algum lugar onde posso ser invisível sem ficar louca ao mesmo tempo.

Ele puxou-a para baixo, para o lado dele de novo.

— Ouça o que está dizendo. Invisível? Não há explicação para isso, é absurdo. Você está tentando viver com isso como faria uma pessoa sã. Goste ou não, as regras mudaram.

— É, mudaram para você e para mim, mas e quanto às outras pessoas?

— Você acha que todo mundo se sente normal? Olhe em volta nesse salão. Essas pessoas também estão à beira da loucura, só que o modo delas lidarem com isso é fingindo. Elas fazem todos os movimentos correspondentes a sair para jantar fora num restaurante da moda, a levar seus carros de volta para o subúrbio, talvez até ir trabalhar... como se tudo isso importasse alguma coisa. Elas estão mais confusas do que nós.

— Não tente me fazer pensar que nós somos os sortudos — disse Char.

— Está bem, não farei isso, mas pode ser que não sejamos os únicos. Você já pensou nisso?

Ela balançou a cabeça.

— Mal tive tempo para me acostumar com você. Tinha certeza de que era a única.

— Então, é isso. E quais eram as chances de você me encontrar por acaso? Não muitas. Eu acho que existe um plano por trás disso tudo, ou pelo menos um mistério oculto que temos de resolver. Não é mero acaso.

Ela pareceu desconfiada.

— Tudo bem, vamos torcer para que você esteja certo — ela desviou os olhos um instante e, quando olhou de novo para ele, não tinha mais o olhar de uma menina que ia fazer dezesseis, e sim dez anos. — Você acha que esse é o único jeito de eu voltar para os meus pais?

Michael pôs a mão no ombro dela.

— Os seus pais não desapareceram de verdade. Em algum nível, você continua com eles, só que neste momento sua mente está dizendo que está sozinha e que ninguém consegue vê-la — ela arregalou os olhos, como se alimentasse novas dúvidas quanto à sanidade dele. — Apenas tente deixar-se levar pela maré — disse Michael. — Eu disse que era complicado.

CAPÍTULO DEZ

Notícias no Ar

Susan. Era o terceiro dia com Char pelas ruas quando ele a viu. Ela saía de uma loja na Madison, segurando duas sacolas de compras. Ele parou de repente, olhando bem para ter certeza de que não era engano. Mas não, era uma versão da sua Susan. Usava um suéter com pontos salientes e calça preta, e um longo casaco de *cashmere* por cima. Qualquer que fosse a vida que estivesse levando, tinha invólucro de prosperidade.

— Espere um segundo — disse Michael, para evitar que Char atravessasse a rua.

Susan ainda não tinha visto Michael. Ela parou logo depois da porta giratória da loja para olhar para o céu. Estava claro como no dia anterior, mas o sol continuava marcado pelas manchas pretas. Apareceram rugas de preocupação na testa de Susan.

— Você a conhece? — perguntou Char curiosa, seguindo o olhar de Michael.

A procura por outros "invisíveis" tinha sido improdutiva até então.

Michael pareceu meio inseguro.

— É, eu a conheço. Mas esse é o primeiro cenário em que ela pode não me reconhecer.

— O que quer dizer *cenário*?

— Deixa pra lá. Espere aqui.

Michael tinha resolvido arriscar e falar com Susan. Apesar do frio, as palmas de suas mãos começaram a suar. Ele não sabia o que seria pior, se Susan poderia vê-lo ou não. Cobriu a distância entre eles em poucos segundos. Agora ela estava de costas. Procurava um táxi ou algum motorista.

— Susan?
Uma pausa muito breve e, então, ela virou na direção dele.
Uma onda de alívio dominou Michael.
— Precisamos ir para algum lugar para conversar, está bem? Acho que posso explicar isso.
Ela não disse nada.
— Táxi! — Susan chamou, levantando a mão.
Ela ia dar um encontrão nele ao correr para pegar o táxi que parou cantando pneu junto ao meio-fio, se Michael não tivesse pulado. Ele foi atrás dela, correndo ao seu lado.
— Susan, sou eu! Michael... olhe para cá.
Concentrada em não perder o táxi, Susan abriu a porta e jogou as sacolas de compras no banco de trás.
— Preciso ir para o centro — ela disse para o motorista, que ficou irritado.
— A senhora devia ter andado um quarteirão — ele resmungou. — Vou ter de dar uma volta agora.
— Não tem importância — disse Susan, entrando no carro.
Michael não podia deixá-la fazer isso. Impulsivamente agarrou a manga do casaco dela.
— Susan, ouça. Dê algum sinal para mim.
Mas ela só pareceu confusa, puxou o casaco e bateu a porta. O táxi saiu pelo meio do trânsito e Michael ficou olhando.
— Você poderia ter pulado lá para dentro com ela. É claro que eu o teria matado, se fizesse isso.
Char tinha chegado perto dele.
— Ela não me viu, mas poderia ter ouvido a minha voz, só um pouquinho — resmungou Michael aborrecido. Michael achou que tinha notado uma leve expressão de reconhecimento no rosto dela.
— Talvez exista um jeito de fazer contato, só que temos de prestar atenção.
— Você acha que chamou a atenção dela?
— Pode ser.
— Sonhador.
Num momento de fraqueza maior, Michael poderia ter perdido a calma, mas não se sentia ameaçado ou derrotado com o que acontecera.

— Olha, eu acredito no que eu disse, que nada disso acontece por acaso. O que você acabou de ver é importante. Fiz contato. Agora só temos de prosseguir.

Char parecia cética.

— Você chama isso de contato? Ela foi embora, nem o notou, e você não tem idéia de onde ela mora. Contato assim é uma grande ajuda.

— Nunca pensei que diria isso, mas você já ouviu falar de respeitar os mais velhos? — disse Michael irritado.

— Não tenho certeza... qual foi o primeiro CD deles? — Char retrucou e um segundo depois condescendeu. — Desculpe, estou vendo que você ficou deprimido. Talvez tenha razão. Ela pode ser a nossa melhor chance, se você pensa assim.

Michael não se deu ao trabalho de aceitar esse quase pedido de desculpa. Já estava indo na direção do centro. Char correu para alcançá-lo.

— Você tem algum tipo de plano? Para onde vamos?

— Não creio que "para onde" importe. Não temos um mapa, nem expectativa alguma. Então acho que tudo que temos de fazer é ficar bem na frente da próxima coisa que tem de acontecer.

— Como ficar parado no meio da rua para ver se um caminhão nos atropela? — perguntou Char.

— Certo. O que acha?

— Legal.

Michael olhou para ela. Char era uma adolescente de catorze anos totalmente capaz de rir de si mesma.

O táxi desceu a Park Avenue, passando por cima de um monte de buracos e jogando Susan para lá e para cá no banco de trás, como um saco de batatas.

— Não precisa correr desse jeito — disse ela. — Não estamos atrasados para o fim do mundo.

— Jura? — disse o motorista.

Ele acelerou até o sinal seguinte e meteu o pé no freio, quando ficou vermelho.

Susan recostou no banco, resignada. Era um dia estranho, numa semana mais estranha ainda. Tinha parado de assistir aos noticiários. Todos achavam que isso era muito peculiar; quando é que as notícias foram tão maravilhosas e imprevisíveis? Isso foi nos "Meses dos Milagres". Agora o ar de ameaça tinha virado tudo ao contrário. Ela não conhecia ninguém que tivesse se aventurado pelas ruas durante a tempestade, e pouca gente achava que já era seguro se afastar das ruas principais.

Mas seus amigos tinham razão quanto ao seu comportamento estranho. Ela os conhecia havia dez anos, desde que se mudara para Manhattan para trabalhar na emissora, e, no entanto, ultimamente havia momentos em que Susan os via como estranhos, ou recortes de papelão encostados na parede para manter viva a ilusão de que existiam pessoas. Nesses momentos, ela também se sentia como uma concha vazia.

— A senhora disse rua Franklin? — perguntou o motorista, se intrometendo nos devaneios dela.

— O quê? Ah, sim, é isso.

Ele olhou para ela pelo retrovisor sem entender. Na verdade Susan não conseguia lembrar para onde tinha dito que iria. Não queria ir para casa? Por um instante teve aquela idéia apavorante de que não tinha casa. Não, não era isso. A rua Franklin era onde ia almoçar, e ia para casa mais tarde. Não tinha de pensar no endereço agora.

Dez minutos depois ela estava pagando o táxi e olhando em volta. A rua Franklin era uma boa rua para almoçar no centro, e Susan tinha seu lugar preferido. Uma das tavernas reformadas com teto antigo de aço e serragem no chão — sim, gostava disso. Fazia com que se sentisse real, apesar de ser estranho pensar assim. Ela entrou no Pig and Whistle que, apesar da aparência bonitinha, ficava em um dos velhos armazéns que se enfileiravam naquele quarteirão.

A garçonete levou-a para um cubículo, e ela pediu cerveja e salsichão. Não era o tipo de comida que costumava escolher, mas as palavras saíram automaticamente da sua boca, como se outra pessoa estivesse falando. Era uma sensação à qual Susan já estava se habituando. Tinha a vaga impressão de não ser ela mesma, mas isso não era bem uma novidade. Sua mente tinha áreas cinzentas de confusão que não permitiam que examinasse nada profundamente.

Não conseguia lembrar do que tinha sido antes, o que era quase tão bom quanto não ter uma existência para perder. O que quer que acontecesse agora, naquele minuto, parecia ser a única realidade com a qual tinha relação.

A comida chegou e ela começou a comer. Isso também fazia automaticamente, sem entusiasmo. Então ela percebeu o que estava errado. Tinha tirado uma hora de almoço e prometido ao Nigel estar de volta ao estúdio para o ensaio do noticiário das cinco horas. Não tinha tempo para se afastar tanto. Qual era o problema dela?

— Senhorita, senhorita — ela acenou. — Preciso da conta.

Percebeu o que estava acontecendo. Só Deus sabia por onde tinha andado durante aquela hora, mas estava de volta. Susan ia tomar o resto da cerveja, mas errou o copo, que caiu e rolou pela mesa, espatifando-se no chão.

— A senhora está bem?

Susan olhou para a garçonete, parada ao lado dela com a conta na mão.

— Algum caco de vidro machucou a senhora? Vou limpar agora mesmo. Não foi nada.

Susan fez que sim com a cabeça, sem dizer nada. Será que estava bem? O fato é que nem tinha tocado no copo, e ele se mexeu sozinho e caiu. Ela ia levantar da mesa mas aquela mão de homem a impediu. Susan sentiu vontade de gritar, depois achou melhor não fazer isso. Um homem estava sentando no banco diante dela, e parecia tão angustiado quanto qualquer pessoa.

— Por favor, dê-me só um minuto de atenção — o homem implorou.

Ela sentou de novo, sem entender.

— Você me conhece? — perguntou ele.

— Não. Deveria? — ela disse.

Ele ficou ainda mais nervoso, mas havia excitação no rosto dele também.

— Não, talvez não. Só que é incrível você conseguir me ver.

— O quê? Ver você? — Susan estava confusa. — Nós tínhamos marcado esse encontro?

— Não, exatamente.

O homem ficou em silêncio, como se procurasse as palavras que não vinham. Parecia a ponto de chorar, e, embora Susan pudesse achar que era um louco, que devia chamar o gerente para cuidar dele, inesperadamente sentiu simpatia por ele.

— Olha, se eu puder ajudar... — ela disse.

Naquele momento houve um rebuliço do outro lado da taverna. Susan e o homem diante dela viraram para ver o que era. Fregueses no bar ficaram de pé. O *barman* estava tirando o avental e secando as mãos numa toalha enquanto corria para a porta.

— Isso é inacreditável — ele disse, com a voz quase trêmula.

— Nunca pensamos que teríamos essa honra.

— Sorte sua.

Ishmail passou por todos, olhando em volta do bar. Estava escuro lá dentro, e ele semicerrou os olhos. O *barman* atônito controlou o impulso de dizer mais alguma coisa. Lá fora, na rua, ele viu uma longa limusine e duas motocicletas da polícia.

Ishmail foi indo para o fundo do restaurante, com o olhar fixo para a frente. Um dos fregueses teve uma crise de coragem à base de uísque.

— Bem-vindo de volta, senhor. Andou sumido — ele balbuciou como um idiota.

Ishmail pôs o homem no seu devido lugar com um olhar, depois caminhou diretamente para o cubículo de Susan.

— Sim? — disse ela.

Ele estava de pé ao lado dela, com um sorriso de satisfação nos lábios.

— Querida, você esqueceu? — disse Ishmail. O sorriso dele ficou indulgente, como se lidasse com sua noiva ou uma criança retardada. — Marquei nossa reunião com o chefe da equipe para as duas. Temos de nos apressar — ele estendeu a mão para ela.

— Não dê ouvidos a ele — disse o homem diante dela, com desespero na voz.

Meio zonza, Susan olhou para ele de novo.

— Não pode dar ouvidos a ele. Isso é um truque.

Por algum motivo Ishmail não ouviu isso. Continuou lá, esperando Susan levantar.

— Preciso ir — disse Susan sem ânimo.

— Não, não precisa nada — disse o homem. — Eu sou Michael. Você me conhece, pode me ver. Encontrei você aqui, e vou levá-la embora.

Susan balançou a cabeça e Ishmail chegou mais perto.

— Com quem você está conversando, querida? — perguntou ele.

— Com ele — ela apontou, e Ishmail seguiu o gesto dela, com os olhos bem alertas e penetrantes.

Só que não havia nada para ver. O homem chamado Michael tinha levantado de um pulo e estava recuando.

Ishmail começou a falar com o banco vazio.

— Não pensava que você ia ser grande coisa, não no início. Mas está ficando cada vez melhor.

— Melhor do que você pensa — disse Michael, a três metros de distância, atrás de Ishmail.

Ishmail não virou até ver para onde Susan estava olhando.

— Ah, então estamos nos esquivando um pouco, não estamos?

— ele provocou, olhando em volta. — Não vai funcionar. Não preciso mais vê-lo, está entendendo?

Michael não disse nada, vendo Ishmail pegar Susan pelo braço.

— Venha, vamos para casa. Podemos faltar à reunião — disse o Profeta.

Ela não podia resistir. Talvez conseguisse ver Michael, mas sua capacidade para definir a própria história tinha sido capturada e tirada dela havia muito tempo. Ishmail levou-a para a porta.

— Ouça, se é que ainda consegue me ouvir, onde posso encontrá-la? — Michael perguntou, andando ao lado de Susan.

Ele percebeu que ela ainda tinha um resquício de poder de concentração.

— Nigel. Eu trabalho no estúdio com Nigel — ela murmurou, mas a consciência estava sumindo rapidamente.

Ela parou de focalizar o lugar em que Michael estava e olhou na direção errada.

— Você não está vendo ninguém, não é, querida? — perguntou Ishmail com um sorriso zombeteiro.

— Não.

Susan olhou para o marido, e todos os pensamentos de dez minutos antes, sobre o emprego na emissora, os amigos, seu passado e o que tinha sido, desapareceram como fumaça. Não sentia pena dessas coisas estarem sumindo. Elas também não pareciam reais.

Na mesma hora começou a nevar, dentro da taverna. Os flocos surgiam de lugar nenhum e caíam com a fúria de uma nevasca. Susan tinha o olhar vidrado, sem se importar com o que estava acontecendo, mas Ishmail riu alto.

— É a minha vez! — ele gritou.

Ele olhava para o chão, já coberto por uma camada de um centímetro de neve. Dava para ver uma linha de pegadas, correndo bem depressa para a porta.

— Não, não — disse o Profeta.

A porta da frente fechou com estrondo, como se soprada pelo vento. As pegadas correram até ela e mãos invisíveis lutaram com a maçaneta.

— Trancada — disse Ishmail. — Terá de fazer melhor que isso.

Ao soltar o braço de Susan ele começou a andar com firmeza para o lugar onde as pegadas tinham parado. Novas pegadas apareceram para a esquerda, depois para a direita, depois para trás.

— Confuso? — provocou Ishmail.

A nevasca ficou mais forte e os espectadores paralisados, amontoados com medo perto do bar, mal conseguiam distinguir a forma de um homem, com a neve caindo em ombros e cabeça invisíveis. A cabeça desviou no último segundo quando o Profeta avançou e deu um violento soco no ar.

— Não! — gritou Susan atrás dele.

Ishmail não se virou.

— Por que não, querida? O que essa criatura pode significar para você?

Ele golpeou novamente, dessa vez às cegas, porque o fantasma de neve tinha sacudido a neve delatora do corpo e desaparecido. Ishmail deu um largo sorriso e seguiu as pegadas. Dessa vez se afastaram uns três metros e pararam de repente. Por um instante o Profeta ficou esperando, mas não apareceram novas pegadas nos dois centímetros de neve da taverna.

Ele franziu o cenho e caminhou até a última marca, socando o ar. Essa distração só durou um segundo e então ele percebeu o que tinha acontecido. Lá em cima uma luminária balançava de um lado para outro. Atrás dele as pegadas continuaram em cima do bar, correndo bem rápido para os fundos da taverna.
— Ah, não vai, não! — gritou Ishmail.
Mas era tarde demais. Susan sentiu uma lufada de ar no rosto, e, no momento seguinte, a janela de vidro atrás dela quebrou toda. As pegadas tinham pulado para um cubículo. Foi a última vez que as viram. Ishmail agarrou o braço de Susan e puxou-a para longe. Ele parecia desapontado, mas não zangado. Jogo é jogo.
Ela resolveu não mencionar que o homem estranho que deixava pegadas na neve tinha se tornado visível, só por uma fração de segundo, na hora em que ia pular pela janela. Ele virou para ela com olhos tristes, implorando. O coração dela perdeu uma batida. Por outro lado, podia ter sido apenas imaginação.

Char esperava por ele na rua. Ele correu parecendo animado e molhado, esfregando os ombros do agasalho de náilon.
— Sucesso? — ela perguntou.
— Sucesso. Eu consegui fazê-la prestar atenção, e ela definitivamente me viu. Nós conversamos — olhando para trás Michael puxou Char depressa para longe da cena. — Aquela é a limusine dele. É melhor não provocar o destino.
Char tinha apenas uma vaga noção do que ele estava dizendo, mas foi com ele.
— Vamos levá-la conosco?
— Essa é uma boa pergunta — disse Michael. — Não tenho certeza se sei a resposta.
— Isso não é muito promissor — disse Char. — Você disse que ela era parte da equação.
— Eu disse isso sim, e acredito nisso. Mas ela não sabe nada além do que ele passa para ela. Ela é como todo o resto... só que não completamente.
— Por ter visto você? — perguntou Char.
— Essa é uma das pistas. A outra é que ele está muito aflito para ficar de olho nela. Isso tem sido assim desde o primeiro dia. Não sei

se ele a está usando para se aproximar de mim, ou se é outra coisa. Faz parte do jogo.

— É assim que você chama isso agora?

— Na falta de um nome melhor.

Michael diminuiu o passo quando viraram a esquina e desceram a rua Spring. Tinha levado um susto na taverna, mas o fato de ter enganado Ishmail era muito gratificante. Mostrava que ele podia fazer algumas jogadas próprias. Não estava enfrentando um super-homem que ficava só brincando com ele. Algo sério estava acontecendo, e Ishmail estava levando a sério também.

Naquele momento, uma mulher negra empurrando um carrinho de bebê bateu em Char.

— Minha culpa — disse ela. — Eu estava distraída. Você está bem, docinho?

Uma hora antes, isso seria um acontecimento chocante, mas Char deu só um gritinho. A mulher negra desviou os olhos do bebê.

— Não me diga que machuquei você? — disse ela.

— Não — Char balançou a cabeça.

Uma segunda mulher negra saiu de uma loja e aproximou-se do grupo.

— Não resisti, tive de entrar lá, Betty. Eles têm o mais... — ela parou de repente. — Você está conversando com alguém?

— Hein? — a primeira mulher olhou para a amiga. — Claro que estou. Tive um pequeno acidente com essa menina aqui.

— Você deve estar bebendo mamadeira demais — disse a amiga. — É normal ficar estranha quando se tem um bebê, mas você está demais.

— Ouça, minha senhora, tem de vir conosco — disse Char animada.

— O que, ir com você e aquele homem lá? — disse a mulher. — De jeito nenhum.

— Agora você está falando com quem? — perguntou a amiga. A mulher estava ficando irritada.

— Deixe-me em paz! Será que você não vê essa gente?

Ela começou a se afastar, exasperada. Char foi junto com ela de um lado, e a amiga do outro.

— Ninguém nos vê além de você — implorou Char.

— Estou começando a perceber isso — disse a mulher. — Vocês são uma invenção da minha imaginação, por isso vá dando o fora.

A amiga dela ficou furiosa.

— Quem você está mandando dar o fora? Vou levá-la direto para o hospital, a não ser que pare de me estranhar.

— Não ouça o que ela diz — Char implorou, virando para Michael que tinha ficado para trás e só observava. — Será que não pode me ajudar aqui?

Ele balançou a cabeça.

— Por que, se você está fazendo um trabalho sensacional?

Nesse ponto instalou-se o caos. A primeira mulher berrou.

— Sumam da minha frente, vocês dois!

A amiga dela, resolvendo que não era seguro para o bebê ficar com aquela mãe lunática, tentou arrancar o carrinho das mãos dela. Ela deu uma trombada em Char e quase caiu, por isso começou a gritar.

— Oh, meu Deus! — ela parecia possuída pelo demônio, que era exatamente o que achava que estava acontecendo.

Michael correu para elas quando as duas amigas, que já eram ex-amigas, começaram a se bater com as bolsas. Toda a situação era bizarra e engraçada ao mesmo tempo, mas ele conseguiu empurrar Char para a porta aberta mais próxima. Ficaram escondidos atrás das araras de uma loja de roupas, espiando pela vitrine as duas mulheres se digladiando.

— Para que você fez isso? — perguntou Char. — Devia ter me ajudado. Estamos há dias procurando alguém assim.

Michael balançou a cabeça.

— Pode chamar de palpite. Estamos melhor assim, só nós dois.

— Por quê? Ontem você disse...

Michael apontou para a loja, onde alguns clientes mexiam nas roupas penduradas nas araras, sem enxergá-lo ou a menina.

— Está vendo, nada mudou. A maioria das pessoas, noventa e nove em cada cem, não consegue nos ver.

— Mas alguém acabou de conseguir. Isso não é importante?

— É, é importante sim. Vamos sair daqui. Podemos terminar essa conversa lá fora.

Ele empurrou Char, desconfiada, porta afora, de volta para a calçada. As duas mulheres, que agora puxavam o bebê aos berros, uma de cada lado, nem prestaram atenção.

Meio quarteirão depois Michael falou.

— Sabe como é, não se encaixar?

— Tenho uma idéia bem boa disso — disse Char zangada.

— Bom, ninguém se encaixa perfeitamente, nunca. Todos têm a sensação de não pertencer. Se essa sensação é bem forte, você pode deixar mesmo de se encaixar. Pode se transformar num eremita ou um dissidente, senão um louco ou um gênio. Algumas dessas pessoas nos extremos, que não se encaixam, chamamos de santos, mas outras são psicopatas. Isso é verdade no mundo normal e é verdade aqui também.

— Então não devíamos juntar todo mundo que não se encaixa?

— Isso ia demorar uma eternidade, e nem sequer sabemos quem vamos encontrar. Poderíamos acabar com os doidos e insatisfeitos. Só porque você é desajustado não significa que não pertence a este lugar.

— Ótimo, isso esclarece tudo.

— Eu sei que é confuso, eu sei — Michael parou para pensar.

— Sabe, nós só precisamos reunir um grupo pequeno de pessoas, as que são como nós.

A mente dele estava formando uma espécie de plano, mas muito devagar. Enquanto caminhavam, ele começou a observar em volta com mais atenção.

— Está vendo aquele homem lá, aquele com o cachorro? Ele olhou para nós durante uma fração de segundo. Não tinha notado isso antes, mas acho que tem muitos mais iguais a ele.

Michael estava certo. Nos quarteirões seguintes uns poucos transeuntes pareciam olhar para eles ou perceber a presença deles, mesmo que só pelo fato de desviar um pouquinho na calçada para evitar uma colisão. Ninguém fazia contato direto com os olhos, mas, agora, eles sabiam que não eram apenas fantasmas.

— Isso é muito estranho — disse Char.

— Certo. É como ser real para algumas pessoas, meio real para outras e totalmente irreal para o resto. Mas é a nossa saída.

— É?

— É, porque é como uma competição de filmes. Todos no início aceitaram o filme de Ishmail, assim como aceitam a realidade normal sem questionamentos. Eles não conhecem um grande segredo: não existe realidade normal. Vários tipos de mundos estão sempre competindo à nossa volta, o que significa que podemos escolher o filme no qual queremos atuar. É o nosso próprio filme, na verdade um roteiro que estamos constantemente escrevendo, se soubéssemos disso.

— Você dá a impressão de saber o que tem de fazer — disse Char, visivelmente impressionada.

— Quase. Temos de conversar com um homem sobre o fim do mundo.

Com certas manobras, eles pegaram um táxi como clandestinos, passando por uma senhora quando ela descia lentamente do carro. Estava indo para o norte, e Michael esperou em silêncio até chegarem a um sinal vermelho no meio das ruas Cinqüenta.

— Venha — ele disse, abrindo a porta e puxando Char.

O motorista virou para trás bem depressa, mas os dois nem pararam para verificar se ele tinha visto alguma coisa. O prédio mais próximo da emissora ficava na Sexta, e chegaram lá em cinco minutos. Então, levaram mais dez para passar pela segurança — agora armada depois dos tumultos e das tempestades — e seguir para um elevador expresso, que subia para o andar do noticiário nacional.

Michael olhou em volta. O andar era dividido em duas seções principais. À esquerda ficava a sala de controle, com diretores e técnicos nas bancadas de monitores. Ficavam bem visíveis atrás de divisórias de vidro. Ali era o centro nacional de transmissão de notícias da rede. Olhando através da sala de controle dava para ver o cenário, vazio, de onde partiam as transmissões. Do lado direito do andar ficavam as salas dos produtores e gerentes executivos.

— Char, preciso que você faça uma coisa para mim — disse Michael. — Quando eu der o sinal, abra a porta e entre na sala de controle, e não saia até eu dizer.

— Tudo bem, mas tenho de fazer alguma coisa? — ela perguntou.

— Tem. Aperte todos os botões que puder, e continue apertando sem parar.

— Para quê? E se alguém me vir?

— Acho que ninguém vai vê-la. Ninguém notou que estamos aqui. De qualquer modo, esse é um lugar de muita pressão. Se alguém fosse um desajustado, já estaria fora daqui há muito tempo.

Char concordou, balançando a cabeça, animada diante da perspectiva de criar uma confusão, apesar de não ter garantias em relação à sua segurança. Ela ficou ao lado da sala de controle. Michael percorreu o corredor dos produtores até encontrar a sala que queria. Ele virou e levantou a mão.

— Lembre que, se alguém chegar perto demais a ponto de poder agarrar você — ele disse —, corra para o elevador. Encontro você lá fora. Vamos.

Ele deu o sinal. Char invadiu a sala e foi imediatamente para o painel do grande monitor, de onde partiam as transmissões nacionais. Começou a apertar os botões o mais depressa que pôde. No início não aconteceu nada. Michael viu os técnicos espantados virando a cabeça ao notar leituras loucas em seus painéis. Dez segundos depois ela acertou na mosca. Os monitores começaram a apagar, mudar para filmes antigos e passar comerciais distorcidos como loucos. O vidro abafava o som de uma dúzia de diretores gritando em seus microfones de cabeça. Em um minuto a sala virou um caos, e Char, mais familiarizada com a tarefa, subiu num console e começou a pisotear numa fila de controles depois da outra. Ela olhou para Michael através do vidro e deu um sorriso largo.

Naquele momento, uma barulheira irrompeu do outro lado. Cinqüenta telefones começaram a tocar ao mesmo tempo, e produtores e assistentes saíram de suas salas.

— Entre aqui! Não importa o que você tem de fazer!

— Jerry, desligue o transmissor... não pense, apenas faça o que estou dizendo!

— Acabei de ver uma conta de dois milhões de dólares sendo apagada!

— Jesus!

Michael parou tempo suficiente para ver se ninguém tinha descoberto Char, então abriu a porta que tinha o nome de Nigel.

Era um imenso escritório de produtor executivo, e no meio dele estava Nigel de pé, berrando em dois telefones ao mesmo tempo.

— Não me importa como começou, ponha a merda da transmissão no ar em trinta segundos, ou vou transformar seu traseiro em carne de hambúrguer.

— Olá, Nigel — disse Michael. — Será que cheguei numa hora ruim?

Os olhos de Nigel já estavam quase saltando das órbitas com fúria laudatória. Então descobriram mais um centímetro para ficar ainda mais arregalados.

— Minha nossa! — ele sussurrou com a voz rouca.

— Sei que você é o capitão para qualquer crise — disse Michael —, mas talvez queira parar para conversar comigo, hein?

Empalidecendo, Nigel bateu os fones e afundou na cadeira.

— O que você está fazendo aqui? — ele perguntou desconfiado.

— Ah-ah, que menino mau — Michael reclamou. — Tire o seu dedo do botão de alarme, e ponha as duas mãos em cima da mesa.

Nigel franziu a testa e obedeceu, ficando mais calmo e semicerrando os olhos.

— Não considero isso uma visita amigável — ele disse.

Michael atravessou a longa extensão de tapete cinza felpudo e sentou na ponta de um lustroso canapé de couro, no meio de um grupo de móveis dispostos como sala de estar.

— Por que tanto susto? Garantiram para você que eu seria eliminado, ou sua fé nele é tanta que pensou que ele podia resolver qualquer coisa?

De repente ouviram fortes batidas na porta. Nigel abriu a boca, mas fez uma pausa, olhando nervoso para Michael.

— Pode dizer para eles irem embora. De qualquer forma eu tranquei a porta, por isso os seguranças não vão tirá-lo daqui por um tempo, não com toda essa confusão lá fora — disse Michael.

Nigel apertou um botão no intercomunicador e pediu para não ser incomodado de jeito nenhum.

— Ótimo — disse Michael. — Se acha surpreendente eu aparecer aqui, eu também estou surpreso de você conseguir me ver. Eu devia ser um fantasma, cortesia do seu patrão.

— Fantasmas em geral não são loucos — disse Nigel com amargura, controlando o nervosismo.

— E messias não devem ser tão instáveis. Você alugou seu carro para um astro, e agora ele está atirando para todo lado. Complicado — disse Michael.

— Ele pode fazer o que quiser — disse Nigel asperamente.

— Ah, mas não é esse o problema? Se ele pode fazer tudo o que quiser, quem sabe não vai tratar de se livrar de você? Por mero capricho. Essa idéia deve ser muito assustadora.

Nigel adotou uma máscara de pedra e resolveu não dizer nada. Michael levantou e chegou perto dele.

— Você é bem automotivado, nós dois sabemos disso — ele disse. — Então estaria perfeitamente de acordo você ter feito alguns planos de acordo com as contingências. Estou esquentando? — Nigel desviou os olhos, franzindo mais ainda a testa. — O que você pretendia? — continuou Michael. — Tenho certeza que já roubou bastante dinheiro para subornar um exército. Mas se pensou em escapar num jatinho particular no meio da noite, essa fantasia não deve ter durado muito. Esse mundo é dele. Ele tem detetores de ratos em todas as esquinas. Por isso, não tem para onde fugir. É claro que, com mais cinco minutos dessa zona infernal nas transmissões nacionais, você vai precisar mesmo de algum lugar para ir.

Nigel arregalou os olhos.

— É você que está fazendo isso! — ele quase gritou, ficando de pé.

— Acalme-se. Estamos falando de você, e precisa prestar atenção. Não sei qual seria o seu pára-quedas para sair daqui, talvez tenha chegado a ponto de considerar um falso suicídio, ou um assassinato conveniente, mas o seu raciocínio foi primitivo demais. Olha, ele sabe que você não está mais de todo coração nesse barco, assim como sabe que estou aqui nesse exato minuto.

Nigel não conseguia descobrir se Michael estava blefando ou não, mas seu rosto ficou cinza de pavor.

— Ele se transformou num monstro — ele murmurou. — Você tem de me ajudar.

— Estou ajudando você — disse Michael, suavizando a ameaça na voz. — Esse pandemônio que inventei é a melhor coisa para

distraí-lo. Agora vamos para a parte B: o que fazer com o salvador que não vai embora?
— Acho que não se pode matá-lo — disse Nigel, com a voz baixa de um cúmplice, mas ainda muito assustado.
— Concordo. Mesmo se pudéssemos matá-lo, seria apenas temporário. Caso não tenha notado, os da espécie dele podem mudar de cenário sempre que quiserem. Eles conseguem saltar no tempo, escapando de qualquer armadilha nossa.
Nigel parecia assombrado.
— O que quer dizer com "eles"? Há mais de um?
— De certa forma, sim. Pode-se dizer que qualquer um de nós tem o potencial para ser igual a ele. Trata-se de fazer as pessoas acreditarem na sua versão da realidade. É esse o poder dele, e ele é muito convincente quando o utiliza.
Mais batidas na porta e vozes masculinas iradas dando ordens abafadas do outro lado. Nigel deu um pulo como a presa que avista o predador.
— Eles vão entrar — ele disse com a voz rouca. — O que vamos fazer?
— Você vai se surpreender — disse Michael secamente.
Naquele momento ouviu-se a explosão de um tiro. O tilintar das balas no metal zuniu em seus ouvidos quando a maçaneta foi arrancada. Três policiais da segurança invadiram a sala, com as armas apontadas para Nigel por trás dos escudos.
— É ele! Ele me manteve como refém! — berrou Nigel.
Os guardas avançaram, sem abaixar as armas.
— Onde ele está? — perguntou o oficial no comando.
Nigel apontou para onde Michael estava, a dois metros do policial, à esquerda.
— Bem aí, peguem-no! Por que não fazem nada?
O oficial levantou o visor à prova de balas do capacete.
— Do que o senhor está falando?
— Abaixem essas armas, pelo amor de Deus — exclamou Nigel.
O oficial rosnou a ordem.
— Se assim está melhor, senhor, pode nos dizer o que está acontecendo aqui? Por que o senhor estava trancado aqui dentro?

— Seus idiotas, porque ele... — vendo a desconfiança no olhar deles, Nigel parou. — Estão perdendo seu tempo aqui. Há um caos total nas linhas da rede. Por que não cuidam disso?

Ele estava começando a reassumir um fiapo da sua autoridade. O oficial continuou a encará-lo muito sério.

— Tiramos todo o pessoal da sala de controle, mas não está adiantando muito. Recebemos informação de que a sabotagem está sendo controlada remotamente — ele disse.

— Então acharam que partia daqui? Isso é loucura! — berrou Nigel.

O policial logo atrás do oficial encarregado estava examinando a sala.

— Não vejo nada parecido com o tipo de equipamento que ele ia precisar, tenente. Se é ele, devia estar dando ordens para algum confederado fora do prédio.

— Isso é verdade, senhor? — perguntou o policial num tom gelado.

— Não, é claro que não.

Nigel já estava ficando muito nervoso, olhando desesperadamente para o policial, para Michael e para o policial de novo.

— Fique olhando para mim, senhor, por favor — disse o oficial. — Vamos pôr um homem na frente da sua sala para mantê-lo sob custódia. Isso significa que não deve sair até eu dar permissão.

Nigel não sabia o que dizer.

— O senhor está me prendendo?

— É só uma medida de segurança, senhor. Nós voltaremos.

— Mas quem lhe deu esse tipo de autoridade? — protestou Nigel.

— Quem você pensa que foi? — interrompeu Michael.

Nigel virou a cabeça para ele, espantado de ninguém ter ouvido. Os três policiais saíram da sala em silêncio. Depois de fecharem a porta, deu para ouvir um objeto pesado, provavelmente uma mesa, sendo arrastada do outro lado.

Nigel escondeu o rosto nas mãos.

— Meu Deus, meu Deus — ele ficou repetindo, um gemido fraco.

— Eu disse que fiquei surpreso de você conseguir me ver — disse Michael — Na verdade é a sua melhor característica.
— Cale a boca — disse Nigel irritado. — Ele vai nos matar.
Michael chegou mais perto e se abaixou para olhar bem nos olhos de Nigel.
— Acredite em mim, posso salvá-lo.
— Como? Não acho que a defesa contra a insanidade esteja funcionando muito bem esta semana.
— Gostei disso. A comédia pastelão é a sua segunda melhor qualidade. Ouça, Nigel, por mais poderoso que Ishmail seja, ele não pode controlar os que renunciam a ele. É por isso que você pode me ver. Você já era um dissidente, só que estava tentando esconder isso.
— E obtive um tremendo sucesso, não foi, a julgar pelos policiais invadindo a minha sala — observou Nigel com amargura.
— Esqueça da própria pele só por um segundo, está bem? — insistiu Michael. — A verdade é que, se conseguirmos encontrar um número suficiente de gente como a gente, que não se encaixa, poderemos passar a perna nele. É a nossa única chance. Você não pode mais se esconder. Terá de vir comigo.
Nigel apontou para a porta.
— Como é que vamos passar por aquilo?
— Com pó de pirlimpimpim. Você por acaso não roubou um pouco, roubou?

A brincadeira de destruir a rede estava indo bem. Char dançava de costa a costa, e o pandemônio que provocava pegou o país desprevenido. As cidades estavam à beira do pânico graças aos recentes acessos de fúria do Profeta.
— Um, dois, três, quatro. — Ela havia esquecido como se pulava amarelinha, não que tivesse os quadrados com os números certos, por isso teve de se contentar em fingir que era um coelhinho.
Não precisava muito para gerar um êxodo em massa de qualquer área urbana, junto com um tempero de saques e crimes pelas ruas.

Char pegava cenas de tumulto toda vez que acertava ao acaso um botão que captava as equipes locais de repórteres correndo de emergência para emergência em Los Angeles, Miami ou qualquer outro lugar. Um silêncio fantasmagórico prevalecia na sala de controle depois que foi evacuada e trancada. Quando Char viu a equipe SWAT entrar, de armadura completa, pronta para a batalha, ela teve medo dos policiais bloquearem a porta.

— Isso basta por um dia — disse ela. — Hora de sair.

Ela abriu um pouco a porta com todo cuidado, quando não tinha ninguém olhando, e se esgueirou para fora da sala. A área estava apinhada de gente. Não ia conseguir passar pelo meio daquela gente toda a não ser grudada na parede, e mesmo assim o progresso era lento. Michael tinha dito para pegar o elevador e encontrá-lo do lado de fora — mas ela ficou imaginando se a polícia não tinha bloqueado os elevadores.

Char olhou para trás, para a porta por onde Michael tinha entrado. Ficou preocupada ao ver que dois policiais tinham feito uma barricada com uma mesa de metal virada na frente da porta e estavam montando guarda.

Ele vai me matar, mas vou ficar aqui, ela pensou.

Subitamente a cena mudou. Como se obedecendo a um estalar de dedos, o lugar ficou calmo e as pessoas pararam de se agitar nervosas. Olharam todos para a porta da sala de Nigel, que agora estava liberada. Char estava observando e os dois policiais da SWAT não tinham tirado a mesa do lugar. Simplesmente ela desapareceu. Ninguém ficou perturbado com isso.

Um segundo depois Nigel apareceu. Char levou um susto, porque Michael estava com ele.

— Tenho de fazer um pronunciamento — disse Nigel, pigarreando. Ele parecia nervoso, mas, quando começou a falar, sua segurança retornou com firmeza. — Creio que podemos atribuir essa recente pane, que durou... quanto tempo durou, engenheiro?

Um técnico uniformizado adiantou-se com um *walkie-talkie* encostado na orelha.

— A melhor informação que eu tenho é trinta segundos, senhor.

— Certo — disse Nigel. — Uma falha elétrica na Costa Leste de aproximadamente meio minuto resultou num breve apagão. É correto supor que não se alastrou pelo país?

O homem com o *walkie-talkie* fez que sim com a cabeça.

— Nenhum problema maior a leste do Hudson.

Algumas cabeças viraram para a sala de controle. Todos os monitores estavam ligados na programação normal, e todos os diretores estavam em seus lugares.

— Muito bem — disse Nigel. — Gostaria de agradecer à segurança por cuidar de nós, mas parece que sobrevivemos à tempestade — ele apontou para dois guardas uniformizados; não havia nenhum policial de fora na sala.

— O que está acontecendo? — disse Char confusa.

Ninguém ali perto olhou para ela. Michael pôs um dedo sobre os lábios. Mas Nigel deve ter ouvido, porque olhou nervoso para Char.

— Enquanto estamos aqui reunidos — disse Nigel, levantando a voz —, tenho outra coisa importante para dizer. Vem diretamente daquela pessoa extraordinária que tenho a honra de chamar de amigo.

Houve um zunzunzum no estúdio. Enquanto Nigel continuava falando, Michael passou pelo meio da multidão.

— É hora de ir — ele disse para Char. — Estamos em cima da hora. Por falar nisso, você esteve ótima.

Ele segurou o braço dela e levou-a para os elevadores.

— O que quer dizer? Parece que não fiz nada — foi tudo apagado. — Ela protestou.

— Não, foi perfeito — disse Michael, apertando os botões. — Tive de arriscar e tentar trazer Nigel para o nosso lado. Depois foi fácil começar a plantar a minha versão das coisas.

— Não estou entendendo direito, mas tudo bem. Então, e agora? — disse Char, olhando para trás.

— Ao meio-dia, amanhã, antes de uma transmissão dos quatro cantos do mundo — Nigel dizia —, veremos o feito espiritual mais assombroso da história da humanidade. Se alguém nos acusar de exagero, digam para eles esperarem para ver. Ah, e os preços dos comerciais vão triplicar, uma hora antes, e uma hora depois.

As portas do elevador se abriram, e os dois entraram.

— Do que ele está falando? — Char queria saber.

— Se Ishmail é quem parece ser, vai descer em dois segundos e assassinar aquele sujeito.

— Não, acho que não — disse Michael quando o elevador começou a descer.

— Por que não?

— Porque vou me jogar na frente de um trem de carga em movimento.

— É mesmo? E o que eu vou fazer, segurar seu casaco?

— Não, você vai estar telefonando para rabinos.

CAPÍTULO ONZE

Ascensão

Ela se sentia completamente vazia. Susan não compreendia a razão disso. Tinha uma vida perfeita, um emprego perfeito — administradora de um grande museu metropolitano — e um marido perfeito. O fato de sentir-se dessa maneira a assustava. Era como se não controlasse a própria vida, e Susan sempre se orgulhou do seu autocontrole. *Conte as suas bênçãos. Ishmail deu-lhe tudo que sempre quis, tudo o que o dinheiro pode comprar.*

Os pensamentos em sua cabeça eram como propaganda subliminar. Susan franziu a testa, sentindo as primeiras pontadas de uma enxaqueca. Pegou a escova de cabelo de prata de lei na penteadeira e começou a escovar o cabelo. *Uma, duas, três...* Não contava as escovadas desde o tempo em que sua mãe fazia isso para ela quando criança, mas naquele momento ela regrediu, esperando que isso a deixasse mais calma.

No quarto de vestir ela podia ver a rua através das janelas envidraçadas até o chão. Estava calma. Seu marido tinha desviado o tráfego pelo bem dela. Muito atencioso.

O vazio começou a formar um impulso, uma lembrança insistente que era tudo o que aquele vazio podia sentir. Não tinha muita certeza do que era aquela carência, mas sabia que estava lá, mesmo quando não existiam palavras para descrevê-la. *Você tem tudo. Eu tenho amor?* A voz da propaganda deu uma risada. Ishmail não tinha dito que tinha? *Sete, oito, nove.* Talvez não fosse essa a chave que faltava... ela não tinha certeza.

Susan balançou a cabeça, olhando para o seu reflexo no espelho. Felicidade, fé, esperança — todas essas chaves também estavam perdidas, e os compartimentos continuavam trancados.

Seu marido tinha dito que as únicas coisas que importavam eram coisas que podemos ver, tocar e provar. Coisas concretas, não estados mentais abstratos, inventados pelos menos privilegiados para justificar suas perdas. O amor era uma aliança conveniente; felicidade uma reação à novidade; a fé mantinha os tolos em seu devido lugar. Se ela não estava feliz com tudo isso, precisava encarar a realidade.

Estava acostumada a agir segundo a idéia que Ishmail tinha de um ser humano. Mesmo assim, sua mente não conseguia cobrir aquele vazio, aquele vácuo estranho dentro dela. Pôs a mão na cabeça, sentindo a enxaqueca pisotear com saltos pontudos.

Alguém estava batendo com força na porta.

Susan ficou preocupada. Seu marido estava trabalhando no escritório. Era importantíssimo não perturbá-lo. Ela foi até a janela e espiou. Havia um homem na rua, socando a porta. O cabelo castanho-claro brilhava à luz dos postes. Ela afastou o rosto do vidro e fechou a cortina. Mas as batidas ficaram ainda mais fortes e mais insistentes. Ninguém fazia isso, ou melhor, se tentassem fazer, jamais fariam duas vezes. Não, ela nem devia pensar nessas coisas.

— Venha aqui fora! Saia e lute!

A gritaria do lunático parecia penetrar pelas paredes. Susan vestiu um robe rapidamente. Não fazia diferença se o homem lá embaixo era um lunático. Tinha de fazê-lo parar.

Antes que Ishmail percebesse.

A porta abriu na cara de Michael. Susan ficou olhando para ele espantada. Ela estava pronta para ir dormir, com uma camisola esvoaçante e glamourosa, como no cinema, e um *peignoir*. O cabelo formava uma auréola dourada em volta da cabeça. Ela parecia uma linda boneca, insensível e dócil. Ele nem tinha certeza se era a mesma mulher que teve de abandonar no restaurante.

— Você me reconhece agora? — ele perguntou. — Sou o Michael. Voltei por você.

— O quê? — a incredulidade na voz dela quase bastou para fazer Michael desconfiar dele mesmo.

— Deixe-me entrar. Você me conhece.

Ela mordeu o lábio nervosa, olhando para trás, mas depois de um segundo chegou para o lado, meio relutante. A casa tinha a aparência sem vida e arrumada demais de um museu, um lugar em que a vida era preservada, não vivida. O saguão tinha o pé-direito de dois andares, com peças de armaduras e tapeçarias roídas por traças, que davam mais ainda a impressão de um invólucro morto.

— Não precisa dizer nada — disse Michael em voz baixa. — Não tem de acreditar em mim, Susan. Sei como está se sentindo agora. Dá para perceber nos seus olhos.

Ela estava simplesmente esperando a morte, torcendo para não doer muito. Fora isso, havia apenas o cansaço, conseqüência de muito tempo sentindo medo.

No final do corredor havia uma porta dupla que dava para a biblioteca. Michael seguiu Susan para a imensa sala baronial, onde uma fogueira crepitava na lareira.

— Ele saiu? — perguntou Michael.

A expressão de Susan se desanuviou, e ela fez que sim com a cabeça. Michael teve o mau pressentimento de que aquilo era verdade só porque ele tinha dito que era.

— Devo dizer para ele que você esteve aqui? — disse Susan sem ânimo.

— Não — disse Michael. — Acho que é melhor não. Na verdade, acho que é melhor vir comigo agora mesmo, e vamos encontrar um lugar seguro para você.

— Por quê? Eu já estou segura — disse Susan.

Ela ainda não parecia estar com medo daquele estranho, só curiosa. Os instintos de Michael indicavam que aquilo podia ser uma armadilha. Se a assustasse, será que aconteceria algo imprevisível?

— Olhe em volta — disse Michael suavemente. — Você vive num mundo perfeito aqui, mas o passado muda de um minuto para o outro, não muda? Não consegue lembrar quando conheceu seu marido, ou quando ele a pediu em casamento, nem mesmo como foi a cerimônia... mas não se pode fazer nada. Todo mundo tem de fazer alguns sacrifícios, não tem?

— Por favor — implorou Susan, com o primeiro sinal de dúvida nos olhos.

— Talvez você ache que ainda controla a sua vida, mas ele anda brincando com medos mais profundos. Você tem medo de não ser suficientemente boa, ou suficientemente forte. Tem medo do futuro e da arbitrariedade das coisas que podem magoá-la. Todos têm esses medos, mas não adianta ceder seu poder para eles. Você precisa escrever a própria história, com medo ou não.

Michael percebeu nos olhos dela que Susan reconhecia algumas coisas que ele dizia. Talvez fosse o eco do pedido de Yousef, que Susan havia ignorado. Ela olhou em volta, nervosa.

— Meu marido, eu devia...

Michael arriscou segurá-la pelos ombros.

— Não pense nele. É uma farsa. Espie pela janela — ele apontou para um táxi esperando. — Não tem de fazer mala nenhuma. Simplesmente venha comigo. Não vou recorrer à força. Pode pedir ao motorista para deixá-la em qualquer lugar, ou trazê-la de volta para cá.

— O que está tentando provar? — perguntou Susan, perplexa.

— Quero opor a minha versão das coisas à dele. É claro que você é uma mulher livre, pode deixar essa casa quando bem entender, certo? Vamos ver como ele reage a um pequeno passeio, está bem?

Michael sabia que algo além da sua lábia tinha de funcionar. Não tentara convencer Nigel. Simplesmente havia criado uma realidade diferente em torno dele, puxando o inglês para longe da influência de Ishmail. Mas não ia manipular Susan. Ela precisava fazer as escolhas que afetariam todo o seu futuro. Se quisesse ficar, teria de dizer, e então ele cruzaria a próxima ponte. Será que ele tinha o poder de desfazer o que Ishmail havia criado?

— Tudo bem — disse Susan. — Eu sei que você está enganado. Meu marido não me mantém prisioneira. Ele não vai se importar se eu sair.

Ela deu meia-volta e ia subir a escada.

— Espere — disse Michael. — Só vamos ficar fora uns quinze minutos. Não precisa contar para ninguém.

Ela parou, com ar de dúvida e preocupação. Finalmente seguiu Michael para a rua.

O táxi continuava lá. A luz dos faróis cortava o nevoeiro que rolava do fim da rua. O motorista, um dos inúmeros imigrantes nigerianos que exerciam aquela função, saiu do carro para abrir a porta. Michael parou nos degraus com Susan. Ela tremia.

— Estou com frio — ela disse. — Preciso do meu casaco.
— Você chegou até aqui — insistiu Michael. — Não imagina como esse passo foi enorme.

Michael achou que alguém tinha puxado a cortina no segundo andar da casa, espiando. Mas ignorou aquele formigamento na nuca.

— Continue andando.

Alguma coisa dentro dela ganhou força. Sem outra desculpa ela desceu os degraus e entrou no táxi.

— Para onde vamos? — o motorista perguntou para Michael.

O homem voltou para o carro e, de repente, Michael não gostou do sorriso dele.

— Espere, Susan. Abra a porta.

Em vez de dar a volta para entrar do outro lado, Michael tentou abrir a porta de Susan. Estava trancada. Naquele momento o táxi saiu, cantando pneu.

Alguém está sempre ouvindo.

— Volte!

O táxi acelerou, mas teve de reduzir para virar a primeira esquina no fim do quarteirão. Michael correu atrás dele.

— Susan, faça ele parar!

Era inútil gritar. Ele sabia que um homem não podia correr mais que um automóvel, mas tinha adquirido um impulso sem limites — ele assumiu a responsabilidade de não haver limite — e correu atrás do táxi veloz, com os olhos fixos no carro à medida que ia ganhando terreno.

Num minuto já estava emparelhado, ainda correndo, mas era como se visse ele mesmo num filme de ação em que a velocidade é emoção além de qualquer necessidade de obedecer às leis da natureza. Conseguia ver o rosto de Susan através do vidro, mas não a expressão. Ela olhava para o outro lado. Ele agarrou a maçaneta da porta de trás e puxou, mas estava trancada.

Olhe para mim!

Michael socou o vidro com a mão livre, correndo ao lado do veículo que rodava cada vez mais rápido.

— Susan! Abra a porta!

Ele não via mais nenhum outro carro ou prédio, de tão espesso que era o nevoeiro. O único modo de avaliar a velocidade do táxi era pelo ronco do motor e pelo esforço do seu corpo na corrida. O táxi acelerou mais ainda, desviando de um lado para outro para tentar jogá-lo longe. Michael balançou para lá e para cá, batendo com força na lateral do táxi. Doeu mais do que devia num sonho, mas, afinal, aquela idéia de poder se manter ali era absurda — aquela era uma disputa de força de vontade, não física.

Tinha de haver um jeito de fazer o carro parar. Michael firmou os calcanhares. O chão sob seus pés cedeu como piche quente, e os sapatos afundaram. O táxi virou para o lado dele de um modo impossível, e Michael sentiu as minúsculas vibrações zunindo no metal quando as dobradiças da porta começaram a entortar. O motor do táxi reclamou. Os pneus giraram em falso no asfalto e o carro parou. O motor uivante engasgou e morreu. Agora o táxi era apenas um pedaço inerte de metal, não um demônio em fuga. Michael caiu em cima dele, ofegante por causa do esforço.

O nevoeiro começou a rarear e ele viu em volta as casas de arenito pardo do Gramercy Park. Era o mesmo lugar de onde tinham saído. Não tinham ido a lugar nenhum, apesar de a camisa dele estar ensopada de suor, e o corpo completamente exausto.

Toda vez que a realidade era ignorada daquele jeito, ele ficava perturbado. Sabia que Ishmail contava com isso. Michael olhou para a mão, ainda agarrada à maçaneta, e abriu a porta. Rangendo, a porta toda se soltou. Ele a deixou no chão e flexionou os dedos com cãibras.

— Pode sair agora.

Ele espiou dentro do carro; Susan estava lá, abalada mas ilesa. O motorista não estava no banco da frente.

— Para onde ele foi? — perguntou Susan.

Ela parecia nervosa, triste.

— Não importa. Eu disse que seu marido ia reagir — disse Michael. — Por que pensa que ele quer fazer isso com você, comigo, ou com nós dois?

Susan desceu do carro, parecendo espantada de ver onde estavam. Não disse nada.

— Eu posso responder — Michael continuou. — Ele não precisa de um motivo racional. Ele manipula, simplesmente por manipular. Você não tem importância para ele. Nem eu. Ele está sendo levado por puro impulso. Esse é o poder do qual ele dispõe, por isso simplesmente o usa. Se um dia teve uma causa, boa ou má, ele a perdeu há muito tempo.

Ela ouvia com atenção, sem saber ao certo o que fazer ou dizer.

— Você nem sabe se saiu para dar uma volta, ou se havia um motorista desde o início — disse Michael. — Acho que isso não é o tipo de coisa com a qual você deva ser forçada a conviver. E está acontecendo em grande escala, não só com você. Por isso, vamos embora.

Ele estendeu a mão, e, depois de uma breve hesitação, Susan aceitou. No escuro percebeu um leve sorriso brincando no rosto dela.

— Você é uma criatura muito escorregadia — ela disse. — Mas aqui estamos.

Michael tentou puxar a mão, mas ela a apertou como um torno. As mãos dos dois ficaram na frente da luz dos faróis do táxi. A mão de Michael parecia normal, mas a dela era transparente, e, dentro da carne rosada, ele ficou horrorizado de ver que os ossos se moviam, fechando-se como garras em volta dos dedos dele.

— Não lute, só vai piorar — disse Susan.

Michael gemeu de dor.

— Por que está fazendo isso, Ishmail? Achei que até você fosse mais seletivo com truques baratos.

A voz da criatura-Susan mudou, revelando um pouco o tom irônico do Profeta.

— Nada de truques. É hora de você aprender mais uma lição. Você se convenceu de que eu lido com sonhos e miragens. Mas o que acha disso?

Ele apertou com mais força, e Michael quase desmaiou, gemendo por causa da dor lancinante nos dedos e no pulso.

— Está vendo? Mais real que isso é impossível. Você andou tergiversando demais, amigo. Quer ter camadas de realidade real e realidade irreal. Quer governar seus sonhos e bancar a vítima quando desperta. Isso é típico. Sua rivalidade contra mim é emocional, infantil. Sabe o que realmente odeia?

— Não, por que não me conta? — disse Michael num tom desafiador.

Mas seu pior pesadelo, de não ter poder contra a vontade do Profeta, estava virando realidade. E se não conseguisse fazer o Profeta parar, ninguém mais faria. Buscou bem lá no fundo dele mesmo a força para continuar. As palavras que precisava apareceram.

— Diga o que eu sinto.

— Você não suporta a idéia de estar aqui. É bom demais para o mundo real, no entanto se convenceu de que também é impotente para mudar qualquer coisa. E aí, o que acontece? Você deixa um vácuo de poder, e alguém chega naturalmente para preenchê-lo. Esse sou eu. Meu único crime é ser a única pessoa real que você jamais encontrou. Eu assumo o controle. Eu exerço o poder. Brinco com todos os brinquedos que você deixou para trás, e não é culpa minha se os quer de volta.

No ponto em que os dedos de Michael estavam quase quebrando, Ishmail soltou a mão dele. Ele chegou um pouco para trás, observando o homem inclinado sobre ele, fazendo de tudo para não demonstrar o medo e a dor.

— E então, o que me diz? — perguntou Ishmail.

— Quanto a quê? — gemeu Michael.

— Quanto a isso — Ishmail apontou para a porta da casa dele. Uma segunda Susan apareceu. Ela olhava para eles sem ver.

— Ela está esperando você voltar para casa a qualquer momento. Você está atrasado, e ela costuma se preocupar — disse Ishmail.

— Não acha que deve ir ao encontro dela?

A outra Susan ficou lá na porta, olhando para um lado e para o outro da rua. Parecia preocupada, mas, mais que isso, ele percebeu que ela não era peão de ninguém. Era ela de verdade, tão semelhante à mulher que ele conheceu como alguém podia ser... ele sentiu isso.

— Vá para o inferno — disse Michael. — Ela é uma casca vazia, e vou me transformar em uma, se entrar na sua.

— Aí é que você se engana — corrigiu Ishmail. — Está sempre tentando resolver o que é real e o que não é. Esses seus novos amigos contaminaram você. Quer saber a verdade? Tudo é real, e nada é bastante real. Aceite isso.

— Então, por que tenho de ser torturado por você?

— Acho que você sabe por quê. Sou como seu boneco de piche. Você me acha grudento, não quer soltar. Talvez me ame. Milhões me amam. No entanto, está sempre me acusando de perseguir você. É justamente o contrário. Sou eu que estou mostrando a saída... aceite.

Michael sentiu a dor saindo da mão. Supôs que o Profeta estivesse provocando isso também, parte do seu programa de incentivo. Apesar da raiva e do medo, Michael ainda conseguia raciocinar com clareza suficiente para entender a mensagem de Ishmail — e era difícil contradizê-la. Quem é que estava obcecado com o real e o irreal? Quem tinha adotado um duplo maligno para satisfazer alguma fantasia profunda e obstinada? Quem era impelido pelo medo da própria fraqueza?

— Mas você vai continuar por aí, não vai? — perguntou Michael.

— Quem se importa? — Ishmail retrucou na mesma hora. — Tudo que você tem de fazer é entrar por aquela porta, para ter tudo de volta. Pode ser mais fácil?

— Você quer dizer mais difícil, não é?

Michael olhou para a porta. Susan estava emoldurada pela luz que brilhava dentro da casa. Além daquele limiar havia certeza e sanidade, e tudo o mais que ele queria desesperadamente. Amor. Absolvição.

— Michael? — chamou Susan, e havia uma pontinha da velha afeição áspera na voz dela. — Pelo amor de Deus, o que você está fazendo aí fora nesse frio? Venha para casa.

— Não posso — ele disse, e o seu anseio era tanto por ele mesmo quanto por Ishmail.

Nada mudou no segundo seguinte. Susan devia ter dado um passo para trás para se abrigar do frio, ou pelo menos fazer algum movimento. Mas ela ficou lá parada como uma atriz profissional esperando a sua deixa, ou como um manequim. Será que isso importava?

— O que você ganha com isso? — perguntou Michael. — Parece estar me oferecendo um trato, mas por quê?

— Quero viver num mundo que prove, por toda parte, que estou certo. Você nem pode imaginar onde estive e o que passei. Estive até no céu, e não fui expulso de lá. Eu saí, e disse que podiam me chamar, se precisassem de nova administração. Não pode imaginar como os anjos são aborrecidos, não conseguem nem conversar, apenas sorriem. Não agüentei mais. Só quero a paz que eu mesmo puder criar — disse Ishmail.

Michael encarou o Profeta.

— É uma pena que não possa tê-la. Porque você sabe que está mentindo. Jamais construirá a paz. Tudo o que você cria se deteriora. Pensa que estou preso a você? É exatamente o contrário. Sou o tipo de desajustado que não vai embora, eu e muitos outros. Nós estamos sempre farejando você. Deve ser tremendamente irritante. Você faz as coisas acontecerem exatamente como deseja, tece um quadro que milhões de pessoas aceitam, e, então, como um pequeno cisco num novo terno azul, aparece essa mancha irritante. Por que ela não desaparece? Por mais que você faça, tem sempre um defeito.

— Você está entrando em terreno perigoso — avisou Ishmail.

Michael espiou por cima do ombro do Profeta. A outra Susan tinha desaparecido. A porta da casa estava fechada.

— Você recolheu a isca — observou Michael. — Mas foi obrigado a fazer isso, não foi? É tudo oco.

— Posso matar você, não se esqueça disso — disse Ishmail. — Não preciso vê-lo para fazer isso.

A leve ironia cedeu lugar à ameaça. O céu estalou e de repente um raio da luz assassina que devastou Wadi ar Ratqah e Jerusalém desceu do alto. Michael sentiu os pêlos da nuca se eriçando. Seu nariz formigou e a boca ficou seca. Havia uma sensação de peso e resistência, como se estivesse se afogando em seco.

— Se você acha que a dor é convincente — disse Ishmail —, já esqueceu o que é morrer. É uma piada. Todos vocês rezam: "Oh Deus, eu não quero morrer." Mas morrem, você sabe. Não conseguem largar o vício.

Era difícil resistir ao pânico que o corpo de Michael sentia diante da visão da luz, que tremulava como se o estivesse farejando. Começou a respirar com dificuldade. Havia um peso esmagando seu peito.

— Pensa que pode me forçar a morrer? — ele fez um esforço para dizer. — Permita-me.

Usando todas as reservas de esforço, Michael deu um passo pesado na direção do raio de luz branco-azulada, depois mais um. A luz parou de procurar por ele e ficou esperando. Ele não estava olhando mais para Ishmail. Lá na frente a luz incandescente carbonizava a grama à beira da calçada.

— Não, não faça isso!

Ele sabia, sem olhar, que era Susan. Ela estava ao lado dele, com uma tensão enorme marcada no rosto.

— Ele me libertou, você venceu. Só temos de sair daqui. Não faça isso!

Michael balançou a cabeça. A luz agora estava a um metro e meio dele. Podia sentir as pernas se rebelando, querendo fugir do que ia acontecer com seu corpo. Susan segurou o braço dele e tentou fazê-lo virar.

— Olha, Michael, ele foi embora. Você pagou para ver o blefe dele, e ele não teve escolha.

Michael disse pela segunda vez.

— E o que você ganha com isso?

— Você está sendo cruel. Eu amo você, quero que se salve. Não foi isso que acabou de me dizer?

— Eu não sei. Você estava lá? Você está em algum lugar?

Empurrando Susan para o lado, ele deu o passo que faltava para chegar à luz. Antes de encostar o pé, ouviu Susan gemer de dor, sofrendo com a perda. O mesmo zumbido do Muro Ocidental encheu seus ouvidos. Ele entrou todo, deixando a luz cobrir seu corpo...

Agora sabia como os outros se sentiam, toda aquela gente que foi atraída para ela. A sensação de frio na pele começou como um toque de carinho, depois parecia que penetrava, o corpo absorvia sua luminosidade líquida, fluida. Luz fragrante e deliciosa, luz confortante, cheia de palavras e lembranças. Luz que era carinho, desejo, distante, lembrança, intensa, perdão, alimento, flexível, onisciente, a luz de todas as promessas de que havia paz depois do conflito, descanso depois do trabalho, paraíso depois do sofrimento. Agora ele sentia tudo, como os outros.

A mudança não começou logo. Michael se permitiu rir e dançar. Olhando para além do círculo branco-azulado, não via

Ishmail nem Susan. Um egoísmo intenso tomou conta dele. *É tudo para mim.* Naquela única frase estava a maior maravilha de todas — ele merecia toda aquela beleza e riqueza. Ninguém podia entrar com ele, o que significava que ninguém poderia conspurcá-la. Só então uma leve sombra abateu-se na mente dele. Ele olhou para o outro lado, querendo que a sensação delirante não acabasse nunca. Mas a sombra perseguiu seus pensamentos.

Tudo para você? Você não merece. Não está preparado.

Estou sim, ele pensou aflito. Mas a luz é que sabia. No instante em que a sombra apareceu, ele se sentiu diferente. A radiância refrescante começou a esquentar, e lá no fundo ele sentiu uma nova energia surgindo. Continha culpa e arrependimento, e todas as coisas dolorosas que a luz devia destruir. Só que não destruiu. Era como raios X da sua alma. Ele se viu travestido em mil pecadores. Viu a própria violência e o ódio que sentia pelos inimigos que podiam feri-lo. A sombra transformou-se em bolhas amorfas, como as manchas negras que tinham aparecido no sol. Ele estava queimando, por dentro e por fora. Começou a suar.

É agora que eles morrem.

A dor horrível não parava de aumentar. Ele viu o quanto não merecia a glória celestial, como havia empenhado seus punhos, ou armas ou lanças, ignorante, na dança violenta. A tortura da qual tinha fugido toda a sua vida morava dentro dele. A própria voz depunha contra ele, e jamais o perdoaria.

Michael sentiu vontade de rezar, ou pelo menos desabafar aos gritos a angústia que escondia havia tanto tempo. Que importância tinha? Talvez a luz viesse de Deus, e talvez devesse morrer como os outros.

— Eu o encontrei, Michael... olhe!

Com olhos enevoados ele conseguiu ver Char. Ela estava ali de pé, fora da luz. Havia mais alguém com ela, muito mais difícil de distinguir. Michael estendeu a mão para a menina.

Puxe-me para fora.

— Bem, o antigo ditado ainda se aplica: nenhuma boa ação fica impune — a voz de Char parecia muito sábia, sem preocupação nenhuma. — É muito mais difícil salvar o bom que o mau. O que você pode fazer?

Pare de rir de mim! Tire-me daqui!

Ele nunca soube se o pânico seria o golpe final da sua morte. A última visão que teve de Char foi estranha — o sorriso dela pairava no ar como o do gato Cheshire, depois bem lentamente o outro, a outra figura ali ao lado, começou a fundir-se com o corpo dela. Um braço forte entrou na luz e libertou Michael. Ele ficou deitado no chão, ainda suando, esperando o tormento interno passar.

Um rosto barbado inclinou-se sobre ele curioso.

— E se eu dissesse que você ainda está na minha sala de estudo? Seria uma piada, *nu*? *Solomon?*

— É — Michael engoliu em seco. — Uma senhora piada.

— Não se preocupe, não está preparado para isso. Mas você me pediu um rabino. Achamos que era outra mensagem. Acontece que eu já era o rabino. Que sorte é essa, eu pergunto para você?

Michael estava quase conseguindo sentar. Solomon ajudou.

— Quer dizer que aquela menina fujona era um disfarce? — disse Michael, livre do torpor. — Ela quase chorou quando levou-me até sua casa abandonada. Por que me fez passar por tudo isso?

— Você queria que interferíssemos. Bom, só podemos fazer uma coisa além de observar... podemos fazer alguém despertar um pouco mais depressa, só um pouco. Você estava pronto, então viemos.

— E é isso, então? Depois que eu despertar, tudo o que vou fazer é ficar observando? — Solomon fez que sim com a cabeça. — E se não for o bastante? — Michael desafiou. — Ninguém jamais mudou as regras?

— Não, nunca.

Michael olhou em volta. A luz assassina tinha sumido, assim como o quarteirão inteiro, com as casas e tudo.

— Espere, espere. Não vou para onde quer que eu vá. Ainda não.

Solomon franziu a testa.

— O que quer dizer?

— Esse é o caminho para lugar nenhum.

— Você prefere a irrealidade?

— Para dizer a verdade... — Michael conseguiu ficar de pé sozinho. — Não estou pronto para partir. Ele convenceu gente

demais, zombou dos milagres e das curas. Você diz que vocês ajudam as pessoas a despertar? Ele é a anestesia que as mantém adormecidas. Mas devem haver mais de nós, a quem ele não convenceu. Ele está no inferno que ele mesmo inventou, e sabe disso. Jamais encontrará a Luz novamente. Se isso não é Satã, todos os ingredientes estão na geladeira, e o livro de receitas está aberto.
Solomon concordou balançando a cabeça.
— Não posso negar isso, mas...
— Não — disse Michael. — Não importa o que você vai dizer. Montei uma armadilha para ele, e ele está prestes a cair nela.
— Que armadilha?
— Não gostaria de esperar para ver?
O velho rabino parecia inseguro.
— Vai me desapontar fazendo demais o bem outra vez?
— De jeito nenhum. Ou será que está me provocando? — perguntou Michael.
Solomon deu de ombros.
— Sou velho, mas conheço a única armadilha que você pode armar para ele.
— Certo — Michael deu um sorriso largo. — Vamos vender um bilhete barato para ele sair do inferno.

Voaram por cima do Hudson meia milha ao sul da ponte, depois deram a volta rumo a Newark. A hélice do helicóptero girava ruidosamente, e dava para ouvir o barulho, mesmo no compartimento de luxo dos passageiros.
— Por que estamos fazendo isso? Conte-me outra vez.
— Já era de esperar e, além do mais, pode ser o maior acontecimento de todos os tempos — Nigel quase teve de gritar para ser ouvido. — E sempre podemos voltar.
O Profeta fez um gesto de "deixa para lá" com a mão.
— Não, tudo bem. Mas não gosto de ser dirigido no palco. Você compreende?
— Sim, senhor — disse Nigel contrito.
Ele recostou no banco, torcendo para não terem de conversar mais. A tensão no compartimento era concreta. Ishmail era bem capaz de esmagá-lo de uma forma tremendamente desagradável.

Abaixo deles havia uma área marrom e verde dos campos de Jersey, parecendo surpreendentemente rural para um lugar à vista da cidade. O piloto do helicóptero disse algo inaudível no intercomunicador cheio de estática da cabine.

— Não importa onde você vai pousar, apenas pouse — resmungou Ishmail.

Ele nunca fazia nada contra a vontade, e Nigel sabia que quando a transmissão chegasse à população, prometendo um acontecimento estupendo, o Profeta poderia retaliar com violência. Não aconteceu. De alguma forma, que Nigel não foi capaz de entender, o plano que Michael tinha acionado estava em movimento, como se todos fossem assumindo seus lugares de acordo com um roteiro invisível, ou pisando numa teia com um desenho também invisível.

Só que ainda era cedo demais para saber quem era a aranha e quem era a mosca.

Aterrissaram à margem de um espaço aberto e desceram do helicóptero. Uma limusine negra estava à espera deles. Sem dizer uma só palavra, Ishmail entrou no carro e afundou no banco de trás. Nigel sabia que não devia sentar perto dele. Escolheu um dos bancos retráteis de frente para ele. Partiram para o extremo oposto do campo, cerca de quatrocentos metros de distância.

— Não lembro quando isso foi planejado — disse Ishmail.

Nigel fez uma súplica silenciosa, não tanto por sua alma, mas por sua pele.

— Recebemos ordens de construir um estádio provisório só para esse evento.

— Ordens de quem? — o Profeta pareceu subitamente desconfiado.

— Presumivelmente suas — disse Nigel delicadamente.

Michael tinha dito que isso ia acontecer. Ele disse que mentirosos eram os mais fáceis de enganar com mentiras, para quem tinha cara-de-pau. Nigel achou que a cara dele ia desmoronar e virar mingau a qualquer minuto.

Ishmail não disse nada. Um bom sinal, pelo menos se comparado a matar Nigel com um ferro em brasa, ou o que quer que ele fizesse para exprimir sua irritação. (Nigel estava começando a descobrir que tinha uma inevitável imaginação de jornal sensacionalista.) Rodaram em silêncio um tempo, pulando na estradinha de terra que circulava o espaço marrom e verde.

Michael tinha dito o que ele devia dizer em seguida.

— As pessoas precisam ver sinais. A maioria delas é simples, e, a menos que você mostre a sua divindade de alguma forma que elas possam reconhecer, vai acabar perdendo essa gente.

— O quê? — disse Ishmail, franzindo a testa.

— Estou só falando de possibilidades — Nigel explicou nervoso. — Até Cristo mostrou quem Ele era em Pentecostes.

— Você quer dizer a Transfiguração, idiota. Não me fale de coisas que eu podia ter impedido. É irritante.

— De qualquer maneira, só estou repetindo as suas próprias palavras, da melhor forma que posso.

Aquela era a maior mentira de todas. O Profeta parecia inseguro, o primeiro sinal que Nigel percebeu de que o poder dele poderia não ser absoluto. Não que um sinal fosse grande coisa — quem é que ia se opor a ele? Agir pela fé não era o forte de Nigel.

Quando o vidro escuro de trás abriu, Nigel olhou lá para fora. O que ele viu foi espantoso. Conforme havia previsto, um palco de estádio em grande escala tinha sido construído no meio do campo, completo, com alto-falantes gigantescos e um imenso retrato de Ishmail. Mais acima, os operários davam os retoques finais no cartaz com letras garrafais: Ascensão. O *o* estava sendo içado para o lugar com um guindaste.

Ishmail pareceu impressionado.

— Você cuidou dos detalhes pessoalmente? — ele perguntou.

Nigel, que não tinha levantado um dedo sequer, e mal podia acreditar no que via, fez que sim com a cabeça. Uma multidão já estava formada, em pequenos grupos, em volta de aquecedores portáteis. O tempo estava frio e claro, quente para o fim de novembro. A terra estava endurecida, mas sem neve.

Olhando em volta, Ishmail foi ficando mais à vontade. Aproximou-se do palco e subiu os degraus. Havia vários microfones espalhados, formando um grande arco no centro do palco. Fora isso, não havia mais nada no vasto espaço de madeira.

— Não preciso de microfone, você sabe disso — disse Ishmail.

Ele quase não mexeu os lábios, mas a doze metros de distância, no pé da escada, o som chegou tão alto aos ouvidos de Nigel que ele quase gritou de dor. Vendo o desconforto dele, o Profeta sorriu.

— Você trabalhou bem — ele disse. — Eu andava pensando numa coisa assim há muito tempo. Por isso não faz mal se você mentiu para mim o dia inteiro. Eu trabalho por meios misteriosos.

— Onde você quer que eu fique? — perguntou Nigel. — As equipes de filmagem devem chegar a qualquer minuto.

Ele sabia que Ishmail desprezava perguntas triviais. O Profeta olhou furioso para Nigel e virou de costas para ele. Então Michael estava certo quanto a isso também. Ele disse para Nigel se misturar com a equipe de técnicos, roubar um caminhão e fugir para qualquer lugar. Esse era o único recurso contra o fracasso. Nigel não se importava, estaria disposto até a votar com os pés, se fosse preciso.

Uma hora depois, ele tinha sumido. A multidão cresceu tanto que era impossível contar. Havia corpos muito além do campo de quatrocentos metros, e, por mais espremidos que estivessem, um rio constante de recém-chegados fluía para lá e era absorvido. Montes de câmeras formavam uma fila na beira do palco, e holofotes enormes iluminavam todos os cantos — eram necessários, porque o sol ficava cada vez mais fraco, cheio de manchas negras, novas e maiores.

Ishmail ficou de um lado, fora da vista, atrás de uma tela, olhando para cima satisfeito. O efeito do sol escuro aumentava o mistério do evento. Ele lembrou que era um mestre na improvisação.

— Pronto, senhor.

Ele apareceu com segurança total, deixando-se envolver pelos urros da humanidade. Aquilo era sua vida agora, aceitar a adulação de milhões, e se não conseguia o que queria, era a segunda melhor coisa. O que ele realmente queria era o pedido de desculpas de Deus por criar tanta ignorância e cegueira no mundo. Um Todo-Poderoso não precisava permitir a existência do mal. Ele poderia ter abolido a morte e feito as pessoas amorosas e conscientes.

Ishmail, como todos, era vítima da incompetência divina. Pelo menos tinha o poder para enfrentar isso.

— Meus filhos — ele cantarolou.

Estava usando o truque de projetar a voz, de forma que parecia estar falando confidencialmente em cada orelha. Os gritos frenéticos que o saudaram emudeceram.

— Chegamos a um novo estágio. Meditei muito sobre esse dia, para onde levá-los. Não fiz o bastante por vocês. É verdade que aplaquei a tempestade e o mar. Trouxe a paz entre os homens. Alimentei, banhei e amei vocês. Alguém já amou vocês mais que eu? A resposta não foi aos gritos, apenas gemidos, um som de lamento, como se a multidão ali reunida implorasse para ser salva.

— Eu vim porque vocês estão perdidos e abandonados. Estão amontoados numa rocha que despenca no vazio frio, e ninguém se importa. Vocês queriam ser especiais, os escolhidos? Nunca tiveram a menor chance.

Ishmail começou a dançar para a frente e para trás na beira do palco, a poucos centímetros da primeira fila de espectadores, que não ousava estender a mão para tocar nele. Seu rosto brilhava de excitação. A pele cintilava com o suor.

— Eu sei quem está do meu lado, e quem não está. Hoje darei a prova a vocês, porque nem todos sairão deste lugar. Alguns ascenderão comigo, outros serão destruídos. É isso que vocês querem?

Atônita, a multidão tentou recuar com medo, mas estava compacta demais para conseguir escapar. Alguns gritos de "Sim! Sim!" soaram aqui e ali.

— Então dêem-me seu poder. Rendam-se a mim, e eu os usarei para ascender até o meu Pai e implorar por suas vidas. Estão preparados para fazer isso? Precisam de mais provas? Então vejam! Levarei os primeiros agora.

Ele estendeu a mão, mas ninguém acreditava que os estava chamando para subir ao palco, não no início. Então, quando ele ficou repetindo "Venham a mim, venham", eles perceberam que estava sendo literal. Um grupo dos mais corajosos subiu no palco e ficou ao lado dele. À medida que cada um ia subindo, Ishmail tocava a cabeça deles com a mão da cura. O efeito era imediato. As pessoas gritavam em êxtase e erguiam os braços num paroxismo de felicidade. Essa visão deu coragem para os outros, e uma segunda leva, maior, avançou.

— Sintam a minha presença! Esse é o meu julgamento! — berrou Ishmail.
Ele tocou outros devotos, mas dessa vez aconteceu uma coisa nova e terrível. Eles gritaram também, mas eram gritos de dor extrema, depois caíram imóveis no palco.
— Sou amoroso, mas sou violento — disse Ishmail. — Vocês vieram aqui para aprender essa lição.
Vendo o que podia acontecer, os recém-chegados mais próximos tentaram recuar, mas atrás deles milhares de pessoas não paravam de empurrar para chegar perto do Profeta. Gritavam e imploravam, arrastavam-se para o palco, de quatro pelo chão. Iam chegando, e ele determinava seu destino indiscriminadamente. Uma mãe podia estremecer num abandono delirante, sem perceber que o filho tinha caído morto. Os corpos desapareciam rapidamente sob a leva seguinte.
— Eu os conclamo ao amor divino!
O Profeta ergueu os braços para o alto. O sol negro pareceu se expandir, encher a metade do céu.
— E você? E você? — disse uma outra voz.
A voz saía de um dos microfones no palco. Ishmail virou a cabeça depressa, querendo ver quem ousava interrompê-lo.
— Cale-se, agora é hora da minha presença — disse Ishmail.
Ele se adiantou com mais energia, "salvando" duas ou três pessoas com cada toque, varrendo uma fileira como foice em trigo maduro.
— Não vou calar. Você invocou o amor divino, e aqui estou.
Sem ver de onde vinha a voz, as pessoas no palco olhavam para os lados, confusas. Ishmail ficou furioso.
— Quem é você? — ele gritou.
— Não sou o Pai que você invocou? Estou muito satisfeito com você, Ishmail. É hora de ascender.
— Não!
O grito do Profeta foi tão enfático que percorreu a multidão como um maremoto. A primeira leva de corpos parou de avançar.
— O que quer dizer, meu filho? A sua promessa não foi cumprida? — perguntou a voz.

Ishmail rodopiou, sabendo imediatamente que era Michael, mas sem poder vê-lo.

— Você não é o amor divino — gritou Ishmail. — Ele é um impostor, um demônio. Deixe-nos, eu ordeno!

A multidão se agitou, aflita. Seguiu-se um momento de silêncio e todos ficaram imaginando se iam testemunhar um exorcismo ou uma batalha.

— Estão vendo? — disse Ishmail baixinho para os devotos mais próximos.

— Não, eles não estão vendo — interrompeu a voz sem corpo.

— Eu não posso ir embora. Eu o amo demais.

Ishmail correu para os microfones mais próximos e os derrubou. Um ruído muito agudo fez as pessoas taparem os ouvidos, fechando os olhos com força.

— Saia! — ele gritou.

— Não tenha medo, meu filho. Você já fez o bastante. Cumpriu sua missão.

A voz parecia emanar de trás do Profeta, que deu meia-volta para procurá-la. Ele socou o ar com as mãos, matando alguns infelizes à sua volta. Mas havia gente demais no palco. A voz podia estar em qualquer lugar no meio do povo.

— Deixem o seu Profeta ir — disse a voz. — Juntem-se a mim. Deixem-no receber sua recompensa.

— Eu não quero recompensa! — berrou Ishmail.

Mas a turba, já recuperada do espanto mudo, começou a acreditar na voz divina.

— Ascenda... receba o amor... vá!

As vozes ficaram mais altas e Ishmail olhou em volta furibundo. Será que estavam zombando dele? Será que tinham coragem de se opor a ele, ou aquilo era uma forma de adoração?

— Não pensem em mim — ele disse com uma voz mais calma, mais controlada. — Eu não peço nada.

— Você não precisa pedir. Oferecemos a sua recompensa livremente, por vontade nossa — respondeu a voz divina.

Então as pessoas abriram caminho e Michael se adiantou. Bateu no ombro de Ishmail, que virou para trás rapidamente.

— Esse é um doce momento — Michael sussurrou no ouvido dele. — Aproveite.
Ishmail atacou, mas Michael chegou para o lado mais depressa. Sua voz ecoava de todos os alto-falantes, acima do som dos gritos e berros.
— Minha gente! O amor divino não aparece em suas vidas como chuva. Deve ser buscado e conquistado. A viagem para a felicidade é difícil, mas possível. Acreditem em mim. Como o amor poderia ser encontrado sem pessoas como Ishmail? Ele salvou vocês? Levantem suas vozes para ele — Michael ouvia o apoio da multidão crescendo e virando um rugido. — Mais! — ele gritou.
— Quem salvou vocês?
— *Profeta, Profeta!*
Ao receber todo o impacto da histeria que chamava de amor, Ishmail ficou enfurecido.
— Salvá-los? — ele escarneceu sussurrando para Michael. — Eles são tolos. Ninguém vai fazer nada por eles. Eles só querem a mim. Qual é a alternativa? Algum messias ativado por enzimas, fresco como limão, salvação em pílulas, a graça divina em forma de spray?
— Nós somos mais que isso — disse Michael no ouvido do Profeta.
Essas palavras foram amplificadas para a multidão. Ele não dominava o truque de Ishmail de ligar e desligar a voz. Michael invocou todo o poder que encontrou para seu último ato.
— Ele diz que quer o poder de vocês para salvá-los. Mas se vocês têm esse poder, por que dar para ele? Usem-no vocês mesmos! Ele mentiu para vocês, enganou vocês... olhem para a destruição de suas bênçãos. Isso parece amor para vocês?
Não havia mais o truque de fazer parecer a voz de Deus. Michael falava diretamente da alma.
— Querem vê-lo ir para o céu? Querem? Então vamos mandá-lo para lá — gritou Michael acima da balbúrdia. — Acham que ele merece ir?
A multidão não sabia o que responder. Alguns gritaram "Sim", outros "Não". Uns poucos, que conseguiam ver Michael, gritaram para ele sair do palco. Outros simplesmente vaiaram.

— Eu acho. Acho que ele deve ir para o céu, e vou ajudá-lo a chegar lá. Acho que ele merece. Eu amo o que você foi, Ishmail. Amo o que poderia ter sido. Mas você nunca me curou de verdade. Agora estou pedindo.

Michael estendeu a mão e deu um passo para a frente. Ele soube pela primeira vez que podia ser visto, que queria ser visto pelo Profeta.

Ishmail recuou.

— Fique longe de mim!

— Ora, Profeta — Michael provocou. — É hora de cumprir todas aquelas promessas.

O sol negro tinha minguado, e fagulhas de fogo saltavam da coroa, cada uma mais brilhante que o próprio sol, cada uma um mensageiro. O som do vento ficou mais melodioso, transformando-se num acorde, um coro, o som de mil vozes perfeitas, cantando em uníssono.

— Não! — disse Ishmail, fechando os olhos com força, cobrindo as orelhas.

Michael ficou com lágrimas nos olhos diante da beleza do céu. Não estava acontecendo pela vontade dele, mas ele se sentia uno com a vontade que fazia aquilo acontecer.

— O que você está esperando? Foi isso que disse que queria. Vá — ele murmurou para Ishmail.

A multidão começou a entoar: "*Vá, vá, vá...*"

O Profeta começou a subir, resistindo, como se uma mão invisível o puxasse. A indiferença impiedosa das câmeras de televisão, focalizadas nele de quatro plataformas em torno do estádio, mostrou seu rosto para toda a Terra — não era beatífico.

— Vocês todos têm medo! — ele berrou para a multidão. — Dêem-me seu medo! Dêem-me alguma coisa que eu possa usar!

Lá embaixo os homens e as mulheres rodearam o palco, esperando. Lá em cima Ishmail berrava em silêncio e lutava nos braços dos anjos, sendo puxado cada vez mais para cima, até não poder mais ser visto.

— Vão para casa — disse Michael no microfone. — Esqueçam-no. Ele usou vocês, mas vocês só deixaram que ele fizesse isso porque acreditavam que estavam abandonados. Eu sei, eu era um de vocês. Mas uma verdade foi arrancada do meu desespero. Somos todos Deus, um Deus com um milhão de rostos.

Ele arrancou o microfone do suporte e jogou-o longe, depois olhou para o chão e para o círculo de homens e mulheres. Só havia um lugar vazio.

— Por que demorou tanto? — disse Rakhel, estendendo a mão.

— Tráfego aéreo. Foi inacreditável — disse Michael, descendo do palco e segurando a mão dela.

O círculo ficou completo.

Bem lá no alto o Profeta era um pontinho preto minúsculo, cercado de anjos... ou será que eles eram um truque, a única ilusão que os trinta e seis se permitiam executar? Ele ascendeu para a luz irresistível que era pura para os outros e um tormento para ele. A luz se espelhava nas almas dos trinta e seis, fossem quem fossem.

Lentamente se apagou. Apareceram nuvens e começou a chover, lavando suavemente as cicatrizes da Terra.

O estádio estava quase vazio.

Michael piscou, sentindo que despertava de um longo e profundo sono. Olhou para os rostos das pessoas perto dele. Então, lentamente, soltaram as mãos e foram se afastando.

— Para onde eles vão? — Michael perguntou para Rakhel.

— Voltar para suas vidas. O quê? Você acha que isso é emprego de expediente inteiro, com benefícios? — resmungou Rakhel.

De repente todos os Lamed Vov revelaram-se em sua incrível diversidade: negros, brancos, jovens, velhos, homens, mulheres. E todos olhavam para ele com amor. Cada um banhado por uma radiância branco-azulada; todos com um glorioso lótus brancoazulado nas mãos. Perfeição. A alma humana. A verdadeira imagem da mente de Deus. E quando Michael aceitou isso, a única realidade por trás de todas as máscaras e todas as vidas usando máscaras, ele sentiu uma coisa pela primeira vez — ele era um elo na eterna viagem à procura da Luz. Com fé e esperança Michael sentiu essa certeza penetrar nele, transformando-o do mesmo modo que um menino se transforma em homem.

— Você está engolindo mosca — observou Rakhel.

Ele devia estar boquiaberto. O encantamento acabou, e os que se afastavam viraram gente de novo.

— Vocês são os perfeitos trinta e seis novamente, agora que ele se foi? — perguntou Michael. — Ou ainda estão entrevistando gente?

Rakhel balançou o dedo.

— Manteremos contato. Talvez não. Quem sabe?

Ela deu meia-volta e começou a caminhar lentamente na chuva para uma das saídas. Depois de dar alguns passos, ela parou, remexeu na bolsa e tirou um chapéu de plástico, que amarrou na cabeça. Na mente dele Michael ouviu uma coisa que ela havia dito um dia. "Batalha, assassinato, morte súbita — a sua mente usa para tudo um formato que você compreende. Sempre foi você que formou o mundo, não ele."

Agora ele aceitava a verdade. A luta, os ataques do Profeta, a destruição em Jerusalém — ele esperava horrores, por isso lhe foram dados.

— Não é culpa de ninguém — Rakhel virou para trás e disse.

— *Culpa* significa que existe um "nós" e um "eles", mas nunca houve isso. Há simplesmente um todos. Não existe um caminho errado, Michael. Tudo leva ao lugar certo no fim. Quanto ao que você fez, não posso reclamar. Um pouco extenuante, talvez muito espalhafatoso, mas você vai aprender.

— Então, nós vencemos?

— Nós sempre vencemos. O universo é feito de Luz. Nada é feito de nenhuma outra coisa. Finalmente, isso é visto, e então todos os problemas acabam.

Ela deu uma risada bem terrena, de uma senhora idosa.

— Mas até isso acontecer, ufa! Quem desistiria do espetáculo? Você não.

— Alguém jamais desiste? — perguntou Michael.

Ela riu mais alto ainda.

Solomon chamou-os de *vigilantes*, mas era um termo inadequado, e Michael tinha entendido mal. Dizer que havia vigilantes implicava existirem duas coisas: o vigilante e o que era vigiado. Mas isso não era verdade. Havia apenas a manifestação a Se contemplar infinitamente no espelho de prata da Sua criação. Observar era existir. Era isso que eles faziam. Eles viviam, cada um deles, a melhor vida que podiam, e, fazendo isso, o universo se descobria no espelho. Fazendo o que eles faziam, os Lamed Vov eram a própria vigilância. Nada mais. Nada menos.

— Bom — disse Rakhel. — Vamos ver se tem mais alguma toca de coelho por aqui. Estou inquieta.

A chuva parou, e o sol começou a espiar pelo meio das nuvens outra vez, cintilando nas poças limpas de água da chuva e no chão recém-lavado.

— Ei, Michael, camaradinha — chamou Nigel. — Está planejando ficar aí nesse milharal o dia inteiro?

Michael deu meia-volta. A limusine, preta e brilhante, continuava lá, estacionada ao lado do cartaz que dizia ascensão, rasgado pela chuva. Nigel estava de pé ao lado do carro, sacudindo o quepe do uniforme abandonado pelo motorista em fuga.

— Só dessa vez — ele disse, abaixando a cabeça.

— Tudo bem, só dessa vez, eu aceito — disse Michael.

A porta de trás abriu.

— Onde ele está? — disse Susan. — Ah, bom. Pensei que o tivéssemos perdido. Esse motorista tem umas idéias muito estranhas de como chegar ao aeroporto. Venha, temos de pegar o avião.

Ele entrou no carro, resolvendo aceitar dessa vez um mistério insolúvel também. Onde quer que estivesse, ela estava de volta.

— Bom, chega de messias e de pragas do céu. Estou me sentindo ótimo — ele disse.

Susan parecia confusa.

— Jamais lhe ocorreu que talvez tenha um complexo de Deus?

— Não. Só Deus tem tempo para brincar de Deus — disse Michael. — Eu estava pensando alto.

— E, então, onde foi que você esteve? — ela disse. — Precisei de você.

— Não mais do que eu precisei de você — respondeu Michael.

— Para onde estamos indo?

— Para onde quisermos. Não foi isso o que combinamos? — Susan sorriu.

Os olhos dela pareciam saber alguma coisa que não ia revelar.

— Mal posso esperar para chegar lá — disse Michael, segurando a mão de Susan.

Este livro foi composto pela MG Textos Editoriais Ltda.
Av. Venezuela, n° 131/813
e impresso na Editora JPA Ltda. Av. Brasil, 10.600 - Rio de Janeiro - RJ
em agosto de 2000 para a Editora Rocco Ltda.